21世纪应用型本科财税系列规划教材

U0884067

中国税制

（第二版）

韦宁卫　覃庆寅　主编

东北财经大学出版社
Dongbei University of Finance & Economics Press
大　连

图书在版编目（CIP）数据

中国税制 / 韦宁卫，覃庆寅主编 .—2 版 .—大连：东北财经大学出版社，2021.1
（21 世纪应用型本科财税系列规划教材）
ISBN 978-7-5654-4100-4

Ⅰ. 中… Ⅱ. ①韦… ②覃… Ⅲ. 税收制度-中国-高等学校-教材 Ⅳ. F812.422

中国版本图书馆 CIP 数据核字（2021）第 028107 号

东北财经大学出版社出版
（大连市黑石礁尖山街 217 号 邮政编码 116025）
网 址：http://www.dufep.cn
读者信箱：dufep@dufe.edu.cn

大连图腾彩色印刷有限公司印刷 东北财经大学出版社发行

幅面尺寸：148mm×210mm 字数：367 千字 印张：12.125
2021 年 1 月第 2 版 2021 年 1 月第 1 次印刷

责任编辑：田玉海 责任校对：贺 校
封面设计：原 皓 版式设计：钟福建

定价：32.00 元

教学支持 售后服务 联系电话：（0411）84710309

如有印装质量问题，请联系营销部：（0411）84710711

第二版前言

1994年的税制改革确立了我国税收制度的基本框架。但是，随着经济发展，税收制度也要随之而变化，尤其是近年来，我国税收法治建设步伐明显加快，新的税收法律不断颁布。截至2020年8月，我国18个税种中有11个已经立法。这些税种立法，标志着税收法治建设迈上了一个新的台阶。

本次修订，延续了第一版的基本结构和写作风格，并在内容和形式上进行了以下改进：第一，内容的及时性更突出，体系更完善。主要体现为：一是在税收制度基本理论方面的内容进行补充；二是在税种上，按国家颁布的最新税收法律、法规进行了全面修订，如耕地占用税、资源税、契税、城市维护建设税等，这些税种都按最新法律进行了修订；三是按新的个人所得税法律，对个人所得税的内容进行重新撰写。第二，在章节设计上，考虑到“营改增”行业与原增值税行业的征收制度已经完成了统一，国家也重新颁布了增值税的暂行条例并发布了增值税法律的征求意见稿，所以我们将原来的第三章增值税、第四章营业税改征增值税合并为一章。

本次修订由韦宁卫、覃庆寅主持，负责章节结构调整及修订稿的总纂。具体修订分工如下：覃庆寅负责第一章、第二章、第三章的修订及编写；韦宁卫负责第四章、第九章、第十章的修订及编写；王红晓负责第五章、第七章、第八章的修订及编写；韦坚负责第六章、第十一章、第十二章的修订及编写。

特别感谢东北财经大学出版社对本书出版及修订的大力支持，感谢读者对本书的关爱。由于编者水平有限，书中难免存在不足之处，恳请广大读者提出宝贵意见，以便我们进一步修订和完善。

编　者

2021年元月

目　录

第一章　税制概论 …… 1
学习目标 …… 1
第一节　税收制度概念 …… 1
第二节　税收制度和税法 …… 12
第三节　税收制度的构成要素 …… 21
第四节　税收制度结构 …… 36
课后练习 …… 42
第二章　中国税收制度的历史沿革与发展 …… 43
学习目标 …… 43
第一节　税收制度发展与演变的历史分析 …… 43
第二节　中华人民共和国税收制度的建立与税制修正 …… 47
第三节　1958—1978年：改革工商税制和统一全国农业税制 …… 52
第四节　1979—1993年：工商税制重大改革 …… 56
第五节　1994年：建立与社会主义市场经济相适应的税收制度 …… 60
第六节　2004年以来的税制改革 …… 64
课后练习 …… 71
第三章　增值税 …… 72
学习目标 …… 72
第一节　增值税概述 …… 72

第二节　增值税的征税范围、纳税人和税率 …… 80
第三节　增值税计税依据和应纳税额的计算 …… 85
第四节　增值税的减免税和出口货物劳务服务退（免）税 …… 99
第五节　增值税的申报缴纳及增值税专用发票的管理 …… 109
课后练习 …… 111
第四章　消费税 …… 114
学习目标 …… 114
第一节　消费税概述 …… 114
第二节　消费税的征税范围、纳税人和税率 …… 117
第三节　消费税计税依据和应纳税额的计算 …… 126
第四节　消费税的减免税和出口退（免）税 …… 143
第五节　消费税的申报缴纳 …… 145
课后练习 …… 146
第五章　关　税 …… 148
学习目标 …… 148
第一节　关税概述 …… 148
第二节　关税的征税对象、纳税人和税率 …… 154
第三节　关税计税依据和应纳税额的计算 …… 165
第四节　关税的减免税 …… 170
第五节　关税的申报缴纳 …… 175
课后练习 …… 179
第六章　企业所得税 …… 180
学习目标 …… 180
第一节　企业所得税概述 …… 180
第二节　企业所得税的征税对象、纳税人和税率 …… 185
第三节　企业所得税计税依据的确定 …… 188
第四节　企业所得税的税收优惠 …… 210
第五节　企业所得税应纳税额的计算 …… 220
第六节　企业所得税的特别纳税调整 …… 230
第七节　企业所得税的申报缴纳 …… 234
课后练习 …… 237

第七章　个人所得税 ······ 240
学习目标 ······ 240
第一节　个人所得税概述 ······ 240
第二节　个人所得税的纳税人、征税对象和税率 ······ 245
第三节　个人所得税的减免税 ······ 250
第四节　综合所得应纳税额的计算 ······ 251
第五节　分类所得应纳税额的计算 ······ 259
第六节　个人所得税计算的特殊规定 ······ 263
第七节　个人所得税的征收管理 ······ 265
课后练习 ······ 270
第八章　资源税 ······ 272
学习目标 ······ 272
第一节　资源税概述 ······ 272
第二节　资源税的征税范围、纳税人和税率 ······ 274
第三节　资源税应纳税额的计算 ······ 279
第四节　资源税的减免税 ······ 284
第五节　资源税的申报缴纳 ······ 285
课后练习 ······ 286
第九章　城镇土地使用税、耕地占用税和土地增值税 ······ 288
学习目标 ······ 288
第一节　城镇土地使用税 ······ 288
第二节　耕地占用税 ······ 295
第三节　土地增值税 ······ 299
课后练习 ······ 308
第十章　房产税和契税 ······ 310
学习目标 ······ 310
第一节　房产税 ······ 310
第二节　契税 ······ 319
课后练习 ······ 325
第十一章　车辆购置税、车船税和船舶吨税 ······ 327
学习目标 ······ 327

第一节　车辆购置税 …………………………………… 327
第二节　车船税………………………………………… 331
第三节　船舶吨税 ……………………………………… 340
课后练习 ……………………………………………… 345
第十二章　印花税、城市维护建设税、教育费附加、环境保护税和烟叶税 ………………………………… 347
学习目标 ……………………………………………… 347
第一节　印花税………………………………………… 348
第二节　城市维护建设税 ……………………………… 359
第三节　教育费附加 …………………………………… 362
第四节　环境保护税 …………………………………… 363
第五节　烟叶税………………………………………… 377
课后练习 ……………………………………………… 379
主要参考文献 ………………………………………… 380

第一章

税制概论

学习目标

通过本章的学习，理解税收制度的含义和类型，正确认识税收法律关系和我国税收法律体系，掌握税收制度的构成要素和税收制度结构的核心内容。

第一节　税收制度概念

一般地说，税收作为财政收入的一种最主要形式，是国家组织财政收入和调控经济的手段。只有当这种形式和手段具有法律化、制度化的时候，才能行之有效，才能由理论转变为现实。当今世界，各个国家都是通过确立税收制度来达到这一目的的。

一、税收制度的概念

税收制度简称税制，是国家以法律形式规定的各种课税办法的总称。它既是国家向纳税人征税的法律依据和税收工作的规程，又是纳税人履行纳税义务的法定准则。税收制度作为国家财政经济制度的重要组成部分，体现了国家处理税收分配关系的规范性。

税收制度的概念可从广义和狭义两个角度来理解。广义的税收制度是指国家设置的所有税种的法律法规和各项征收管理制度的总称。其具体内容有：各种税收的基本法规，包括已经完成和尚未完成全部立法程序的各种税法、条例、实施细则、办法、暂行规定、协定、换文等；税收管理体制，即在中央和地方之间划分税收管理权限和立法权的制度；税收征收管理制度，即税收程序法方面的各项制度；税务机构和税务人员制度，即有关税务机构的设置、分工、隶属关系以及税务人员的职责、权限等方面的制度；税收计划、会计、统计工作制度等。狭义的税收制度是指税收法律制度，即国家设置某一税种的课征制度，包括税种设置、各个税种的具体内容，如征税对象、纳税人、税率、纳税环节、纳税期限、违章处理等。本书所研究的税收制度是指狭义的税收制度。

无论是广义的税收制度还是狭义的税收制度，它们都是指税制的法律形式，通过法律、法规形式使税制成为税收分配活动的规范。如果从整个国家税制建设层面上来理解，税收制度则是指一个国家在一定历史条件下所形成的税收体系，即各税类、税种、税制要素等相互配合、相互协调构成的税制体系，如以所得税为主体的税制体系、以流转税为主体的税制体系、以流转税和所得税并重为主体的税制体系等。因此，从这一层面上理解税收制度概念，不能脱离一个国家现实的生产力发展水平和经济结构等情况；从这一层面上研究税收制度，可为税制改革、税收立法提供可行的理论依据。

二、税收制度的分类

税收制度的分类是指按照一定的标准对税收体系中性质相同或相近的税种进行的归类。对税收制度进行分类的意义在于进行分类后，便于对不同类别的税种及其收入、税源、税负、税收管理权限等问题进行分析、研究、比较和评价，从而为研究税收问题提供方便条件，为建立合理的税收体系提供依据，使税收在各个经济发展时期都能够充分发挥作用。

根据税收的基本理论，按征税对象的性质，可将税种分为流转税、所得税、资源税、财产税和行为税五大类。与此相对应，税收制度的分类也可分为流转税制、所得税制、资源税制、财产税制和行为税制五大类。尽管各国划分的类别多少不一，但这是世界各国普遍采用的税收制度分类方式，也是各国税制分类中最基本、最重要的方式。通过这种分类方式，可以体现各国税制结构的模式。研究我国的税收制度问题，也必须根据征税对象的性质对我国税制进行分类。将我国现行税制分为流转税制、所得税制、资源税制、财产税制和行为税制五大类，可以体现我国税制结构的模式。

（一）流转税制

流转税制是以商品或劳务流转额为征税对象的那一类税收制度的统称。根据税收原理，流转税的经济前提是存在商品的交换和劳务的提供，其计税依据是商品或劳务的流转额。流转额又分为商品流转额和非商品流转额。商品流转额是指在商品交换过程中发生的交易额，对卖方来说，具体表现为商品销售额；对买方来说，具体表现为购进商品支付的金额。对商品流转额征税，既可以卖方实现的销售收入额为征税对象，这称为卖方税制；也可以买方发生的购进支付额为征税对象，这称为买方税制。非商品流转额是指单位和个人向社会提供劳务服务取得的邮政电信、金融保险、文化体育、娱乐与服务等各项劳务性收入额。流转税制既可以全部流转额为征税对象，又可以部分流转额为征税对象。增值税就是以新创造的那部分流转额为征税对象的。我国现行的流转税包括增值税、消费税和关税。

（二）所得税制

所得税制是以所得额为征税对象的那一类税收制度的统称。所得额包括利润所得和其他所得两大类。利润所得是指从事生产经营活动的企业和个体经营者获得的经营收入扣除为取得这些收入所支付的各种成本费用以及流转税税款后的余额。其他所得是指工资、劳务报酬、股息、利息、租金、转让特许权所得等。所得税制是世界各国普遍实行的税收制度，也是许多国家特别是经济发达国家主要实行的税收制度。从世界各国来看，所得税制主要包括企业所得税制（也称公司或法人所得税制）、个人所得税制和社会保险税制（也称工薪税制）。目前，我国只建立了企业所得税制和个人所得税制。

（三）资源税制

资源税制是以资源的绝对收益和级差收益为征税对象的那一类税收

制度的统称。作为征税对象的自然资源是指那些具有商品属性的资源，即具有交换价值和使用价值的自然资源。因此，各国对资源的征税是有选择的，而不是对所有的资源都征税。建立资源税制是为了促使人类合理开发和节约使用自然资源，避免资源的无效损耗，调节资源的级差收入。为达到这一目的，各国对资源征税时通常都遵循受益原则、公平原则和效率原则。具体来讲就是：列入资源征税范围的应当是那些因开发和使用自然资源而受益的单位和个人；政府必须参与调节资源开发者和使用者所获得的级差收入，为实现平等竞争创造公平的社会环境；由于资源的不可再生性，对稀缺资源除用税收手段限制外，还需配以行政手段予以管理。资源税制可分为一般资源税制和级差资源税制。一般资源税制是以自然资源的开发和利用为前提，无论资源的好坏和收益的多少，都对开发利用者所获取的绝对收益进行征税。级差资源税制则是根据开发和利用自然资源的等级以及收益的多少所形成的级差收入为征税对象来进行征税。资源税制一般具有征税范围固定、采用差别税率、实行从量或从价征收的特点。我国现行的资源税制由资源税、城镇土地使用税、土地增值税、耕地占用税等税种的税收制度组成。

（四）财产税制

财产税制是指以纳税人拥有或支配的财产为征税对象的那一类税收制度的统称。作为征税对象的财产包括不动产和动产两大类。不动产是指不能移动或移动后会损失经济价值的财产，如土地和地上附着物等。动产是指除不动产以外的，各种可能移动的财产，包括有形动产和无形动产。有形动产如车辆、船舶等；无形动产如股票、债券、银行存款等。由于财产的种类繁多，存在形态有多样性，一些财产的价值难以估算，一些财产又易于转移和隐匿，因此，要对纳税人的全部财产征税是很困难的。一般说来，各国的财产税制并不规定对所有的财产都征税，而只是选择某些特定的财产进行征税，其中主要以对不动产征税为主。我国现行的财产税制由房产税、契税等税种的税收制度组成。

（五）行为税制

行为税制是指以某些特定行为作为征税对象的那一类税收制度的统称。世界各国普遍实行对特定行为课税制度，其目的除了增加地方财政收入外，更主要的是加强对某些特定行为的监督、限制和管理，或者是对某些特定行为的认可，从而实现国家政治或经济上的某种特定目的或者管理上的某种需要。虽然由于国情的差异及历史因素的影响，各国的行为税制选择征税的行为差异较大，但各国的行为税制都具有征税对象单一、税源分散、税种灵活的特点。作为征税对象的行为名目繁多，从某种意义上说，几乎所有税收都是行为税，如在生产环节征收的税收可以说成是对生产经营行为征税、在消费环节征收的税收可以说成是对消费行为征税、对投资环节征收的税收可以说成是对投资行为征税、对娱乐业征收的税收可以说成是对娱乐行为征税等。因此，行为税不是对所有的行为征税，而是仅对行为税制规定的某些特定行为征税。例如，一些国家开征的赌博税、彩票税、狩猎税、犬税等。我国现行的行为税制由车船税、印花税、城市维护建设税、环境保护税等税种的税收制度组成。

三、优化税收制度的原则

税收制度属于上层建筑的范畴，是由经济基础决定的，是不同历史时期利益不断博弈的结果。建立最大程度地符合当前经济条件及人们利益选择的税收制度，是税制优化的基本要求。但是，税收制度的优化与否是一个价值判断问题，古今中外，仁者见仁，智者见智，各有各的说法，很难完全统一。从重商主义一开始，许多杰出的经济学家都曾经思考过这个问题。比较全面的、有代表性的表述主要有18世纪英国经济学家亚当·斯密的“税收四原则”和19世纪德国经济学家瓦格纳提出的“税收四原则”。亚当·斯密的“税收四原则”是：①平等原则，即每一个有收入的人都应当按比例地、平等地为国家纳税；②确实原则，即要使纳税人确切地了解确实应该缴纳的税收，征收制度和方式都应该让纳税人知道；③便利原则，即要从便利纳税人的角度确定什么时候缴税、在哪里缴税、用什么方式缴税；④节省原则，即最小征收费用原则，就是政府征税所花的费用要尽可能最小，因为费用过大，最终将会给纳税人造成沉重的负担。瓦格纳的“税收四原则”是：①财政收入原则，即税收收入要充分且有弹性；②经济政策原则，即要保护资本，税种的选择要不妨碍经济发展，对所得课税要不侵蚀资本；③社会政策原则，即征税要普遍，要考虑纳税人的不同支付能力；④税务行政原则，即征税数额要确实，要便利纳税人，征收费用要最小。由于受当时的市场观和政府观所限，亚当·斯密没有将保证财政收入作为税制建设所应遵循的原则。其“确实、便利、节省”三项原则，实际上是对税收管理提出的原则要求。瓦格纳关于税制设置原则的论述，除了公平原则和管理原则外，还突出了国民经济原则，强调减少效率损失的必要性。

19世纪末，英国新古典学派对税制原则研究的重点也转向了“效率原则”。马歇尔运用近代效用理论、消费者盈余与供需弹性等基本概念，首次详细地研究了税收可能带来的效率损失，提出了税收额外负担的概念。此后，不少新古典经济学家致力于研究如何设置税制、选择税种，以降低效率损失。至19世纪末，效率、公平与管理原则已成为西方财税学界普遍接受的税制建立原则。现代经济学家在前人的基础上，对税制建立的原则又进行了深入研究，几经变化，不断充实。但是，所思考的方面和得到的结论大同小异，基本上还是围绕效率和公平两个大的方面来立论。

在现代市场经济条件下，税收已成为国家调控经济的重要手段。税制设置不仅要从减少税收对经济的扭曲、减少效率损失的角度来考虑，还应从宏观的角度考虑增加税收带来的收益。在税制设计和调整中，充分考虑税收对微观经济主体行为选择所产生的影响，使税制设置所形成的税收运行机制能够在社会资源配置及矫正和激励某种经济行为方面产生一定作用，使之能够充分体现国家的宏观经济政策，符合国家的整体利益。实践证明，在现实的市场经济环境中，税制建设仅仅立足于减少市场经济运行中的效率损失已不能适应当前提高经济增长质量、谋求经济可持续增长、形成合理的经济发展结构和态势的要求。因此，人们已明确提出了税制优化的概念和税制优化的理论。对税制优化问题的研究并不仅仅限于对税制建设原则的研究，西方税制优化理论的精髓是：既然扭曲性税收所带来的效率损失不可避免且可能很大，税制优化的任务就是尽量使这些损失降至最小。在最简化的优化税制模型中，将效率损失降至最小就是唯一的目标。而在较为复杂的优化税制模型中，则应在效率损失最小化和税收公平、福利的社会分配方面寻求一个平衡点。

应该强调的是，世界上并不存在也难以形成一个永远适用、具有范例性质的标准化的税制模式。税制优化并不是要形成一个无可比拟和替代的税制模式，而是一个动态过程。它要求随着客观条件和环境的变化而及时地对税制做出相应的调整。也就是说，某一类型的税制符合了当时的客观经济环境和人们当时的利益选择，就是“最优”的税制。而当客观经济环境发生变化时，就会由新的税制替代旧的税制，使现行税收制度始终处于“最优”状态。一个国家的税收制度始终处于不断调整和演进的过程中，现行税制实质上是处于不断优化过程中的一个暂停点。归根结底，税制优化就是根据客观环境和社会政治经济发展的要求而对现行税制不断完善的过程。

中华人民共和国的税制变迁，实际上就是在税收制度的外在政治、经济和社会环境发生变化时，国家相关的经济政策、目标发生了变化，从而引起税收政策目标的变化，进而根据税收政策目标的变化对税制进行优化，以适应变化了的政治、经济和社会环境对税制的需要，建立有利于经济进一步发展的新税收制度。在我国税制变迁或优化的不同时期，都提出了不同的税制建设原则。例如，1950年，根据《中国人民政治协商会议共同纲领》第四十条规定的“国家的税收政策，应以保障革命战争的供给、照顾生产的恢复和发展及国家建设的需要为原则，简化税制，实行合理负担”方针，统一全国税政，建立新税制。从理论上可以将它概括为保障供给、发展经济、简化税制、合理负担的原则。又如，1953年，我国提出了“保证税收，简化税制”的税制修正原则；1958年，我国提出了“在基本保证原税负的基础上简化税制”的税制改革原则；1994年税制改革时，中央提出了“统一税法、公平税负、简化税制、合理分权、理顺分配关系、保证财政收入”的指导思想，从理论上也可以概括为税制改革的原则。2004年税制改革，中央提出的税制改革的原则是“简税制、宽税基、低税率、严征管”。党的十八大报告明确提出要“形成有利于结构优化、社会公平的税收制度”。对财税改革提出的主要任务是：“实施积极的财政政策，要结合税制改革完善结构性减税政策。”党的十九大报告进一步指出：“深化税收制度改革，健全地方税体系。”从2016年5月1日起全面实施营业税改征增值税，既是贯彻结构性减税的重要举措，也是我国新一轮税收制度改革。按照新一轮税制改革的原则，我国将建立起适合经济发展水平和状况、有利于推动市场经济发展的税收制度。

四、影响税收制度的因素

根据税制优化理论，一国的税收制度必须随着客观条件和环境的变化而及时地进行调整。但税收制度无论是建立还是调整，都会受到诸多因素的影响。这些影响因素既有国内的，也有国际的，既有经济的、政治的、社会的，也有税收征收管理自身因素。因此，税收制度的建立和调整是多因素综合影响的结果。一般来说，影响一个国家税收制度的主要因素有以下几种。

（一）世界税制改革趋势的影响

经济全球化引发了生产要素自由流动，形成了各国经济紧密依存和联系发展的关系。无论是物的国际流动，还是人员、资本的国际流动，都与税收有着千丝万缕的联系。在经济全球化的作用下，各国为了吸引国际流动资本、国际流动贸易等流动性生产要素，促进本国的经济增长，通过降低税率、增加税收优惠，甚至实行避税的税制模式，减少纳税人的税收负担，形成国际税收竞争优势。实践证明，经济全球化带动了世界性税制改革的发展。

自20世纪80年代以来，以美国为首的发达国家率先掀起了历史上规模最大、持续时间最长的税制改革浪潮。这次税制改革不仅贯穿整个20世纪90年代，而且波及21世纪。在经济全球化的背景下，一个具有强大国际影响力国家的税制变动，必然会引起与其经济关系密切的国家采取相应的税制改革举动，最终导致税制改革的国际化和税收制度的国际化。可以肯定地说，40多年来，世界上大大小小的国家几乎都进行了不同程度的税制改革，对各国和世界经济的发展产生了深远的影响。尽管各国都有自身的具体情况，税制改革的措施千差万别，但是改革的起因却相似并具有共同点。一般来说，发达国家税制改革的共同点是：降低所得税税率、拓宽其税基，普遍开征增值税且提高增值税的标准税率，个人所得税与公司所得税一体化，普遍采取税收指数化措施。发展中国家税制改革在20世纪后期分为两个阶段：第一阶段是从70年代中后期到80年代末，第二阶段是90年代的10年。在后一阶段的税制改革中呈现的特征是：增值税被广泛采用，税基逐步拓宽，税率降低，纳税档次减少，降低税收优惠，减少税基侵蚀。

我国税收制度的改革与完善，就是要增强国民经济持久的竞争力，使我国在国际竞争中立于不败之地。因此，这场税制改革的浪潮对我国税制的改革与完善将产生直接的影响。

（二）社会经济发展水平的影响

税收制度确立了政府在整个社会产品分配中取得多大的份额，从哪一个环节取得必要的份额，如何取得必要的份额。因此，税收制度总是在一个国家一定时期的经济环境中运行的。社会生产力发展水平决定着经济发达程度、经济结构、收入水平、经济运行状况以及政府的宏观经济政策和目标，从而构成了一个国家在一定时期的经济环境。随着社会生产力的发展，人类社会的经济环境在不断地发生变化，人们之间的利益分配关系也在不断地变化。由于经济环境发生变化，因此要求重新界定人们之间的利益分配关系，形成新的制度安排，以使经济进一步发展。税收制度作为国家经济制度的重要组成部分，以经济环境为根本而建立。当经济环境发生变化时，必然要求对税收制度进行调整和改革，以形成有利于经济发展的新的税收制度。

由此可见，一个国家在选择税收制度时，必须综合考虑国家的总体社会经济发展水平。一个国家的社会经济发展总体水平，可以通过国民生产总值和人均国民生产总值这两个综合指标来反映。国民生产总值特别是人均国民生产总值，最能反映一个国家的富裕程度。一般而言，在人均国民生产总值比较高的国家，个人的税负承受力较强，就有征收所得税的可能。相反，在人均国民生产总值比较低的国家，个人的税负承受力较弱，所得税的收入比重一般都不大，国家的税收收入主要来源于流转税。世界银行的调查资料也表明，人均国民生产总值较高的国家，一般实行以所得税为主体的税收制度；人均国民生产总值较低的国家，一般实行以流转税为主体的税收制度。

我国人均国民生产总值还不高，属于发展中国家。如何选择我国的税收制度、如何确定主体税种，不取决于人们的主观愿望而取决于经济环境。如果不考虑我国社会经济发展水平，片面地追求税收制度的先进性，使税收制度的选择超出了经济发展水平，势必会阻碍社会经济的发展。

（三）国家宏观经济政策的影响

税收是政府宏观调控的重要手段，税收制度的设置与调整必须服务于政府的宏观经济目标和政策。在市场经济条件下，市场虽然是配置资源的较好机制，但市场也有缺陷，会产生市场失效，导致经济的低效率。市场的失效，必须由政府来弥补。通过建立国家宏观调控体系，发挥政府的资源配置功能，提高经济效率，就是一种选择。因此，任何国家为了发展经济，必须综合运用各种经济、法律以及行政手段，来强化宏观调控体系。宏观调控体系建立的依据是国家的宏观经济政策目标，而宏观经济政策目标是与现实的经济环境紧密联系在一起的。在不同的经济环境下，国家宏观调控的重点迥然不同。税收制度是国家宏观调控体系的重要内容，国家将根据经济环境的变化，适当地对税收制度进行调整，使之有利于社会经济的发展。因此，税收制度在某种程度上不可避免地会受到国家宏观经济政策的影响。

（四）税收征收管理能力的影响

税收征收管理能力是指税务机关的行政执法能力，是一个国家依法治税水平、公民纳税意识、税收工作规程、税务人员素质、现代化的征管手段等因素的综合反映。一般说来，一个国家的税收征收管理能力越强，税收的流失就越少，税收收入就越能得到保证。国家的税收征收管理能力对税收制度确定的影响主要体现在：一个国家的税收征收管理能力强，在制定税收制度时就会更多地考虑社会经济发展的需要，选择税种的余地就大，而不必过多考虑能否将税款征收上来；而在一些税收征收管理能力较差的国家，可选择的税种有限，勉强开征一些税种也很难保证税收收入，选择税收制度的余地就较小，只能选择一些征收管理相对容易的税种，而不能过多地考虑是否对社会经济发展有利。

五、税收制度的作用

税收制度属于上层建筑范畴。税收制度的作用，是上层建筑对经济基础的反作用在税收分配关系上的具体体现。作为国家经济制度的重要组成部分，税收制度不仅反映在一定社会条件下国家与纳税人之间以及纳税人相互之间的分配关系，而且反映国家的政治制度、经济制度、社会制度和法律制度。税收制度具体体现税收的职能与作用，必然对经济的发展和社会的进步有着重大影响。因此，国家会根据一定时期的政治、社会经济发展形势要求制定本国的税收制度，并利用税收制度来贯彻一定的方针政策，达到政治上和经济上的目标，促使社会经济朝着预定的方向发展。

应强调指出，同国家的其他经济制度一样，一国的税收制度也有好坏之分。凡体现生产力发展水平，与经济运行相适应的税收制度就是好的税收制度；反之，就是不好的税收制度。好的税收制度可以充分体现税收的职能与作用，推动社会经济的发展，这是税收制度作用的正效应。不好的税收制度对社会经济的发展起破坏作用，甚至危及社会稳定和国家政权的巩固，这是税收制度作用的负效应。从税收制度发展与演变的历史来看，在一定的历史时期内，税收制度具有相对的稳定性，但各项具体税收制度则应随着政治和社会经济发展形势的变化而变化。这正是税制改革的客观要求，目的是要建立起与经济发展相适应的税收制度，以便更好地发挥税收制度的作用，推动社会经济的发展。

（一）税收职能必须通过税收制度才能得以实现

在一定意义上说，税收制度是税收作用的载体，只有通过税收制度的建设，税收作用才能得以发挥。税收作用是税收职能在一定社会经济条件下具体运用时所反映出来的效应或效果，是税收内在功能的外在表现，是对象化了的税收职能。因此，它是具体的、有条件的，受到人们的主观意志、社会的客观条件以及税收本身的具体制度所制约。实质上，所谓税收本身的具体制度，就是指税收制度。税收职能是由税收本质所决定的，内在于税收分配过程中的基本功能，是抽象的、无条件的，是不同社会形态下税收都共同具有的基本职能。它是一个客观存在，不以人们的主观意志为转移，甚至也不以国家的意志为转移。人们为了达到某种目的，对税收提出这样或那样的要求，但这些要求都必须是在税收职能范围之内。税收职能包括财政职能、经济职能和监督管理职能，国家不能为税收创造职能，只能是对税收职能加以认识和利用。国家对税收职能的利用，就是通过制定税收制度来发挥其作用。而不同的税收制度规定产生的税收作用效果是不完全相同的。因此，离开了税收制度的具体规定，税收的职能只能是一种潜在的功能，而无法现实地发挥作用。

（二）税收分配关系只有通过税收制度才能得以实现

任何分配关系的背后都体现着一定政治权力或财产权力。税收分配是一部分社会产品由各类企业单位或个人向国家转移的过程，其背后体现的是国家的政治权力。税收分配关系是通过税收制度加以规定，并按照税收制度的有关规定来进行的。离开了税收制度的规定，这些社会产品的转移就无法实现，税收分配关系就无法体现出来。因此，税收制度是税收分配关系的体现形式，体现了国家与纳税人之间的分配关系。要正确处理税收分配关系，就必须建立合理完善的税收制度。

（三）税收制度是征纳双方共同遵守的法律规范

税收行为涉及征纳双方的利益，而征纳双方作为不同的利益主体，是一对矛盾的统一体。征纳双方既有共同利益，也存在利益矛盾，科学合理的税收制度符合征纳双方的共同利益。征税人是政府，税务机关代表政府，具体执行税收征收职能。政府通过税收实现收入目标和政策调控目标。因此，政府要求税收制度能够为其取得充足的税收收入，以满足政府支出的需要；能够成为政府宏观经济政策的有效载体，促进资源的有效配置，能够成为经济稳定和经济增长的推动力；便于税务机关有效地实施征收管理，准确有效地掌握纳税人的有关信息，有效地降低税收征管成本。纳税人不同于征税人，其追求的是在一定条件下尽可能少纳税或不纳税。但是，在纳税成为不可避免的条件下，纳税人就希望有一个符合其愿望的好的税收制度。因此，纳税人要求税收制度能够使税负水平较低、纳税方式方便及纳税成本较低；所有纳税人具有相同的税收待遇，税收制度要公平。既然双方是矛盾的统一体，双方都有不同的利益追求，那么，无论是征税行为还是纳税行为，都必须有所依据、有所遵循，不能凭主观意志行事。税收制度就是税收征纳工作的法律依据。在国家征税的过程中，向谁征、征多少、何时征等，都必须在税收制度中加以规定；同样，纳税人在履行纳税义务时，如何纳、纳多少、何时纳等，也都要严格按照税收制度的规定进行。

第二节　税收制度和税法

税收制度和税法是一个问题的两个方面。从学科方向来界定，税收制度属于经济学二级学科应用经济学的范畴，而税法则属于法学学科的范畴。经济学的研究对象是社会物质资料的生产、交换、分配与消费的活动规律及运行方面的经济现象。法学的研究对象是法律现象及其发展规律。研究税收制度离不开经济学的基本理论和方法，研究税法现象离不开法学的基本理论和方法。在任何国家，税收制度的确立总是以法律形式来加以体现的，这种法律就是税法。税法付诸实施之后，就转化为税收制度，成为社会经济秩序的有机组成部分。

一、税法的概念

税法是国家制定的用于调整国家税收分配关系的法律规范总称，是税收制度的法律体现形式。税法亦有广义和狭义之分。广义税法是指调整一切涉及税收关系的法律规范的总称，体现在宪法、刑法、民法等国家的基本法律和概括性税法中。狭义税法则仅指调整税务机关与纳税人等税务管理相对人之间权利义务关系的法律规范的总称，体现在各种单行税法中。一般地说，有一个税种就有一个单行税法，狭义税法都冠以"税法"等规范名称的法律。

任何法律都有一定的调整对象。法律的调整对象是该法律设置和发挥作用的前提，也是区别不同法律部门的主要标志。税法作为一个独立的法律部门，其调整对象是税收关系。税收关系的核心内容就是税收利益的分配，是税收利益在各个相关主体之间进行分配时所产生的各种关系的总称。更具体地说，税收关系就是国家、税务机关、纳税人之间在税收利益分配中所产生的各种关系。因此，税法的调整对象有：第一，调整国家与税务机关之间的授权关系。因为只有国家才拥有税收利益的所有权，税务机关代表国家履行征税职能，所以税务机关的征税权不是与生俱来的，而是国家授予的。国家授权关系在前，税收关系在后。因此，国家与税收机关的授权关系成为税法首要的调整对象。第二，调整税收机关与纳税人之间的征纳关系。税收征纳关系是在税务机关与纳税人之间因征税、纳税而发生的各种关系。通过税法的调整，形成税收征纳主体之间各自的权利和义务。由于税务机关与纳税人之间的征纳关系是税收关系中最直观的一面，因此也是税法最主要的调整对象。第三，调整其他税收关系。其他税收关系是指税收关系的衍生关系，如中央政府与地方政府之间的税权归属关系、税务机关与委托代征人的行政委托关系、税收机关与其他行政机关的行政协调关系、代扣代缴义务人与税收机关以及与纳税人之间的代扣代缴关系等。税法调整这些衍生关系时，很多不具有鲜明的强制性特征，通常不能规定过于苛刻的条件和罚则。

税收制度建设与税收法制建设密不可分，税制改革总是与税法的制定、修订联系在一起的。每开征一个新税种就要制定一个新税法；每变更一种税的征收内容，就要对税法作相应的调整；每废止征收一种税，就要废除一个税法。税收制度是为实现国家职能服务，而税法是税制达到这一目的的保证。税法是以法律形式规范国家参与国民收入分配所形成的分配关系，从法律上肯定国家占有剩余产品的合法化。从上述意义上说，税法同税收制度的目的、本质、性质及作用等方面的内容是一致的。

二、税法的特征

税法具有与国家法律体系中其他法律部门相同的共性。但是，由于税法是一个相对独立的法律部门，调整对象不同，因而具有与其他法律部门不同的特征。

（一）税与法的共存性

国家征税凭借的是政治权力，通过法律表现出来的强制力参与社会产品或国民收入的分配。税收是随着国家的产生而产生的，税收的产生与存在必须要有法律保证。有税必有税法，有税无法是一种不正常的现象。税法充分体现了税收强制性、无偿性、固定性的特征。如果没有事先以法的形式加以规定，税收分配关系就难以发生。如果没有法律的强制力予以保证，税务机关的征税行为和纳税人的纳税行为就难以规范，税收分配关系就是无序的。因此，任何税收只有得到法律的确认、保护和推动，才能充分发挥其作用。这充分体现了税收与税法始终如一的共存性特征。

（二）税收法律关系主体的单方固定性

税收分配活动的主体是国家。在税收法律关系中，国家不仅以立法者和执法者的姿态参与税收法律关系的调整，而且直接以税收法律关系主体的身份出现。我们知道，任何法律关系必须有主体，即有双方当事人，否则法律关系就不能成立。税收法律关系主体由税务机关和纳税人双方构成。不同的各类纳税人构成税收法律关系主体的一方，是可以随时随事变更的。由于税收利益的所有权归国家所有，税务机关代表国家行使征税权，因此税务机关构成税收法律关系主体的另一方是固定不变的。如果没有国家或国家授权的税务机关的参与，其他任何机关与法人或自然人之间、法人与法人之间、法人与自然人之间、自然人与自然人之间，都不会发生和存在任何税收法律关系。

（三）税收法律关系主体双方权利与义务的不对等性

在民事法律关系中，法律关系主体彼此间享有平等的权利和义务，即使构成法律关系主体的一方是国家，它也只能以平等的身份参加民事活动。但是，在税收法律关系中，其主体彼此间的权利和义务关系不是直接对等关系。首先，税法确定的征纳关系不是按照协商、等价、有偿的原则建立的，而是国家凭借政治权力，通过立法程序制定并强制执行的。其次，国家可以根据需要，通过立法行使其征税权，纳税人则必须依照税法规定履行纳税义务，否则，国家税务机关就有权强制征税。最后，国家征税的结果是财富由纳税人向国家单向转移，因此，税收法律关系中主体双方权利与义务的不对等性充分体现在征纳双方财富转移上的不对等性。总之，这种不对等性具体表现为：作为主体一方的国家享有较多的权利，承担较少的义务；作为主体另一方的纳税人则承担较多的义务，享有较少的权利。但是，国家与纳税人之间权利和义务的不对等性，只能存在于税收法律关系之中，扩大这个范围，此结论不能成立。还应该强调指出，税收法律关系中主体双方权利和义务的不对等性，并不意味着法律地位的不平等。法律面前人人平等的原则在任何法律关系中都是适用的。

（四）税法结构的综合性

税法是由一系列单行的税收法律法规构成的综合性法律。税法的这一特征是由税法调整经济关系的广泛性所决定的。税法是实体法和程序法相结合的一种法律结构形式。它与刑法和民法等法律不同，没有实体法与诉讼法分别制定的结构形式。税收法律除规定征税主体、纳税主体、征税客体、计税依据、税率以及其他双方的权利和义务外，还规定了全部权利和义务履行过程中的执行程序。

三、税收法律关系

税收法律关系是税法所确认和调整的，税务机关和纳税人之间以及各级政府之间在税收分配过程中形成的权利义务关系。税收法律关系的实质就是税收关系在法律上的体现，而税法规范是税收法律关系的前提。在现代社会中，由于税收法定主义的存在，税收法律关系与税收关系在外延上应当是一致的。也就是说，所有税收关系都应当由税法进行调整和规范，而经过税法调整和规范后的税收关系就成为税收法律关系。但是，税收法律关系和税收关系的内涵是不同的，税收关系强调的是经济关系和社会关系，而税收法律关系强调并加以明确的是权利和义务关系。

（一）税收法律关系的主体

税收法律关系主体是指在税收法律关系中依法享有权利和承担义务的当事人。一个合格的税收法律关系主体应当具备权利能力和纳税能力，即由存在税收权利和义务关系的征税主体和纳税主体所组成。

征税主体是指参加税收法律关系，享有国家税收征管权力和履行国家税收征管职能，依法对纳税主体进行税收征收管理的当事人。征税主体必须具备权利能力，即税法赋予其参加税收法律关系的资格。一般只有机关法人身份的税务机关才能具有代表国家行使税收权力的资格。因此，征税主体只能是税务行政执法机关。在我国税务行政执法机关这个大系统中，国务院负责全面领导和管理税收工作，组织实施各项税法。财政部和国家税务总局是国务院管理税收工作的职能部门，其中国家税务总局不仅负责组织税收征收管理工作，而且负责制定比较具体的税收政策。此外，海关负责关税和进口税的征收管理；一些地方的财政机关负责契税的征收管理。因而海关和财政机关也享有征税主体的权利和义务，也是征税主体的组成部分。

纳税主体是指在税收法律关系中负有纳税义务的一方当事人。在一般情况下，纳税主体就是纳税人，即税法规定负有纳税义务的单位和个人。此外，由于纳税担保人是以自己的信誉或财产保证纳税人履行纳税义务的税务债务者，当被担保的纳税人不能履行纳税义务时，纳税担保人要代其履行纳税义务。因此纳税担保人也是纳税主体的组成部分。负税人尽管最终承受着税负，但税法并没有规定由其直接缴税，因此，负税人不是纳税人，不承受税收法律责任，不是纳税主体的组成部分。代扣代缴义务人只是将他人应缴纳的税款经手后交给税务机关，其自身并不负有纳税义务。但是，如果他们不承担这项责任，与纳税人拒不纳税给国家造成的损失是相同的，因此，各国税法都将代扣代缴作为一项法定义务固定下来。代扣代缴义务人不履行其应尽义务应承担的法律责任与纳税人相比，没有本质区别。可见，代扣代缴义务人也是纳税主体的组成部分。

（二）税收法律关系的客体

税收法律关系的客体是指税收法律关系主体双方的权利和义务共同指向、影响和作用的客观对象。它既是税收法律关系产生的前提和存在的载体，也是权利和义务联系的中介。税收法律关系客体包括物质财富、某些能够量化的非物质财富以及主体双方的行为。物质财富也称“标的物”，作为税收法律关系客体的标的物，是由税法规定的。例如，纳税人的应税商品、货物、财产等，便是税收法律关系客体中所指的物。非物质财富也称“智力成果”或“精神财富”，是人的脑力劳动的成果。作为税收法律关系客体的非物质财富是指税法规定应该纳税的科学发明、技术成果、商标产权等。行为就是指人们的活动，又分作为和不作为。作为税收法律关系客体的行为是指税法规定应该纳税的纳税主体的某些经济行为及社会行为。例如，纳税人购销合同的订立行为、对纳税人货物的查封行为、纳税人提请行政复议行为等。

（三）税收法律关系的内容

税收法律关系的内容是税法体系的核心，它包括征税主体的权利义务和纳税主体的权利义务两大方面。征税主体的权利源自国家授予，一般包括税收征收权、税法解释权、估税权、委托代征权、税收保全权、强制执行权、行政处罚权、税收检查权、税款追缴权等。征税主体的义务体现税务机关在履行和担负国家赋予的相应职责过程中的法定责任，是对纳税人相应权利的确认、尊重和保护。它主要包括依法行使税务管理权，维护国家税收利益的义务；依法办理税务登记、开具完税凭证的义务；保密义务；多征税款立即返还义务；实施税收保全过程中的义务；依法解决税务争议过程中应履行的义务等。纳税主体的权利是税法赋予的，主要包括信息公告和资料知悉权、延期纳税权、税收减免申请权、多缴税款申请退还权、委托税务代理权、要求税务机关承担赔偿责任权、申请行政复议和提起诉讼权、税收保密权以及对重大处罚申请听证权等。纳税主体的义务是税法规范的重点和核心，具体包括依法办理税务登记的义务、依法设置账簿和正确使用凭证的义务、按期办理纳税申报的义务、按期缴纳或解缴税款的义务、执行税务机关行政处罚的义务、接受税务检查的义务、揭发他人违反税法行为和税务人员违法行为的义务等。

四、税收法律体系

根据税收法定主义原则，税收法律关系中必须包括各课税要素、各课税实际要素的规定、对税务机关行政执法的程序保障和征收管理行为的约束、对税务争议事件的处理、对纳税人的权利保障等方面的内容。因此，一个完整的税收法律体系应该由如下内容构成：

（一）税法通则

税法通则也称税收基本法，是税收的一般性规范。它是税法领域内的“宪法性法律”，亦称“税收母法”，是税法体系的主体和核心，用以统领、约束、指导、协调各单行税法、法规，具有仅次于宪法的法律地位和法律效力。它作为宪法精神的延伸，对税收的基本制度做出规定，对税收的共同问题进行规范，一般规定税收的立法原则、税务管理机构及其权利义务、税收立法及管理权限、纳税人的权利与义务等。因此，税法通则是关于税法体系建设的纲领性规范，其范围包括税收法律的一切基本内容。

（二）税收实体法

税收实体法也称税收债务法，是规定国家征税机关和纳税人的实体权利与义务关系、权力和责任关系的法律规范的总称。实质上，税收实体法是对各个税种单独课税的规定，其内容主要包括纳税主体、征税客体、计税依据、税率、税目等，是国家向纳税人行使征税权和纳税人承担纳税义务的要件。只有当以上要件全部具备时，纳税人才负有纳税义务，国家才能向纳税人征税。税收实体法关于税收权利义务的规定，实质上是对税收的性质以及各个税种内容的规定。它是体现税收性质的税法体系中最实质性的内容，是税法的核心部分。没有税收实体法，税收体系就不能成立。

（三）税收程序法

税收程序法是以国家税收活动中所发生的程序关系为调整对象的税法，是规定国家征税权行使程序和纳税人纳税义务履行程序的法律规范的总称。税收程序法的内容主要包括税收确定程序、税收征收程序、税收检查程序、税务争议的解决程序和税务处罚程序等的规定。我国的《中华人民共和国税收征收管理法》（以下简称《税收征收管理法》）就属于税收程序法。此外，税收程序法还包括税收行政程序的内容。

（四）税收处罚法

税收处罚法也称税收责任法，是对税收活动中的违法与犯罪行为进行处罚的法律规范的总称。我国对税收处罚法没有进行专门立法，税收处罚的法律法规主要体现在：一是刑法中对偷税、抗税、骗税等税收犯罪行为的刑事罚则；二是国家最高权力机关与最高司法机关对税收犯罪做出的立法解释、司法解释和规定；三是我国《税收征收管理法》中“法律责任”一章对税收违法行为的行政处罚规定；四是有关单行税法和其他法规中有关税务违法处罚的规定。

（五）税收救济法

税收救济法是指为制止和纠正征税主体侵害纳税主体合法权益的行为，使纳税主体的合法权益获得补救而在法律上设置的一系列制度的总称。法律上设置一系列完整的税收救济制度来制止和纠正征税主体侵害纳税主体合法权益的行为，并为受到损害的纳税人提供救济补偿是十分必要的。税收救济法律制度可划分为行政救济和司法救济两部分。行政救济即一般所说的行政复议，也有人称之为准司法救济。司法救济一般指行政诉讼。行政赔偿制度分散在行政复议和行政诉讼中，但又相对独立。因此，税收救济法律制度由税收行政复议制度、税收行政诉讼制度和税收行政赔偿制度三部分组成。

（六）税务行政法

税务行政法是规定国家税务行政组织的规范性法律文件的总称。其内容一般包括各种不同的税务机关的职责范围、人员编制、经费来源，各级各类税务机关的设立、变更和撤销的程序与它们之间的相互关系以及与其他国家机关的关系等。从一定意义上说，税务行政法也是税务行政组织法。

五、我国现行税法体系

（一）我国现行税收实体法体系内容

我国现行税法是通过1994年进行的大规模工商税制改革后形成的，由税收法律、税收行政法规、税收部门规章等多级法律级次组成的一个统一的法律体系。2016年5月1日，全面实施“营改增”后，我国现行税收实体法体系中共有18个税种，分别是：增值税、消费税、关税、烟叶税、资源税、企业所得税、个人所得税、土地增值税、城镇土地使用税、房产税、城市维护建设税、车船税、车辆购置税、印花税、耕地占用税、契税、船舶吨税、环境保护税等。

在上述18种税中，已经有11个税种由全国人大立法，剩余7个税种是经全国人大授权立法，由国务院以暂行条例的形式发布实施的。这18个税收法律法规构成了我国的税收实体法体系。

（二）我国现行税法的法律级次

按照税权集中的原则，我国的税收立法权高度集中在中央，地方立法机关几乎没有税收立法权。由于我国税收法制建设仍处在不断完善的过程中，因此税收立法存在多层次性。我国现行税法的法律级次如下：

1.全国人民代表大会和全国人大常委会制定的税收法律

它是税法体系中最高的法律级次，具有最高的法律效力，如《中华人民共和国企业所得税法》、《中华人民共和国个人所得税法》和《税收征收管理法》等。

2.国务院基于全国人民代表大会或全国人大常委会授权立法而制定的税收暂行条例或规定

这些税收暂行条例或规定与国务院制定的税收行政法规不同，它具有国家法律的性质与地位，其法律效力高于税收行政法规，如增值税、消费税、土地增值税等税收暂行条例。

3.国务院制定的税收行政法规

作为在全国范围内适用的全国性税收行政法规，是由国务院来立法制定并予以颁布实施的，如《中华人民共和国税收征收管理法实施细则》等。

4.地方人民代表大会及其常委会制定的地方性税收法规

根据“统一税法”的税法立法原则，我国目前仅有海南省及民族自治地区可以按照全国人大授权立法的规定，在遵循宪法、法律和行政法规的原则基础上，制定有关税收的地方性法规。除此之外，其他的省、直辖市一般都无权制定地方性的税收法规。

5.国务院税务主管部门制定的税收部门规章

国务院税务主管部门是指财政部和国家税务总局，其制定的税收部门规章在全国范围内具有普遍的适用效力，但不得与税收法律法规相抵触，如财政部颁布的《中华人民共和国增值税暂行条例实施细则》、国家税务总局颁布的《税务代理试行办法》等。

6.地方政府制定的地方税收规章

地方政府可以在税收法律和税收法规的授权范围内，根据其自身的情况制定一些地方性的税收规章制度，如对房产税、城镇土地使用税等地方性税种暂行条例制定实施细则等。

（三）我国现行税法体系的实施

1.征收管理机关

我国税收征收管理机关是指税务、财政和海关机关。海关机关负责关税和船舶吨税的征收管理，并负责代征进口环节的增值税和消费税；关境内的税收均由税务机关负责征收管理。

2.对税收程序法的适用规定

除税收实体法外，我国对税收征收管理适用的法律制度，是按照税收管理机关的不同而分别规定的。其具体规定是：由税务机关和财政部门负责征收管理的税种，按照全国人大常委会发布实施的《税收征收管理法》有关规定执行；由海关机关负责征收管理的税种，按照《中华人民共和国海关法》及《中华人民共和国进出口关税条例》等有关规定执行。

第三节　税收制度的构成要素

税收制度构成要素，亦称“税法构成要素”或“课税要素”，简称

"税制要素"。税制要素是税收制度的实体部分，是基本的税收术语和税法必须规定的内容。在税法中，税制要素是国家征税通常所需具备的要件，包括实体要素和程序要素。税法不仅要规定向谁征税、对什么东西征税、征多少，而且还要规定征纳的程序和征管的方法。虽然各国税法不同，国内各税种涉及的内容与范围不同，但税法都是由一些共同要素构成的。这些要素包括征税对象、纳税人、税率、纳税环节、纳税地点、纳税期限、减税免税、违章处理等。

一、征税对象

征税对象是指对什么征税，是税法规定的征税的目的物，在税法上亦称"征税客体"。它表明国家对什么征税。征税对象是一种税区别于另一种税的主要标志，是税收制度最基本的要素之一。国家出于筹集财政资金和调节经济的需要，可以根据客观经济需要选择多种多样的征税对象。概括起来，可选择的征税对象一般有：一是商品或劳务，即以生产和流通中的商品或提供的劳务为征税对象，并按其流转额征税，所以也称为对流转额征税。二是收益额，即以经营和非经营所取得的总收益或纯收益为征税对象，并按其收益征税，所以也称为对收益额征税或对所得额征税。三是财产，即以拥有、使用、继承的财产为征税对象，并按财产的价值或收益征税，所以也称为对财产征税。四是自然资源，即以开发、利用的自然资源为征税对象，并按自然资源的开采量或销售量（额）征税，所以也称为对资源征税。五是选择特定行为，即以某种特定的行为作为征税对象，并按某种特定行为的量化指标额征税，所以也称为对行为征税。

征税对象只解决征税客体一般的外延范围问题。为了便于征收管理和具体计算税额，税收制度还必须对征税对象的质和量作具体的规定。其质的规定为征税范围和税目，其量的规定为计税依据和计税单位。税收制度中对征税对象质和量规定的内容，与税类、税种、税基、税源、税本等共同补充或外延了征税对象的范畴并使之具体化。

征税范围亦称"征收范围"，是指征税对象的覆盖面及其外延界定。因为法律规定的征税对象要付诸实施，必须要明确具体的适用范围，所以法律上的征税对象，必须通过在税法中对征税范围的具体界定来体现。凡列入征税范围的征税对象，都应该征税；凡不列入征税范围的征税对象，都不征税。例如，在我国现行消费税法规规定的征税对象中，并非经营这些消费品的单位和个人都被纳入征税范围，也并非这些消费品在所有的生产经营环节都被纳入征税范围。目前一般只是对生产、进口和委托加工的消费品征税，批发和零售的消费品一般是无须缴纳消费税的。相反，2000年规定对金银首饰在零售环节缴纳消费税，而在生产环节不缴纳消费税。这更进一步说明了征税范围的意义所在。

税目亦称“征税品目”，是税法上规定应征税的具体项目，是征税对象的具体化。税目体现了征税的广度，反映税种的具体征税范围。税目不一定体现在每一个税种中，有些税种是不需要划分税目的，如企业所得税就不需要划分税目。但是，有些税种为了使征税对象更加明确和具体，以便根据不同情况进行不同的税收处理（如制定不同的税率或减免税措施），在税收制度中要划分税目。由此可见，设置税目的目的有两个：一是征税技术上的需要，便于划清征免界限，明确征税范围；二是贯彻国家政策的需要，根据不同的税目设计不同的税率来体现国家的经济政策。税目设置的方法有概括法和列举法两种。它既可以在税法中进行一一列举，也可以采用反列举的方法来加以规定。

计税依据是量化了的征税对象，是计算应纳税额所依据的标准，即根据税法规定所确定的用以计算应纳税额基数。在税率既定的情况下，计税依据的大小直接决定了税款的多少和税收负担的高低。因此，计税依据是税收征、纳双方直接面对的征税对象，是非常具体和实在的。在通常情况下，计税依据要比税法规定的征税对象小。但在非常明确且没有任何例外的情况下，现实的征税对象与计税的征税对象实际上就是一回事。在确定计税依据时，要明确计税单位究竟是按照征税对象的实物量（如数量、重量、体积、容积、面积、长度等），还是按照征税对象的价值或金额来确定的。以实物量为计税单位的税收，称为从量税；以价值量为计税单位的税收，称为从价税。

税基是指征税的客观基础。例如，如果政府试图对人们取得的收入征税，那么收入就是理论上的课税基础，亦称为“广义税基”；如果政府要对人们的收入征税，就必须在税法中明确规定应纳税的收入，即规定哪些收入要纳税，哪些收入可以不纳税，这就必须明确征税范围，这个征税范围就是税法上明确了的课税基础，亦称为“中义税基”；如果政府对某一类收入征税，规定相应的扣除标准和计税单位，这就明确了计税时的课税基础，这时的课税基础就是计税依据，亦称为“狭义税基”。因此，从理论上的或潜在的税基到现实的或法律上的征税对象，再从征税范围到计税依据的整个过程，就是税基不断明确、不断具体、不断细化的过程。

税源是指每一种税的具体经济来源，是各种税收收入的最终出处。从一般意义上说，税源来自当年创造的剩余产品，但具体到每一种税，则各有各的经济来源。税源与征税对象密切相关。有的税种征税对象与税源是相同的，如所得税的征税对象和税源都是纳税人的所得；有的税种两者则不相同，如财产税的征税对象是应税财产，而税源则是财产的收益或财产所有人的收入。研究和把握税源的发展变化，对制定相应的税收政策和税收制度，涵养税源，开辟新税源，以及增加税收收入都具有重要意义。

二、纳税人

纳税人又称“纳税义务人”，在税法上亦称“纳税主体”，是指税法上规定的直接负有纳税义务的单位和个人，是税款的直接承担者。不同的税种有不同的纳税义务人，它是税收制度构成的最基本的要素之一。从法律角度划分，纳税人包括法人和自然人两种。法人是指按照法律程序建立，具备必要的生产经营条件，实行独立经济核算并能承担经济责任和行使经济权利的单位。在我国，法人包括国有企业、集体企业、私营企业、外商投资企业和外国企业、各类事业单位和社会组织等。自然人是指在法律上可以独立地享有民事权利并承担民事义务的公民个人，如从事营利性经营活动的个人以及有应税收入和有应税财产的个人。应该强调指出，在税收法律法规中，法人和自然人的划分一般是在税种的层面上，有专门针对法人征收的税种，如企业所得税或法人所得税；有专门针对自然人征收的税种，如个人所得税。而在某一税种的税收制度构成要素的层面上，一般不再划分法人和自然人。例如，在流转税的税种中，纳税人只要发生了纳税义务就必须按规定纳税，而不管纳税人是法人还是自然人。总而言之，谁是纳税人，谁不是纳税人，不是由某个人或某个组织规定的，而是由税法规定的。除非法律明确规定可以由税务机关和税务人员自行决定，否则，即使是税务机关和税务人员也无权决定纳税人的资格或身份。

纳税人是在法律上直接而不是间接承担纳税义务的组织和个人。但是，有些直接负有纳税义务的纳税人，往往由于其缴纳税款不方便或有可能偷逃税款，或者由于税务机关向其征收税款的成本大于征收的税款等原因，税法还规定了扣缴义务人、委托代征人、税务代理人。其目的在于简化纳税手续，有效控制税源和方便纳税人。扣缴义务人是税法规定的，在经营活动中向纳税人支付款项或向纳税人取得收入时，负有代扣或代收纳税人的应纳税款并向国库缴纳税款义务的单位和个人。由于扣缴义务人的扣缴义务是税法规定的，因此必须认真履行，否则应负法律责任。委托代征人是指按照税法规定，由税务机关指派、委托，代税务机关征收税款的单位和个人。实质上，委托代征人是在取得税务机关授权的前提下，履行税务机关的部分职能。税务代理人是指经有关部门批准，依照税法规定，在一定的代理权限内，以纳税人、扣缴义务人的名义，代为办理各项税务事宜的单位和个人。税务代理是一种民事代理行为，享受我国民法法律所规定的关于代理人的各项权利，履行一定义务，承担一定法律责任。了解扣缴义务人、税务代理人和委托代征人，有利于在法律上区别直接纳税义务和间接纳税义务。扣缴义务人、税务代理人和委托代征人都只是负有间接纳税义务，它们不是真正的纳税义务人。只有直接承担纳税义务的单位和个人，才是纳税义务人。

根据税收转嫁理论，税收的直接缴纳人与税收的最终负担人有时候是不一致的。纳税人虽然在法律上承担了纳税义务，但并不一定表明实际上或经济上承担了纳税义务。为了把法律上的纳税义务和经济上的纳税负担相区别，人们把在经济上承担纳税义务的组织和个人称为负税人。纳税人并不一定需要负担税收，但负税人一定是税收的实际负担者。在实际生活中，有的税款最终由纳税人自己负担，在这种情况下，纳税人本身就是负税人；有的税款虽然由纳税人缴纳，但通过转嫁税负，最终是由别人负担的，在这种情况下，纳税人并不是负税人。理解这一点，对研究微观税负水平和国家宏观调控的税收政策取向特别重要。

三、税率

税率是应纳税额与征税对象之间的比例，是应纳税额的计算尺度。

税率体现国家征税的深度和纳税人的负担程度，是税收制度的中心环节。它反映国家有关的经济政策与社会政策，直接关系国家的财政收入。因此，税率要素是设计税收制度的主要议题。在实际运用中，税率主要有以下几种形式：

（一）比例税率

比例税率是对同一征税对象不分其数额大小，只规定一个比例的税率，即应征税额与征税对象数量之间的等比关系。这种税率不因征税对象的多少而变化。比例税率的优点主要体现在：一是，同一征税对象不同纳税人的税收负担相同，税负比较均衡合理，具有鼓励先进、鞭策后进的作用，有利于在同等条件下开展竞争；二是，计算简便，有利于税收的征收管理。比例税率的缺点主要体现在：税收负担与纳税人的负担能力不相适应，不能体现负担能力大者多征、小者少征的原则，税收负担程度不合理，调节收入有局限性。在具体运用上，比例税率可分为以下几种：

（1）单一比例税率，是指一种税只采用一个比例的税率，如企业所得税的税率。

（2）差别比例税率，是指一种税规定不同比率的比例税率。按使用范围不同划分，差别比例税率可分为：产品差别比例税率，即对不同产品规定不同的比例税率；行业差别比例税率，即区别不同的行业规定不同的比例税率；地区差别比例税率，即区别不同的地区规定不同的比例税率。

（3）幅度比例税率，是指税法中只规定最低税率和最高税率，各地可以在此幅度范围内自行确定一个适用的比例税率。

（4）有起征点或免征额的比例税率，是指对同一征税对象达到规定的起征点后全额征税的比例税率；有免征额的比例税率是指对同一征税对象扣除一定数量的免征额后的余额征税的比例税率。

（二）累进税率

累进税率是指对同一征税对象，随着数额的增大，征收比例也随之提高的税率，即在税收制度中按征税对象数额的大小，划分若干等级，每个等级由低到高规定相应的税率，征税对象数额越大税率越高。累进税率的特征是：应纳税额增加的幅度大于征税对象数量增加的幅度。累进税率因计算方法和依据不同，可分为以下几种：

1.全额累进税率

全额累进税率是指当征税对象数额的增加达到高一级税率级距时，则对征税对象全额都按高一级税率计算应纳税额的一种税率制度。假设全额累进税率见表1-1。

表1-1 全额累进税率表

级次	征税对象级距（元）	税率（%）
1	0～1 000（含）	10
2	1 000～2 000（含）	20
3	2 000～4 000（含）	30
4	4 000～6 000（含）	40
5	6 000以上	50

从计算方法上看，全额累进税率与比例税率相似。其计算公式为：

应纳税额=征税对象数额×适用税率

公式中的“适用税率”是指征税对象数额所达到最高级距中的相应税率。全额累进税率具有计算简便的优点。但是，全额累进税率的缺点也相当突出，它在两个级距的临界处会出现应纳税额增加超过征税对象数额增加的现象，使税收负担极不合理。

【例1-1】甲、乙两人的应纳税收入分别为2 000元和2 001元。根据表1-1的税率分别计算两人的应纳税额：

甲应纳税额=2 000×20%=400（元）

乙应纳税额=2 001×30%=600.30（元）

从计算的结果可以看出，乙比甲的应纳税收入只多了1元，却要多缴纳200.30元的税款。这种税率制度会造成税收负担极不合理，几乎属于一种惩罚性税收制度，对扩大税基、增加税收收入产生极大的抑制作用。在中华人民共和国的税收历史上，曾经对个体工商户采用过21级全额累进税率。在我国现行的税收制度中，已经不再实行全额累进税率。在国外的税收制度中，实行全额累进税率的情况也非常罕见。

2.全率累进税率

全率累进税率与全额累进税率的原理相同，优缺点也相同。二者不同的是，税率累进的依据不同。全率累进税率的依据不是征税对象数额而是某种比率，如销售利润率、资金利润率等。

3.超额累进税率

超额累进税率是指把征税对象按数额的大小划分成若干等级，并规定每一等级的适用税率，当征税对象的数量超过某一等级时，只就其超过部分按高一等级的适用税率计税的一种税率制度。假设超额累进税率见表1-2。

表1-2 **超额累进税率表**

级次	征税对象级距（元）	税率（%）	速算扣除数（元）
1	0～1 000（含）	10	0
2	1 000～2 000（含）	20	100
3	2 000～4 000（含）	30	300
4	4 000～6 000（含）	40	700
5	6 000以上	50	1 300

超额累进税率的优缺点与全额累进税率正好相反。其优点是：累进程度缓和，在两个级距的临界处不会出现应纳税额增加超过征税对象数额增加的现象，税收负担较为合理。其缺点是：应纳税额的计算较为复杂。计算时，先分别计算出各级次的应纳税额，然后将各等级计算出来的应纳税额相加才是纳税人的应纳税总额。

【例1-2】某纳税人的应纳税收入为5 000元，根据表1-2中的税率计算其应纳税额。

根据累进税率的原理，其应纳税额计算如下：

第一级应纳税额=1 000×10%=100（元）

第二级应纳税额=（2 000-1 000）×20%=200（元）

第三级应纳税额=（4 000-2 000）×30%=600（元）

第四级应纳税额=（5 000-4 000）×40%=400（元）

该纳税人应纳税额=100+200+600+400=1 300（元）

超额累进税率的计算比较烦琐，纳税人的计税收入越大，适用税率级次越多，计算就越复杂。为了克服其计算复杂的缺点，一般在制定税收制度时，用给定数额的征税对象，分别用相同级次、相同级距和相同税率的全额累进税率和超额累进税率计算出两者应纳税额的差额。这个差额在同一级次是固定的，被称为“速算扣除数”。运用速算扣除数计算应纳税额的方法称为“速算法”。其计算公式如下：

应纳税额=征税对象总额×适用税率-速算扣除数

公式中的“适用税率”是指征税对象数量所达到的最高的那一级税率；“速算扣除数”是指与适用税率同级的速算扣除数。

【例 1-3】按照速算法计算例 1-2 中纳税人的应纳税额。

应纳税额=5 000×40%-700=1 300（元）

4.超率累进税率

超率累进税率与超额累进税率的原理相同，优缺点也相同。二者不同的是，税率累进的依据不同。超率累进税率的依据不是征税对象数额而是某种比率，如销售利润率、资金利润率等。我国现行税制中的土地增值税实行的就是超率累进税率。

此外，我国对原个人收入调节税实行的是超倍累进税率。超倍累进税率与超额累进税率的累进原理相同，累进的依据都是征税对象数额。二者不同的是，超额累进税率累进的依据是征税对象的绝对数，超倍累进税率累进的依据是征税对象基数的倍数。

（三）定额税率

定额税率亦称“固定税额”，是指对每一单位的征税对象直接规定税额的一种税率。它是税率的一种特殊形式，一般适用于从量计征的税种。定额税率的优点是：第一，计算简便，其计算方法较比例税率更为简单；第二，固定税额能使优质优价的产品税负轻、劣质劣价的产品税负重，有利于鼓励企业提高产品质量和改进包装；第三，税额不受征税对象价格变化的影响，税负稳定。定额税率的缺点是：由于税额一般不随征税对象价值的增长而增长，不能使国家财政收入随国民收入的增长而同步增长，在调节收入和适用范围上有局限性。在具体运用上，定额税率又可分为以下几种：

（1）地区差别定额税率，是指为了照顾不同地区的自然资源、生产水平和盈利水平的差别，根据各地区经济发展的不同情况对各地区分别制定不同的税率。

（2）幅度定额税率，是指税法只规定一个税额幅度，由各地根据本地区实际情况在税法规定的幅度内，确定一个执行税额，如土地使用税。

（3）分类分级定额税率，是指把征税对象划分为若干个类别和等级，对各类各级由低到高规定相应的税额，等级高的税率高，等级低的税率低，具有累进税的性质，如车船税。

（四）税率的几种特殊形式

除上述三种税率的基本形式外，作为反映征税程度和税收负担状况的还有几种税率的特殊形式。它们是税率要素的延伸或衍生，并与税率的基本形式一起，共同发挥着税率要素的功能与作用。

（1）附加与加成，是通过税率的延伸增加纳税人负担的特殊形式。附加是在正税之外再附征一部分税款。加成是在依率计征税额的基础上，再征收一定成数的税款。

（2）综合征收率，是出于征收管理上的需要，把多种税的负担比例折合成一种计税依据的比例综合征收。它适用于税源少、征收难度大的税种。

（3）零税率，是以零表示的税率，是免税的一种方式。它表明征税对象的持有人有纳税义务，但不需要缴纳税款。零税率通常适用于两种情况：一是在所得征税中对所得中的免税部分规定税率为零；二是对出口商品规定税率为零，使之彻底退还出口商品在生产和流通环节已纳的商品税。

（4）负税率，是政府利用税收形式对所得额低于某一特定标准的家庭或个人予以补贴的比例。负税率主要用于负所得税的计算。负所得税是现代西方国家把所得税和社会补贴制度结合的一种主张和试验。目前，我国不实行这种税率制度。

此外，从理论研究出发，还有名义税率与实际税率、边际税率与平均税率的划分等。名义税率也就是法定税率；实际税率是税收实际负担率。名义税率与实际税率之间，由于存在税前大量扣除、税收优惠、经济的通货膨胀等因素，会产生比较大的差异。边际税率是指最后一个计税依据所适用的税率；平均税率是指全部应纳税额与收入之间的比率。边际税率与平均税率之间存在密切的联系。在累进税率制的情况下，平均税率随着边际税率的提高而提高，但平均税率低于边际税率；在比例税率制的情况下，边际税率就是平均税率。

四、纳税环节

纳税环节是对处于运动过程中的征税对象，选择应当缴纳税款的环节。任何一种税都要确定纳税环节，有的税种纳税环节比较明确和固定，有的税种则需要在许多流转环节中选择和确定适当的纳税环节。商品从生产到消费要经过许多环节。一般说来，要经过生产、运输、批发、零售等环节。如果对一种商品只选择其中一个环节征税，则称为“一次课征制”；如果选择在两个环节征税，则称为“两次课征制”；如果选择两个以上或所有流转环节都征税，则称为“多次课征制”。在一般情况下，所得税类、行为税类、资源税类、财产税类的税种和关税大都采用一次课征制，流转税类税种大都采用两次课征制或多次课征制。因此，纳税环节是税收制度尤其是流转税税收制度的构成要素之一。

纳税环节关系税制结构和税种的布局，关系税款能否及时足额缴入国库，关系税收收入在地区间的分布，同时也关系企业的经济核算和是否便利纳税人缴纳税款等问题。因此，选择和确定纳税环节，必须和价格制度、企业财产核算制度相适应，与纯收入在各个环节的分布状况相适应。总而言之，选择和确定纳税环节，必须有利于控制税源和税款的集中缴纳，必须符合纳税人的纳税规律，便于税务机关征税和纳税人缴税。

需要进一步指出的是，纳税环节和纳税地点一起构成了纳税的空间概念，因此人们也常把纳税地点列为税收制度的构成要素之一。纳税地点是指税法规定缴纳税款的所在地或场所，一般为纳税人的住所地、营业地、财产所在地或特定行为发生地等。纳税空间问题属于税收程序法中要解决的问题。但是，由于纳税空间问题与特定税种的征纳有特殊的联系，因而常由税收实体法来确定。

五、纳税期限

纳税期限是指税法规定的在缴纳税款的时间方面的规范。纳税期限是纳税的时间概念，它与纳税的空间概念一样，属于税收程序法中所要解决的问题。同样的道理，由于纳税时间问题与特定税种的征纳有特殊的联系，因而常由税收实体法来确定。纳税期限包括纳税间隔期、纳税义务发生时点、纳税申报期三种纳税时间概念。

（一）纳税间隔期

纳税间隔期是指税法规定的计算和报缴税款的间隔时间，也是纳税人每次缴纳税款的间隔时间，即纳税人应隔多长时间缴纳一次税款。计算纳税的间隔期有两种基本方法：一是按期计税；二是按次计税。通常，报缴税款的间隔期与计算税款的间隔期相同。

纳税间隔期的确定，主要取决于税收制度的特征、税款的多少和纳税人的性质等因素。不同的税制，由于征税对象不同，纳税间隔期就有所不同。就商品劳务税制而言，既可以按次征税，也可以按期征税，主要取决于征税对象是否具有稳定性。就所得税制而言，也是既可以按次征税，也可以按期征税。如果纳税人是按期取得所得的，则按期征税，通常是按月、季或年征税。企业所得税通常是按年计征的。若纳税人是按次取得所得的，也可以按次征税。税法对每种税的纳税间隔期只规定一个比较灵活的时间范围，具体到某一个纳税人缴纳某种税的纳税间隔期则由主管税务机关根据具体情况确定。

（二）纳税义务发生时间

纳税义务发生时间是指纳税人就其应税行为承担纳税义务的具体法定时点，是确定纳税间隔期的起点。不同的税收制度对纳税义务发生时间的确定，有不同的处理方法。商品劳务税制纳税义务发生时间的选择，分卖方税制纳税义务发生时间的选择和买方税制纳税义务发生时间的选择两种。卖方税制纳税义务发生时间的选择：一是收取价款的时点；二是发出货物或提供劳务的时点；三是签订合同的时点。买方税制纳税义务发生时间的选择：一是购入货物或接受劳务的时点；二是支付价款的时点；三是办理交易确认的法定手续的时点。所得税制纳税义务发生时点的选择：一是纳税人应当取得所得的时点；二是支付单位支付所得的时点；三是税法规定的时点。财产税制纳税义务发生时点的选择：一是静态财产税通常定期征收，其纳税义务通常是税法规定的某个时期的终点，如月底、年底；二是动态财产税纳税义务发生的时点，通常就是财产产权发生转移的时点。此外，对行为税制和资源税制纳税义务发生的时点，税法也作了一般性规定。

（三）纳税申报期

纳税申报期是指纳税间隔期满后的一定时期，是纳税义务人办理纳税手续、解缴税款的时间。如果纳税申报期最后一天恰遇法定休假日，则应自动延长至休假日结束后的次日。但休假日在纳税申报期内是否允许扣除，不同的法律有不同的规定。在我国关税法规中，是允许扣除的，而在其他税收法规中则没有明确说明。

商品劳务税的纳税申报期以纳税间隔期为基础确定。无论是按期限纳税还是按次纳税的商品劳务税，纳税申报期通常为期满后若干天。例如，我国增值税法规规定，纳税人以1个月为1期纳税的，应当自期满之日起15日内申报纳税；以1日、3日、5日或15日为1期纳税的，应当自期满之日起5日内预缴税款，于次月1日起15日内申报纳税并结清上月应纳税款。企业所得税按年计算，分月或者分季度预缴，年终汇算清缴，多退少补。企业分月或者分季度预缴企业所得税的，应当自月份或季度终了后15日内预缴税款，自年度终了后5个月内汇算清缴，结清应补应退税款。此外，税法对财产税制、资源税制、行为税制的纳税申报期也作了具体规定。

六、减税免税

减税免税是国家为实现某种特定的社会、经济或政治目标，而在税收制度中对某些纳税人和征税对象给予鼓励和照顾的一种规定。人们通常把税法中明确规定的那些照顾和鼓励措施作为税收优惠，因此减税免税也称“税收优惠”。但是，从广泛意义上说，减税免税应该包含在税收优惠之中，是税收优惠的主要内容而不是全部。因为，税收优惠包括在税收执法和司法过程中给予当事人的某些便利，以便减轻其经济上的或精力、时间、心理等方面的负担。减税是对应纳税额少征一部分；免税是对应纳税额全部予以免征。减税免税的基本特征是，减税免税的享受者比其他纳税人不承担或只承担较低的税负。实际上，减税免税是税率的一种辅助和补充手段。实施减税免税意味着国家把本来可以收取的一部分税款，通过税收优惠无偿地转让给了某一部分人，这实际上是一种间接的政府支出。正是在这个意义上，西方学者把政府实施税收优惠而放弃的税收收入称为“税收支出（tax expenditure）”或翻译为“税式支出”。

从减税免税的性质上看，可分为鼓励性减税免税和照顾性减税免税两种。鼓励性减税免税是国家对某一产业或产品、某区域、某类纳税人、某项活动等予以支持而做出的奖励性措施。照顾性减税免税是针对纳税人面临意外事故而导致纳税能力下降的情况而做出的道义上的减免措施。

从减税免税的形式上看，可分为税基式减税免税、税率式减税免税和税额式减税免税三种基本类型：

税基式减税免税是通过直接缩小计税依据的方法来实现降低税收负担的目的。常见的具体方式有起征点、免征额、项目扣除、跨期结转等。起征点是税法规定的征税对象开始征税的数额起点，即征税对象数额未达到起征点的不征税，达到或超过起征点的则就其全部数额征税。免征额是税法规定的在征税对象全部数额中免予征税的部分，即不论征税对象数额大小，只对按标准减去一定数额后的余额征税。项目扣除是在征税对象总额中先扣除某些项目的金额后，以其余额为计税依据计算应纳税额。跨期结转是将成本费用及损失向前或向后结转，抵消当期的一部分收益，以缩小税基，实现减税免税。

税率式减税免税是指通过直接降低税率的方式来实现减税免税，具体包括重新确定税率、选用其他税率和规定零税率等。重新确定税率是指对特定的征税对象或纳税人，不再使用税法中规定的税率而重新确定一个较低税率。选用其他税率是指对特定的征税对象或纳税人，不再使用税法中规定的税率而比照其他税种或纳税人适用的更低的税率计算纳税的一项优惠措施。规定零税率是指对负有纳税义务的纳税人实行免税措施而规定的一种税率。税率式减税免税实际上就是制定一种低于正常水平的税率。其特点是不改变税基，而通过降低应纳税额与征税对象的比率来减轻纳税义务，实施起来比较简单和有效。但由于税率确定和变更程序一般比较严格，因此这种减税免税方式难以作为经常性的灵活措施来加以实施。它一般只适用于需要给予长期鼓励或照顾的情形。

税额式减税免税是指通过直接减少应纳税额的方式实现减税免税，具体包括税额折扣、退税、税收抵免、税收饶让抵免等。税额折扣是按规定的减征比例对应纳税额打一个折扣，纳税人只需缴纳应纳税额扣除折扣额后的差额部分的税款。退税是国家出于某种特定的政策目的而将纳税人已经缴纳或实际承担的税款退还给规定的受益人的一种措施（这里不指在征纳过程中因计算上的技术差错而造成的退税）。税收抵免是对纳税人的国内外全部所得或一般财产价值，准予在税法规定的限度内将其在国外实际已经缴纳的税款从其全部应纳税额中抵减的一种优惠措施。税收饶让抵免是居住国政府对跨国纳税人因享受非居住国给予的减税或免税优惠而没有实际缴纳或承担的税款，视同已经缴纳而予以抵免的一种优惠措施。

七、违章处理

违章处理是对纳税人的税务违章所采取的教育处罚措施。税务违章处理属于税收程序法规定的范畴，其内容主要体现在《税收征收管理法》中。违章处理体现了税收的强制性，是保证税法正确贯彻执行、严格纳税纪律的重要手段。通过违章处理可以加强纳税人的法治观念，提高依法纳税的自觉性，从而有利于确保国家财政收入并充分发挥税收的职能作用。

（一）税务违章行为

税务违章行为是指纳税人违反税法或不遵守国家有关纳税的规定而发生的违章行为。根据《税收征收管理法》的界定，税务违章行为主要包括几个方面：一是属于税收征管制度方面的违章行为，如纳税人未按规定办理税务登记，未按规定设置、保管账簿或记账凭证，未按规定进行纳税申报等；二是属于税收制度法规方面的违章行为；三是拖欠税款、滞纳金和罚款等。

（二）对税务违章行为的惩罚措施

国家在对税务违章行为的惩罚方面规定了一系列措施。这些惩罚措施集中体现在《税收征收管理法》中，主要包括罚款、补税和加收滞纳金、补税并罚款、补税并加收滞纳金、税收保全、强制执行，对纳税人严重违反税法规定并构成犯罪的，还必须提请司法机关追究刑事责任。

综上所述，在所有的税收制度构成要素中，征税对象、纳税人、税率是税收制度的三个最基本要素。这三个基本要素不仅回答了税收制度的基本问题，即解决了向谁征税、对什么东西征税、征多少税，而且也是进行税收理论分析、制定税收政策、设计税收制度的基本工具。

第四节　税收制度结构

一、税收制度结构的概念

税收制度结构（简称税制结构）是指实行复合税制的国家，在按一定标准进行税种分类的基础上形成的税种分布的总体格局及内部构造。税制结构的研究范围主要包括主体税种的选择以及主体税种与辅助税种的配合等问题。税制结构研究的前提是国家实行复合税制。因为，在国家实行单一税制的条件下，仅以一种征税对象为基础设置税种，往往表现为单一的土地税、单一的财产税、单一的消费税、单一的所得税等较为单纯的税种结构形式，其自身缺乏弹性，难以发挥筹集财政收入和调节经济的作用。事实上，单一税制从来就没有被哪一个国家使用过。所以，只有在复合税制条件下，才涉及税制结构问题。所谓复合税制，是指以多种征税对象为基础设置税种所形成的税制，它是由主次搭配、层次分明的多个税种构成的税收体系。复合税制研究的是在税制体系内部税种之间的协调与配合问题，特别是税收体系中主体税种的选择及与其他税种的相互关系问题。

在复合税制的基础上，以发挥主体作用的税种多少为标志，税收制度可分为单一主体税种的复合税制、两税并列主体税种的复合税制和多税种并重的复合税制。单一主体税种的复合税制是指以某一类税为主体，其他各类税为辅的税制结构类型。一般来说，某一种或某一类税的收入在税收总收入中的比重远远高于其他类税种，那么这类税种就属于税制结构中的主体税种。两税并列主体税种的复合税制是指以某两类税为主体，其他各类税为辅的税制结构类型。多税种并重的复合税制是指由三类和三类以上的税种作为主体税种的复合税制结构类型。

税制结构的形成和发展，是不以人们的主观意志为转移的。它往往受到一国的经济发展水平、政治经济制度与体制等多种客观因素的制约。在现实社会中，多数国家税制结构的形成和发展并非经过了事前的完整设计和周密计划。它往往受到某一发展阶段社会经济体制、生产力发展状况、政府宏观管理水平等因素的影响与制约；有的甚至要受到政治上各派势力力量对比的左右，并在各种重大历史事件积累的基础上形成。因此，值得强调指出的是，一国税制结构的形成与发展，绝对不是按照“最优”税制理论推导出来的。按照“最优”税制理论推导出来的所谓理想的税制模式，绝对不能作为税制改革的目标。这种忽视特定的政策目标及业已存在的具体国情的“理想税制模式”难以被社会所接受，并可能产生较大负面影响。研究税制结构的过程，就是结合本国具体国情深入分析和研究经济发展规律的过程。

二、以财产税为主体的税制结构

在以财产税为主体的税制结构中，财产税充当筹集国家税收收入和调节社会经济生活的主要手段，而其他税种只能起补充和辅助作用。财产税是一个古老的税种。在封建社会，土地、房屋是财产的主要形态，因而以土地和房屋为征税对象的财产税曾是封建社会税制结构中的主体税种。财产税可以充当实现社会政策的工具。它对未征所得税的资本财产征税，贯彻了税收公平的原则，在市场经济不发达的国家，财产税可以作为所得税的替代物加以利用。财产税能限制人们对财产的占有量，促进财产的公平分配，防止或削弱贫富差距，保证社会稳定。在征收遗产税、赠予税的情况下，财产税限制了人们由受赠或继承获得财富的权利，在一定程度上促进社会成员在机会平等的基础上展开竞争，在更大的范围和更深的层次上实现公平。

但是，随着社会经济的发展，财产税在整个税收体系中的地位逐渐下降。当今世界各国一般只把财产税当作辅助税种，以财产税为主体的税制结构在大多数国家已经不存在。首先，财产税会对经济效益的提高产生不利影响。财产税是以财产的存在为前提，以财产的数量或价值为计税依据，对财产的存量征税。这样，财产税起到鼓励个人消费，限制财产积累和储蓄的作用，从而不利于资本增长和经济效率的提高。其次，财产税不能体现支付能力的原则。财产税是对财富存量征税，财富存量只体现过去的积累，不能反映纳税人当前的收益。随着社会进步和经济发展，个人的收入越来越多，个人的支付能力主要体现在个人的所得上，因而以财产为税基不如以所得为税基更能体现有支付能力的原则。再次，财产税无法满足财政筹集资金的需要。在现代社会，财产税弹性小，征收管理上的限制也比较多，所能获得的税收收入却不大，不能满足国家财政的基本需要。最后，税收征管难度大。在现代社会条件下，财产的种类繁多。例如，随着金融工具的不断创新，对以债券、股票、期货及其他衍生金融工具等形式存在的动产查实较难，财产税的征收管理非常复杂。

从总体上看，在现代社会尤其是在市场经济条件下，财产税对效率、公平目标的实现都只能起辅助作用，以财产税为主体的税制已不可能成为现实税制的选择方向。但是，在实行分税制的国家中，财产税仍然是地方政府的主要收入来源。因此，把财产税当作补充性和辅助性税种加以运用，仍然具有特定的财政意义。

三、以流转税为主体的税制结构

以流转税为主体的税制结构体现为流转税在整个税制中占主导地位，并发挥着主导作用。流转税的具体税种名称，一般有增值税、营业税、货物税、销售税、周转税、关税等。从计税依据看，流转税中除增值税以增值额为计税依据外，其余税种一般都是以商品或劳务的全部销售收入额为计税依据征税。

（一）以全额流转税为主体的税制结构

在以全额流转税为主体的税制结构中，其主体税种的计税依据是商品流转额和非商品流转额的全额。例如，周转税对生产、批发、零售和服务等多阶段、多环节进行普遍全额征收；销售税则对其中某一环节的产品或劳务全额征收。全额流转税的特点突出，主要表现在：税基宽，具有较强的聚财能力；对税收征管条件要求相对较低，稽查简便易行；对经济调节灵活，针对性强，可配合价格共同调节。这些特点成为全额流转税为主体的税制结构的优势，适用于在较为落后的发展中国家推行。目前，大约有50多个国家和地区采用了这一税制结构模式。其中，乌干达、哥斯达黎加等国还以关税为主体税种，对全额流转税有很强的依赖性。即使在已实行增值税的国家，仍有不少运用全额流转税制来弥补增值税调节功能不足的缺陷，挖掘税收收入。但是，全额流转税也有其致命的缺陷：一是重复征税，二是累退性，不符合公平原则。由于全额流转税既不利于专业分工协作，又难以按纳税人的实际负担能力征税，因而，除一些经济基础较差的国家和地区还是以全额流转税作为主体税种外，很多国家都实行增值税制度。

（二）以增值税为主体的税制结构

增值税是对生产、批发、零售等各个环节的商品和劳务的增值额征税。增值税税负与商品周转环节次数没有关联，只与增值额相关，可以避免重复征税，税基宽广，对经济影响是中性的。以增值税为主体的税制结构在公平和聚财方面不亚于全额流转税，在效益方面可以从根本上克服全额流转税为主的税制结构的缺陷，是一种比较好的税制结构。但是，增值税需要有完整的会计制度和税收征管制度的配合，直接征收成本高于全额流转税。如果条件不具备，即使实行增值税也无法达到预期的某些政策目标。此外，增值税呈累退性，不同收入阶层在商品购买和消费中，实际承担的税负相对于其收入比重是递减的，即收入越高所负担的税收比例越低，不符合税收公平原则。

四、以所得税为主体的税制结构

在以所得税为主体的税制结构中，主体税种包括个人所得税、企业所得税和社会保障税，其中个人所得税和社会保障税是普遍征收并占主导地位，企业（法人）所得税也是其中的一个重要税种。以所得税为主体的税制结构在效率特别在公平方面有着其他税制无法替代的优点。在组织财政收入方面，可以根据国家的财政需要，通过税率的调整使收入与支出相适应，是一种比较好的税制结构。首先，所得税的征税对象是纯收入，税收的变动不会对物价产生直接影响，一般不会影响纳税人的生产和生活，不会侵蚀纳税人的财产，不会侵蚀税本，因此不会影响社会再生产。其次，所得税较易适用累进税率，税收制度富有弹性，产生经济“内在稳定器”的效果。税收收入随着经济的增长而增加，随着经济的衰退而减少。在需求过旺、经济发展的高潮时期，通过税率的自动爬升，增加纳税人纳税负担的同时增加国家的财政收入，从而降低整个社会的需求能力，在一定程度上缓解经济过热的局面，保持总供给和总需求的平衡。反之，在经济的衰退时期，所得税的税率自动降低，产生自动减税的效果，从而提高整个社会的购买力，在一定程度上刺激社会需求的回升。最后，所得税一般奉行“多得多征、少得少征、无所得不征”的征税原则，加上税负不易转嫁，较好地体现了税收的公平原则，对社会分配起到了调节作用。

但是，以所得税为主体的税制结构也存在不足，主要是：第一，所得税特别是个人所得税的普遍征收是以市场经济发达为前提，在生产的社会化、商品化、货币化程度较低的国家，以所得税特别是个人所得税为主体的税制结构很难有效实施。第二，所得税一般实行累进税率，且税率档次多，有可能会对纳税人经济决策产生扭曲，使经济效率遭受损失。劳动越多、投资越多、收入越高的纳税人税收负担越重，从而挫伤劳动者的积极性和投资者的投资欲望。第三，当经济发展水平不高、经济效益低下时，采用以所得税为主体的税制结构，很难保证国家的税收收入。第四，所得税的计税依据是应税所得额，应税所得额是经过复杂的计算后得出的，所以以所得税为主体的税制结构征收管理相对困难，征收成本居各税之首。因此，只有普遍征收所得税的客观经济条件存在且税率合理，所得税在筹集财政收入上才能稳定可靠。总而言之，只有在市场经济发达的国家，才具备实行以所得税为主体的税制结构的条件。

五、以所得税和流转税为双主体的税制结构

在以所得税和流转税为双主体的税制结构中，所得税和流转税并重，均居主体地位，两类税收的作用相当，互相协调配合。流转税的优势在于聚财稳定，征收便利；所得税的优势在于较为公平，可调节收入分配，并产生经济“内在稳定器”的效果。既然二者各有所长，如能合理配置、相得益彰，就能奠定优良税制的基础。以所得税和流转税为双主体的税制结构，可发挥流转税和所得税各自的优点，使之配合得当，产生互补作用。一方面，能发挥流转税征税范围广、税源充足、能保证财政收入的及时性和稳定性的作用；另一方面，能发挥所得税按负担能力大小征收、自动调节经济运行和公平分配的作用，从而形成两个主体税类优势互补的税制结构。这种税制结构不仅在发展比较快的发展中国家实行，而且开始引起以所得税为主体税种的发达国家的重视。此外，任何一种税收的选择都离不开现实条件。例如，流转税在我国实行已久，为人们所习惯，且税务机关对流转税征收较有效率，目前放弃流转税的主体地位显然是不符合实际的选择。又如，选择所得税必须具备一定的条件，如商品经济发达、企业效益好、国民人均收入高、税收征管水平和企业财务管理水平高等。而在我国的现实条件下，一味主张实行以所得税为单一主体税种显然脱离实际，如实施欲速则不达。因此，在我国是发展中国家的具体国情下，以流转税为主、所得税次之的双主体税制结构是最佳的选择。

应该进一步强调指出的是，近年来，国际上税制结构变化呈现的趋势值得我们关注。这个趋势是：发达国家由偏重所得税转向适度重视流转税，流转税的比重逐渐上升，而发展中国家所得税的比重也在逐渐上升。这表明，流转税为主或是所得税为主并不是衡量税制优劣的绝对标准。一个国家的理想税制结构应符合本国国情，促进社会经济发展，发挥税种的全面功能。

六、我国税制结构的形成及其演变

为了适应不同时期社会政治经济条件的变化，我国的税收制度经历了多次重大改革，但流转税在税制结构中的主体地位始终没有改变。中华人民共和国成立以来，我国的税制结构的发展演变具体经历了三个阶段：

第一阶段，中华人民共和国成立初期到党的十一届三中全会以前。在这一阶段，我国税制实行以流转税为主体的“多种税、多次征”的税制结构模式。当时流转税收入在整个税收收入中的比重高达80%以上。在国有经济占绝对比重、国家财政收入以利润上缴为主的计划经济背景下，这种税制结构虽然可以基本满足政府的财政需要，但是却排斥了税收发挥调节经济作用的功效。

第二阶段，党的十一届三中全会以后到1994年税制改革以前。在这一阶段，我国实行经济体制改革并逐步深化。在税收制度改革方面，为了适应税源格局的变化，我国政府于1983年和1984年分两步进行了“利改税”改革，首次对国营企业开征了所得税，并改革了原工商税制。“利改税”改革后，我国所得税收入占工商税收收入的比重迅速上升。1985年，这一比重达到34.3%，基本形成了以流转税为主体、所得税次之、其他税种相互配合的税制结构。

第三阶段，1994年税制改革以后到现阶段。我国1994年的工商税制改革侧重于税制结构的调整和优化，目的在于建立以流转税和所得税为主体的“双主体”税制结构。经过20多年来的税制改革与完善，我国的双主体税制结构已逐步形成。其主要表现为流转税的收入比重逐步降低而所得税的收入比重逐步上升的趋势明显。因此，以流转税为主体、所得税次之的双主体是我国税制结构的基本特征。这种税制结构格局是与我国生产力发展状况以及经营管理水平基本相适应的。

课后练习

一、思考题

1.征税对象、计税依据和税目的关系是怎样的?

2.试对流转税与所得税进行比较。

3.结合近十年来增值税税收收入、企业所得税税收收入的变化，分析我国税收收入结构变化与经济规模的关系。

二、分析应用题

试上网搜索世界主要国家的税制概况，思考其异同的原因。

第二章

中国税收制度的历史沿革与发展

学习目标

本章介绍中华人民共和国成立以来中国税收制度建立和发展演变的历史。70多年来，我国税收制度建立和发展演变的历史过程，一方面体现了现代税收制度发展变化的共同规律；另一方面也体现了我国各个历史时期的政治经济形势、党的总路线、总政策以及经济结构和经营方式的要求。在新一轮税制改革启动之前，我国税收制度共经历了六次大的变动和改革。而每次变动和改革都是国家的政策目标和经济环境变化必然要求税收制度进行调整的结果。通过本章的学习，主要应了解中国税收制度的发展与演变路径。

第一节　税收制度发展与演变的历史分析

税收从产生之日起，税收制度就随着国家经济和社会条件的变化而处于不断的变化之中。历史上，人类社会制度和经济发展经历了一个从简单到复杂、从低级到高级的发展演进过程。与之相适应，税收制度也经历了一个从简单到复杂、从低级到高级的演进和优化过程。任何制度都是在特定的历史背景、特定的社会制度和特定的经济条件下，人们根据利益进行选择的结果。在不同的社会形态、在同一社会形态中的不同发展阶段，人们选择了不同的税收制度。古今中外税收制度演变的历史进程，充分体现了税收制度的演变规律。而从税收制度的演变规律中我们不难发现，到了资本主义社会，税收制度才在各方面趋于完善和稳定。进入资本主义社会以后税收制度的演进和变迁，反映了现代税制的演进和变迁。而西方发达国家税制的演进和变迁代表了世界税制演进和变迁的过程。考察西方发达国家税制的演进变迁过程的总趋势，可以得出这样的结论：发达国家的税制始终处于不断的变革之中，其追求的是更为“理想”的税收制度。但是，在一定的历史时期，各发达国家的税制处于一个相对稳定状态，其变动一般并未突破当时各国税制的基本模式；只有当社会政治经济发生重大历史转折时，税制的基本模式才会发生相应的变迁。

税收制度发展演变的过程，是新的更为完善的税收制度代替旧的落后的税收制度的过程。而决定税收制度发展演变的因素主要是：经济的发展水平和政府的经济社会发展的政策及目标。税收制度发展演变的内容包括税收法制程度的发展变化、税收征收实体的发展变化和税制结构的发展变化等方面。

一、税收法制程度的发展变化

税收并不是从产生之日起就严格按照法律程序行使征税权力的。税收法制程度的发展变化体现在国家行使征税权力的程序演变方面。在自然经济条件下的奴隶社会和封建社会，实行封建专制制度，法律制度不健全，税法制度不完备。国家凭借专制政权实行专制征税，征税权同贡纳者的自由贡纳结合在一起，地方政府根据需要任意加税，封建贵族、僧侣享有税收特权。在商品经济条件下的资本主义社会，实行了民主制度，建立起了较为健全的法律制度，税收制度比较完善。国家通过法律程序逐步建立起了税收实体法和税收程序法，废除了税收特权。国家依据税收法律行使征税权。因此，塞里格曼把税收的产生与演进划分为七个阶段：一是自由献纳：二是政府求助；三是人民补助；四是为国牺牲；五是法律主义；六是强制征收；七是片面课税。日本的财政学者则将税收法制程度的发展变化归结为任意献纳时代、租税承诺时代、专制赋课时代和立宪协赞时代等四个阶段。通常也可以将税收法制程度分为简单型征税阶段、专制型征税阶段和立宪型阶段等三个阶段。在税收法制程度的发展变化过程中，税收制度由很不完善到逐步完善，国家征税从没有任何法律程序和依据到实行专制征税，最后发展到需要通过一定的立法程序，只有立法机关审议通过才能征税，税收法律制度逐步完善。税收法律制度的逐步完备使税收的课征由随意性、不确定性向确定性演变；由无序课征向依法课征演变；由较小的征税面向普遍征税演变。

二、税收征收实体的发展变化

税收征收实体的发展变化反映在税收制度上是计税依据的发展变化。在自然经济条件下，自然经济社会是农业经济社会，税收主要来自于农业收入，国家征税的对象主要是农民，缴纳的实体主要是实物。此外，农民还要服徭役，其缴纳的实体称为力役税。在这一时期，虽然也对商业征税，但比较来看，在总收入中的比重很小。到了封建社会的中后期，由于商品经济的发展，货币形式的税收才开始出现，并逐步以征收货币为主。进入资本主义社会后，货币已成为商品经济社会税收的纳税依据和结算依据。税收征收实体基本上以货币为主，其他实体形式的税收逐渐减少。当今世界，除极个别国家（地区）的个别税种仍征收实物外，税收征收实体已实现了货币化。

三、税收制度结构的发展变化

税收制度结构的发展变化主要体现在主体税种的发展演进上。在自然经济条件下的奴隶社会和封建社会，由于农业经济的特点，只能实行以古老的直接税为主的税制结构。古老的直接税不考虑个人的负担能力，以人头、土地为依据征收人头税和土地税，形成以简单的直接税为主体的税制结构。随着资本主义工商业的发展，逐渐形成了从古老的直接税为主向间接税为主的税制结构转变，即由人头税、土地税向商品税转变。商品税也不考虑商品经营者的负担能力，以商品销售额或商品销售量为计税依据。但是，商品税既可以转嫁又有利于增加财政收入，并且通过进口关税还可以对本国工商业起到保护作用。这样，各国普遍开征各种类型的间接税以逐步取代原来的简单、原始的直接税，形成了间接税为主体的税制结构。

随着资本主义经济的发展，广泛开征间接税的弊端也逐渐显露出来，即在一定程度上保护了自给自足经济的发展，抑制了资本主义的发展。商品税的多环节多次课征，造成商品价格上涨，抑制了自由竞争，阻碍了商品流通和交换的进一步发展，限制了商品市场的进一步拓展。特别是保护关税制度限制了对外贸易的发展和市场的进一步扩大。以间接税为主体的税收制度越来越不适应资本主义经济发展的需要。与此同时，资本主义经济发展带来了人们收入的不断增加，为征收所得税创造了条件。1799年，英国首先开征了所得税，其后经过多次反复，最后在大多数西方发达国家建立起了以所得税这一现代直接税为主体的税制结构。

自20世纪80年代以来，西方国家进行了大规模的税制改革，重新调整了税收对经济的干预政策，开始重新重视商品课税的作用。特别是增值税的推广，使西方国家开始走降低所得税、加强和改进商品课税的道路，形成了所得税和商品税并重的双主体的税制结构。从商品税和所得税两大税系的演进来看，商品税由以高关税为主向以关税与商品周转税为主，再进一步发展到今天的低关税、以增值税为主体的税制结构。所得税由比例税演进为累进税，税率由低税率、低累进向高税率、高累进演进，再向低税率、低累进演进；课征方式由分类所得税制趋向于综合所得税制。

我国是发展中的社会主义国家，其税收制度的建立和发展变化有自身的规律。一是税收制度必须要与我国各个历史时期的经济发展水平相适应；二是税收制度必须服从和服务于我国不同历史时期的经济社会发展的政策目标。全面分析中华人民共和国成立以来税收制度的发展演变过程不难看出，我国税收制度的变迁，实际上就是在税收制度的外在政治经济和社会环境发生变化时，国家相关的经济政策、目标发生了变化，由此带来税收政策目标的变化。进而，根据税收政策目标的变化对现行的税制进行调整与改革，以适应变化了的政治经济和社会环境对税制的需求，建立有利于经济进一步发展的新的税收制度，并保持税收制度在一定时期内的相对稳定。

第二节　中华人民共和国税收制度的建立与税制修正

一、建立新税制的历史背景

1949年10月1日，中华人民共和国的诞生标志着我国进入了一个新的社会历史时期。从此，在中国大地上出现了新的税收制度。中华人民共和国税收制度是在继承发展革命根据地的税制和改造沿用国民党时期的旧税制的基础上建立起来的。

中华人民共和国成立之初，由于战争仍然在进行，百废待兴，灾民待济，财政入不敷出，赤字大，急需增加税收。新的税制不可能在短期内建立和实施。所以，在老解放区仍沿用原来的税制，而在新解放区采取“暂时沿用旧税法，部分废除，在征收中逐步整理”的方法，即废除国民党时期的苛捐杂税，对暂时沿用的部分旧税法以当地人民政府的名义公布实施。各地沿用旧税法，抓重点税源，采取简便易行的方法组织征收，保证了财政的需要，对稳定大局、安定民生起了积极作用。

然而，沿用旧税法毕竟是不得已而为之的过渡性办法，它的最大缺陷是税制不统一，税负不均衡。例如，面粉的税率在东北地区为8%，在华北及华东地区为25%；农业税的税率在东北地区采用地区差别的比例税率，在华北则实行有免征额的比例税率；卷烟的税率，山西为40%，东北地区为60%。这种差别不仅造成税负不均，而且还严重影响地区之间货物的正常流通。

二、新税制的建立

1949年11月，财政部在北京召开了首届全国税务会议。会议根据全国政治协商会议通过的《中华人民共和国政治协商会议共同纲领》第四十条“国家的税收政策，应以保障革命战争的供给，照顾生产的恢复和发展及国家建设的需要为原则，简化税制，实行合理负担”的政策精神，全面研究统一全国税收，制定统一的新税法及统一建立税务机构等问题。1950年1月，中央人民政府政务院颁布《关于统一全国税政的决定》的通令，并发布《全国税政实施要则》，明确规定了中华人民共和国税收政策、税收制度、税收管理体制、组织机构等重大问题。其中，明确规定建立新税制的政策和原则是：贯彻合理负担的原则，解决历次战争中农民的负担超过工商业者的问题，将适当平衡税负作为建立统一税收制度的指导原则；国营企业和合作社一律照章纳税，外侨经营的企业也须依法纳税；迅速改变全国税制不统一的状况；规定了中华人民共和国新税制的税种框架体系。

根据税种框架体系，除农业税外，共设置了14种税，具体包括货物税、工商业税（包括坐商、行商、摊贩等营业税及所得税）、盐税、关税、薪给报酬所得税、存款利息所得税、印花税、遗产税、交易税、屠宰税、房产税、地产税、特种消费行为（筵席、娱乐、冷食、旅店）税、使用牌照税（1950年9月改称车船使用牌照税）。其后不久，又公布了契税暂行条例，开征了契税。上述税种的暂行条例和实施细则相继公布，各税种陆续开征。至此，中华人民共和国的税收体系正式建立，统一了全国税政。

三、对新税制的调整与完善

1950年上半年，随着财政经济状况开始好转，长期通货膨胀所形成的虚假购买力随着物价的稳定而消失；部分私营企业的经营方式与新的情况不相适应，出现了暂时性的市场萧条和生产的减缩情况。在税收上，由于税目过细，出现了某些重复征税的现象，以及征税规定不明确，计税手续烦琐，造成税负分配不均的问题。1950年6月，中国共产党七届三中全会和第二届全国赋税会议，研究调整了税收的原则和具体内容。按照巩固财政收支平衡及照顾生产的恢复和发展的原则，对税收的内容进行了调整和完善。其主要内容是：

（1）停征和简并税种。规定暂不开征薪给报酬所得税和遗产税，将房产税和地产税合并为城市房地产税。调整后，原定全国开征的14种税减为11种税。

（2）简并征税对象与税目。调整案中决定免征货物税的387个品目，合并货物税的391个品目，经简并后，货物税的征税品目由原定的1 136个调减为358个。印花税的征税对象由原定的30个，免去5个，剩下25个。

（3）降低税率。第一，盐税由原定的税额减半征收。第二，在货物税征税项目中，卷烟税率由120%调为90%～120%、毛织品税率由30%降为20%、火柴税率由20%降为15%。第三，利息所得税税率由10%降为5%。第四，工商业税中的所得税采取提高累进起点和最高累进起点，增加累进级数，拉开累进级距的办法，以降低实际税负。最低级距由100元提高到300元，最高级距由300元提高到1 000元，累进级数由14级改为21级。第五，其他税种也作了一些减轻税收负担的调整。

（4）改进征收方法。在改进征收方法、简化纳税手续方面，也采取了许多措施。

中央人民政府政务院根据调整税收的内容，于1950年12月重新修订公布《货物税暂行条例》和《工商业税暂行条例》。财政部同时制定、公布其实施细则，进一步健全税收法制。另外，在1951年4月，为配合棉纱统销政策，又从货物税中独立出棉纱一项开征棉纱统销税。

1950年12月，中央人民政府政务院还发布《工商业税民主评议委员会组织通则》和《税务复议委员会组织通则》，根据这两个文件精神，各地相继组织了有工商业代表参加的民主评议和税务复议机构，以便发扬民主，改善征纳双方的关系，贯彻执行税收政策，督促工商业户完成纳税任务。

四、新税制的特点

前述政策的出台并在全国范围内统一组织实施，标志着中华人民共和国税制的确立。这一时期税制的特点是实行“多种税，多次征”的复合税制。所谓“多种税”，是指在税收制度中开征了十多种税，分别从生产、批发、零售、所得、收益、财产、商事凭证等环节或事项征收。如产品出厂销售时，既要征收货物税，还要征收营业税和印花税。所谓“多次征”，是指一种产品要经过工业加工、商业批发、商业零售等环节，每周转一次就要征收一次营业税。所谓“复合税制”，是指以按产品或流转额课征的流转税和所得税为主体，其他税种为辅助的税制结构。流转税的主要税种是货物税和工商业税中的营业税。它一方面具有征税面广、税源普遍、计算简便、收入稳定可靠等优点；另一方面便于根据不同产品和行业规定不同的税率，来实现国家奖励和限制的政策。所得税主要指工商业税中的所得税。在“五种经济成分”并存的情况下，它对调节各种经济成分的收入，特别是调节国家与资本主义工商业之间的利润分配关系，具有重要作用。

但是，当时所得税的主体地位并不明显。由于工资薪金普遍较低，且收入差别不大，开征薪给报酬所得税财政意义不大。劳务报酬数额一般较小，此时也没有开征薪给报酬所得税的必要。在此情况下，停征薪给报酬所得税是情理之中的事情。在实际运用时，所得税类仅有存款利息所得税（后改为利息所得税）、工商业税中对固定工商业征收的所得税（国营企业除外）、对摊贩按所得征收的摊贩业税。相反，流转税收入占整体税收收入的比重达3/4，货物税和工商业税中的营业税的地位非常突出。此外，由于当时的征管条件不成熟，没有开征遗产税；屠宰税、交易税等在聚财方面起到了补充作用；特种消费行为税有聚财和限制的双重目的，但功效甚微。

总体说来，统一后的新税制意图在于较多地取得财政收入，缓解财政紧张的局面，目的是集中资金用于经济恢复和建设；调节各种经济成分的收入水平，限制资本主义工商业取得过多的利润，并加强财政监督。因此，这一多种税、多次征的复合税制结构有其特定的历史背景。

五、1953年的税制修正

1952年年底，我国基本结束国民经济恢复时期，进入大规模经济建设时期，公有制经济在整个国民经济中的比重大幅度提高，工商企业的经济方式、商品流通渠道也有较大变化。国营企业和合作社大量用委托加工、代购代销、内部调拨的方式从事经营。私营企业则趋向组织联合、深购远销、产销直接见面的办法。这样，商品流通环节减少，出现“经济日益繁荣，税收相对下降”的情况。而原税制的纳税方法以私人工商业者为主要纳税人，较为复杂烦琐，对国家计划管理和日益壮大的国营企业进行经济核算不利。为此，国家根据“保证税收，简化税制”的原则，决定从1953年起修正税制。修正税制的主要内容为：

（一）实行商品流通税

商品流通税对22种商品，如卷烟、酒、麦粉、火柴、水泥、钢铁、棉纱等，从生产到消费按其流转额实行一次课征制，即将22种商品在生产环节征收应纳的货物税、营业税、印花税以及在商业批发和商品零售环节征收的营业税、印花税予以合并，在生产环节销售时一次征收。凡是已缴纳商品流通税的商品，在流转过程中不再征收所有属于流转税性质的税收。由于这些商品都是由国营企业大量生产和控制的，有些是国家专卖或统购统销的商品，或流转过程比较简单，征税项目虽然不多，但在税收收入中却占较大比重。

（二）调整货物税

除上述应纳商品流通税的产品外，凡应纳货物税产品的印花税、工业营业税、商业批发营业税及其附加，并入货物税一并征收。同时相应调整货物税的税率。货物税的应征品目也进一步简并，由原来的358个品目简并为172个品目。货物税的完税价格改为包含税款在内的国营公司批发牌价。粮食、土布交易税也改征货物税。

（三）修订工商业税

工商业税是对工商营利事业的营业额和所得额征收的一种税。其包括四个部分：对固定工商业按营业额征收营业税；按所得额征收所得税（一般不含国营企业）；对临时商业按每次营业额征收临时商业税；对摊贩业按营业额和所得额征收摊贩业税。修订工商业税的内容是：将工商业应纳的营业税及其附加的印花税并入营业税一并缴纳，相应调整税率；已缴纳商品流通税的商品，不再缴纳营业税；已缴纳货物税的商品，只在商业零售时缴纳营业税；不属于商品流通税和货物税征税范围的商品，则不论工业销售或商业零售均需缴纳营业税。由于商业批发环节的营业税税负已分别并入商品流通税和货物税之内，因此对商业批发环节不再征收营业税。

（四）取消特种消费税，改征文化娱乐税

特种消费税原规定对电影、戏曲及娱乐、舞场、筵席、冷食、旅店等消费行为进行征收。这次税制修正，取消特种消费税，将电影、戏曲及娱乐部分税目改征文化娱乐税，其余税目则并入营业税内征收。

（五）调整交易税

交易税的征收内容包括棉花交易税、土布交易税、粮食交易税、药材交易税以及牲畜交易税。在这次税制调整案中，将棉花交易税并入商品流通税中征收，将土布交易税、粮食交易税并入货物税中征收，并停征药材交易税，仅保留牲畜交易税。

经过这次税制修正以后，在整个税制结构中只剩下14种税，即工商业税（含营业税、所得税、临时商业税）、货物税、商品流通税、印花税、车船使用牌照税、屠宰税、牲畜交易税、城市房地产税、文化娱乐税、利息所得税、盐税、关税、农（牧）业税和契税。由于减并税目、减少纳税环节、简化征收手续，修改调整后的税制，对发展社会主义经济，加强改造私营企业与保证国家财政收入，有着十分重要的作用。

第三节　1958—1978年：改革工商税制和统一全国农业税制

一、1958年改革工商税制

（一）改革的历史背景和原则

1956年，我国基本上实现了对农业、手工业和资本主义工商业的社会主义改造，国民经济中的所有制结构发生了根本性变化。全民所有制和集体所有制经济成为国民经济的主要成分。国营企业、合作社和公私合营企业等公有经济的比重已达到93%，私营工商业和个体经济只有7%。原有的税制是根据当时的经济成分而制定的，在经济成分发生变化后，对税制的改革已提到重要地位。因此，我国在1958年进行了一次较大的税制改革。这次税制改革的原则是“基本上在原有税负的基础上简化税制”。改革的目的是适应国营经济发展和控制经济资源。

（二）改革的主要内容

这次工商税制改革的主要内容是试行工商统一税。1958年9月，经全国人大常委会审议通过，由国务院公布了《工商统一税条例（草案）》，决定试行工商统一税。工商统一税是将原来的商品流通税、货物税、营业税和印花税合并而成的。同时简化有关税目的征收方法：

一是简化计税价格。将原来商品流通税、货物税中工业产品按国营企业批发价计税的方式，改为按工厂的实际销售价格计税。

二是简化对中间产品的征税办法。企业自行制造供本企业连续生产的应税中间产品，如五金、钢铁等26种产品，除白酒、棉纱、皮革3种产品外，其余的不再征税。

三是简化纳税环节。对工农业产品，从生产到流通，实行二次课征制，即工业品在工厂出厂环节征一次税，在商业零售环节再征一次税；农产品中的薰烟叶等11种产品，在采购环节征一次税，在商业零售环节再征一次税。取消批发环节征税。

四是调整税率。在维持原来税负的前提下，设计工商统一税税率。原则上采取比例税率，一个税目设计一个税率。个别税目包括的产品种类较多，积累水平高低悬殊时，则分设几个税率。对利润较高的产品适当调高税率，对利润较低或调低销售价格的产品则适当调低税率。

五是奖励协作生产。改变过去委托加工产品一律由受托方代替纳税的规定，委托工厂在收回加工产品后，用于本企业生产上的，不再征税，只有用于对外销售的部分才征税。此外，对同一品目加工改制的产品，在销售后按较低的“其他工业产品”的税率纳税。对于简单加工的产品，纳税人如有纳税困难，则由省、市、自治区批准免税。

此外，为了配合工商统一税的试行，原工商业税中的营业税并入工商统一税，对于工商业税中的所得税则独立为另一种税，即工商所得税。

经过改革后，除农业税外，我国实际开征11个税种：工商统一税、关税、工商所得税、利息所得税（1959年停征）、城市房地产税、契税、盐税、牲畜交易税、车船使用牌照税、屠宰税、文化娱乐税（1966年停征）。

（三）20世纪60年代初，开征集市交易税和调整工商所得税

经历了国民经济三年困难时期后，在1960年冬，我国对国民经济实行“调整、巩固、充实、提高”的八字方针，个体经济和集体经济有很大的发展。但是，工商所得税存在负担不合理的问题。其主要体现在：个体经济的负担轻于集体经济，合作商业的负担轻于其他集体经济。为了改变这种不合理状况，1963年4月国务院发文调整工商所得税负担。这次调整工商所得税负担的原则是：限制个体经济、巩固集体经济、贯彻合理负担的政策，使个体经济的税负重于集体经济、合作商业的税负重于手工业合作社、交通运输合作社及其他集体经济，使集体经济之间的负担大致平衡。这次调整的主要内容：除供销社仍实行39%的比例税率外，集体经济均改为超额累进征税；个体经济仍维持原规

定，按全额累进征税。改革后，集体企业的工商所得税负担逐渐趋于合理，但对个体工商业及合作商店却限制过严。

农村集市贸易开放以后，市场上出现了一些新情况。价格一般偏高，有些商贩趁机牟取暴利，扰乱了正常的物资交流。为限制投机活动，1961年曾征收过暴利税。1962年4月，国务院决定开征集市交易税。从有利于发展农业生产和集市贸易、有利于国家对农副产品的收购出发，坚持“活而不乱，管而不死”的方针。对国家不需要掌握的产品从宽，对国家需要掌握的产品从严；对售价低的产品从宽，对售价高的产品从严；对农民出售自产品从宽，对从事贩卖的产品从严。征税范围原则上规定为家畜、家禽、肉类、蛋品、干鲜果、土特产和家庭手工业品等7类。税率一般为10%，少数价格高的产品为15%，家庭手工业品和国家不需要掌握的产品为5%。由各省、自治区、直辖市根据当地情况制定征收办法。到1964年，由于农村集市贸易活动减少，成交额急剧下降，于是财政部报国务院批准，决定对集市交易税保留税种，暂停征收。

二、统一全国农业税制

中华人民共和国成立后，农业税由于各地继续沿用战争时期制定的征收制度，因此各地税收法规有一定的差异。在老解放区已实行过土地改革，采用比例税率。1950年9月，政务院颁布《新解放区农业税条例》，实施全额累进税制。其目的是打击地主经济，限制富农经济，贯彻合理负担的政策。1952年，在基本完成土地改革以后，由于富农经济依然存在，其收入仍然高于贫下中农。为了进一步限制富农经济仍然没有实行比例税率，只把全额累进税制的级距适当缩小，并适当降低税率。1956年农业合作化以后，富农经济已被消灭，个体经济已走上合作化道路成为集体经济，此时已无必要继续实行两种农业税制。1958年6月，国务院公布《农业税条例》，在全国范围内废除了累进税制，统一实行分地区的比例税制，并继续实行“稳定负担，增产不增税”的政策。这项重大改革，对发展农业集体经济、鼓励增产、调节收入有着极其深远的影响。随后的40多年中，我国的农业税制都没有大的调整。随着社会主义市场经济体制的建立和建设社会主义新农村战略的实施，中央决定从2006年起，在全国范围内全面取消农业税。至此，在我国历史上实行了2 600多年的农业赋税制度彻底退出历史舞台。

三、1973年改革工商税制

（一）改革的历史背景和原则

在生产资料的社会主义改造完成以后，我国受苏联“非税论”的影响，认为在社会主义国营企业的生产资料归国家所有，对国营企业征税实质上是上缴利润的性质，税收只是一个外壳。因此，对国营企业征税是没有必要的，并于1959年上半年开始，在成都、南京、武汉、石家庄、锦州、开封、宝鸡7个城市进行“税利合一”的试点，即实行“以利代税”，取消税收。“文化大革命”期间，在“左”的错误路线的影响下，这种观念进一步被强化。当时的工商税收制度被批判为“有利于资本主义，不利于社会主义”，已经简化了的税制仍被批判为“烦琐哲学”。认为随着国营经济的进一步扩大和非社会主义经济的日益缩小，社会主义税收在国家积累资金方面虽然能发挥一定作用，但国家财政收入唯一来源应是国营企业上缴的利润；税收在调节经济方面几乎没有作用。因此，税收制度成为“改革不合理的规章制度”的对象，税务机关被撤并，大批税务干部下放劳动，企业财会人员也大量减少，简化税制的呼声越来越高。在这种情况下，1972年3月，国务院颁发了当时财政部拟定的《中华人民共和国工商税条例（草案）》，从1973年起在全国试行。

（二）改革的主要内容

1.合并税种，开征工商税

工商统一税及其附加、盐税以及对企业征收的城市房地产税、车船使用牌照税、屠宰税被合并为工商税。经合并后，对国营企业只征工商税一种税；对集体所有制企业则征收工商税和工商所得税两种税；对个人、外侨及外国企业仍继续征收城市房地产税、车船使用牌照税、屠宰税。

2.简化征税项目和税率

实行工商税后，按行业和产品设计征税项目和税率，征税项目由原工商统一税的108个减为44个，税率由141个减为82个。而在82个税率中有很多是相同的，实际上不同的税率只有16个。这次税制改革使大多数行业保持原来的税负水平，只对少数行业和产品加以调整。例如，降低农机、农药、化肥、水泥的税率，适当调高印染业、缝纫机、自行车、手表和部分化工产品的税率。

3.改变部分征税方法

这主要是废除许多当时被认为是不合理的征税办法，取消对“中间产品”征税的规定，原则上按企业销售收入计算征税。如以较高税率的中间产品连续生产为税率低的产品，销售时应按较高的税率纳税。将部分管理权限下放给地方，对于新兴工业、“五小”企业、社队企业、综合利用、协作生产等，由各省、直辖市、自治区根据具体情况确定减税免税。对企业的适用税率，也由各省、直辖市、自治区审核确定。

经过1973年的税制改革，我国只剩下10个税种，即工商税、工商所得税、关税、农（牧）业税、屠宰税、城市房地产税、车船使用牌照税、牲畜交易税、集市交易税、契税。由于集市交易税的停征，因此除农（牧）业税外，我国实际只开征8种税。

这次工商税制改革，由于过分强调合并税种和简化征收办法，给财政经济造成不良影响。一是税目单一，税制简单，进一步削弱了税收的调节作用；二是将几种性质不同的税种合并在一起，变成性质不清的多种税的综合体，既不利于正确处理国家与各方面的分配关系，也不便于执行；三是将原属地方财政固定收入的各项地方税收并入工商税中，影响地方组织财政收入的积极性。结果是不仅在税收工作上产生许多矛盾，而且严重地限制了税收杠杆作用的发挥。

第四节　1979—1993年：工商税制重大改革

一、改革的历史背景

党的十一届三中全会以后，我国工作重点转移到社会主义现代化建设上来，并开始实施改革开放的战略。我国的经济体制、经济结构等方面都发生了重大变化。单一的公有制经济结构逐步转变为以公有制为主体的多种所有制并存的经济结构，计划经济体制逐步变为有计划的商品经济体制，封闭型经济逐步变为外向型经济。国营经济逐步成为独立的经济实体，实行“自主经营、依法纳税、自负盈亏”的管理体制。

我国税制随着客观经济形势的变化而不断改革和调整，逐步建立了以流转税为主、所得税为辅、其他各税共同配合的多税种、多层次、多环节的复合税制新体系。调节对象遍及工农业生产、商品流转、劳务服务、企业各种所得、个人所得、资源利用、财产占有、利润分配、奖金发放、特种经济行为等各方面以及多个环节，从而大大拓宽了税收调控机制的领域，强化了税收调控机制的作用。税收制度基本上能与多种经济成分、多种组织形式、多种经营方式、多种流通渠道的新的经济模式相适应。

二、建立较为完整的涉外税收制度

改革开放以前，我国对外资企业没有特殊的税收优惠规定，对外籍人员在中国所取得的收入也不征税。1980年以来，在维护国家权益的前提下，本着“税负从轻、优惠从宽、手续从简”的原则，通过全国人大常委会正式立法，公布实施了中外合资经营企业所得税、外国企业所得税、个人所得税三个涉外所得税法。1992年，全国人大常委会将中外合资经营企业所得税法和外国企业所得税法两法合并修订为《外商投资企业和外国企业所得税法》，并公布实施。在制定涉外税收制度的同时，明确了涉外企业征收工商统一税、城市房地产税、车船使用牌照税。

三、建立以国营企业所得税为重点的所得税体系

1980年，改变了过去长期实行的个体经济和合作商店所得税税负过重的征收办法。1983年，突破“对国营企业利润征税改变全民性质”的旧理论束缚，开征了国营企业所得税，亦称为第一步“利改税”改革。其具体内容是：对小型国营企业实行较彻底的利改税，按照原工商所得税使用的老八级超额累进税率征税，税后剩余利润归企业自行支配，实行自负盈亏，只对少数税后利润较多的企业再上缴一部分承包费；对大中型国营企业按55%的比例税率征收所得税，税后利润除了企业的合理留利外，采取递增包干、定额包干、固定比例包干和调节税等多种形式上交国家。1984年10月1日起，实行“利改税”第二步改革。1985年，把工商所得税改为集体企业所得税。1986年，设置城乡个体工商业户所得税。1987年，专门针对中国公民开征了个人收入调节税。中国公民缴纳了个人收入调节税后，不再缴纳个人所得税。对外籍人员只征个人所得税，而不征个人收入调节税。1988年，开征了私营企业所得税。至此，加上外商投资企业和外国企业所得税以及个人所得税，形成了一个适应多种经济形式和个人收入来源变化的多种所得税制并存的所得税体系。

四、建立产品税、增值税、营业税结合运用的流转税体系

1984年实施的“利改税”第二步改革，实际上也是工商税收制度的一次全面改革。在国务院公布的改革方案中，按照不同的征税对象，把工商税细化为性能不同的产品税、增值税、营业税和盐税4种税。其中，产品税由原来按行业改为按产品设计税目，确定税率，有利于与价格杠杆配合运用，强化了对产品生产、销售的调控，并对征收制度进行了改革。增值税是从1979年起开始改革试点，1984年正式颁布条例，扩大了实施范围，较好地解决了重叠征税的问题。产品税、增值税、营业税和盐税4种税并立，各有各的调节对象和征税范围，互不交叉。至此，产品税、增值税、营业税和盐税4种税，再加上关税一起组成了流转税体系。

五、建立资源税、行为税和财产税体系

1982年7月，为了合理使用能源、促进企业节约用油，并加速以煤代油的进程，开征了燃油特别税。1983年10月，为了有利于控制固定资产投资规模，调整建设投资结构，保证国家重点建设，开征了建筑税。1984年10月，为了有利于调节占有资源条件差异所形成的级差收入，有效地保护和合理利用国有矿产资源，开征了资源税。1984年和1985年，为了促进推行企业内部经济责任制，有计划地逐步提高职工收入水平，从宏观上合理控制消费基金的增长速度，分别开征了国营企业奖金税、集体企业奖金税、事业单位奖金税以及国营企业工资调节税。1985年，为了保证城镇公共设施建设的资金来源，开征了城市维护建设税。1986年，对内资企业和本国纳税人开征了房产税和车船使用税。1987年，国务院重新颁布了契税的暂行条例。1987年，为了有效地保护耕地，开征了耕地占用税。1988年6月，为了配合推行各种经济法规，促进建立社会主义商品经济新秩序，恢复征收了印花税。1988年11月，为了合理利用城镇土地，调节土地级差收入，提高土地使用效率，加强土地管理，开征了城镇土地使用税。1988年9月，国务院颁

布了《筵席税暂行条例》，确定可由各省、直辖市、自治区政府自行决定征收筵席税。至此，初步建立了资源税、行为税和财产税三大税收系列。

六、采取适应农村改革和商品经济发展的农业税收措施

1958年全国统一农业税制后，直到2006年全国取消农业税，对农业税制没有大的调整与改革。1993年以前，只是为适应农村改革和商品经济的发展而采取了若干农业税收措施。这些措施主要有：一是把纳税人由原来的生产队逐步改为联产承包的农户；二是实行起征点办法，帮助贫困地区的农户休养生息；三是明确和扩大农林特产收入征收农业税的范围，并把过去比照粮田评定常年产量的办法，改为分产品制定税率和按产品征收的办法，通称“农业特产税”；四是把农业税由原来征收实物改为征收“折代金”，以促进农村商品经济的发展。

七、建立适应对外开放需要的关税制度

1980年1月，我国恢复对外贸公司进口货物征收关税。1985年2月，本着贯彻对外开放的方针，适应经济体制改革需要，体现鼓励扩大出口，保障必需品进口，促进发展国民经济，保证国家关税收入的原则，制定颁布了中华人民共和国成立以来的第一个进出口关税条例和新的税则。1987年9月，对进出口关税条例和新的税则进行了一次修订。后来，又多次调整了进口税率，调整了出口货物的征税品种和税率，从而适应国际情况及国内外经济的发展变化，增强了关税对进出口货物的灵活调控机制。

改革开放后至1993年年底的税制改革和所形成的税制结构也存在较大缺陷：一是财政税收理论准备不足。在理论上未在建立健全税收新的经济调控机制方面着重研究，急于求成，缺乏全盘统筹规划。一方面过于夸大税收的作用，认为税完全可以代利；另一方面又偏重于“不挤不让”，保财政收入，保原有的分配格局。二是税制改革孤军深入，配套改革不够。当时我国正在进行的整个经济体制改革，是社会主义自我完善的一个划时代系统工程，情况复杂，任务艰巨，而税制改革只是摆在整个经济体制改革的突破口位置来进行的，既缺乏可供借鉴的历史经验，又孤军深入，难以掌握复杂多变的经济情况，不能很好地与各方面改革进行配套。三是“利改税”改革与原定的理想发生偏差。“利改

税”混淆了国营企业交税交利两个不同分配范畴的界限，影响它们各自应有的机制功能。四是税收制度和税制结构的不成熟性明显。税收制度不够科学，体现国家政策原则和经济体制改革要求不充分；税制结构体系不够健全合理，影响税制的整体和某些方面的机制。

但是，概而论之，这次持续10多年的税制改革总体上是成功的。一边探索、一边改革，不断积累经验，双主体税制结构的雏形已初见端倪，基本能适应经济发展与改革的需要。流转税类得到进一步加强；所得税类也增加了一批新税种，其地位有所加强；其他辅助税种根据需要与可能加以设置。税收调节的覆盖面之广、作用发挥之充分达到前所未有的程度。税收在国民经济中的地位得到了空前的巩固。

第五节　1994年：建立与社会主义市场经济相适应的税收制度

一、税制改革的历史背景和指导思想

党的十四大确立了我国经济体制改革的目标是建立社会主义市场经济体制。这就要求建立起一套符合市场经济客观要求和特点的新的税收制度。市场经济要求税法统一，以促进社会主义统一市场的形成；要求公平税负，营造公平竞争的税收环境；要求加强税收法制建设，简化税制，规范征纳双方的税收行为；要求加强政府的宏观经济调控，合理分权、理顺分配关系、规范分配格局。虽然，我国1979年以后的税制改革和税种调整，取得了前所未有的重大进展，值得充分肯定，但是，改革后的税收制度与市场经济的要求相比仍有较大差距，脱胎于计划经济体制下的税收制度与社会主义市场经济明显不相适应。这种不相适应表现在：一是税种不仅过多而且烦琐。改革后的税种数量增至35种之多，仅所得税就有6种，对资金征税的税种有4个之多。税种多、税制烦琐、“外行说不清、内行记不住”，给征纳双方带来困难，还因其不必要的划分，造成税负不均。二是征税对象选择不当，税种调控范围不能适应新情况的要求。例如，在市场经济条件下，生产要素全面进入市场，但相

应税种未能及时出台，不能利用税收手段进行规范和调控，促使生产要素交易的规范化。相反，一些收效甚微或无开征必要的税种，如牲畜交易税、筵席税等，却抓住不放。三是税负不公，不利于企业公平竞争。例如，企业所得税按所有制分别设置税种，税率和税收优惠各异，地区之间政策也有差别，造成企业之间税负不平。流转税税率是在计划价格为主的条件下为缓解价格不合理的矛盾而设计的，税率档次多且高低差距大。在价格大部分放开的情况下，税率未及时调整，造成税负不公。内资企业与外资企业之间税制不统一，影响对外开放目标的实现。四是税收管理制度不规范。过多过滥的税收优惠以及严重的偷漏税现象，造成实际税负远低于名义税负；中央与地方税收管理权限划分不当，中央税和地方税划分不明确，地方收入规模过小导致地方越权自定章法或随意减免税。五是国家与企业之间的分配关系相互交织在一起。过高的税率使企业难以承受，“税前还贷”、“承包经营责任制”及名目繁多的优惠政策，又使国家财政难以承受。因此，根据市场经济规律和发展社会主义市场经济的要求，全面进行税制改革成为必然。

这次税制改革酝酿已久。1993年下半年，中央按照党的十四大建立社会主义市场经济体制的要求，确定了税制改革的指导思想，并进行了税制改革方案的准备。这次税制改革的指导思想是：统一税法、公平税负、简化税制、合理分权、理顺分配关系、保障财政收入、建立符合社会主义市场经济要求的税收体系。

二、税制改革的基本内容

1993年12月25日，国务院批转国家税务总局《工商税制改革实施方案》，并发出通知，指出：“这次工商税制改革，是中华人民共和国成立以来规模最大、范围最广泛、内容最深刻的一次税制改革，其目的是适应建立社会主义市场经济的需要。”工商税制改革方案从1994年1月1日起在全国施行。

（一）所得税制的改革

1.企业所得税的改革

改革前，我国企业所得税制由外商投资企业和外国企业所得税、国营企业所得税、集体企业所得税和私营企业所得税4个税种组成。由于按所有制分设税种，税率不一，税收优惠不同，税负不平等。改革后，将国营企业所得税、集体企业所得税和私营企业所得税合并成为统一的企业所得税，实行33%的比例税率。同时取消国营企业调节税和向国营企业征税的国家能源交通重点建设基金及国家预算调节基金。建立规范化的企业还贷制度，改变过去承包企业所得税的做法。用税法规范企业所得税前列支项目和标准，改变过去应纳税所得额的确定从属于企业财务制度的状况，稳定和拓宽税基。鉴于《外商投资企业和外国企业所得税法》是1992年修订实施的，为保持税法的严肃性和稳定性，这次改革没有涉及该税种。由此造成我国内外两套所得税制长期并存达十几年之久。

2.个人所得税的改革

改革前，我国对个人收入征税的税种有个人所得税、个人收入调节税和城乡个体工商业户所得税。税法使用不规范，费用扣除偏低，名义税率过高，征税范围和应税项目不全，减免税政策不完善。改革后，将个人所得税、个人收入调节税和城乡个体工商业户所得税等三个税种合并，建立统一的个人所得税，同时适用于我国居民和从我国取得所得的非居民。

（二）流转税制的改革

改革后流转税制由增值税、消费税、营业税和关税（不纳入这次改革范围）组成。在工业生产领域和批发零售商业普遍征收增值税；对少数消费品征收消费税；对不实行增值税的劳务和销售不动产征收营业税。新的流转税制统一适用于内资企业、外商投资企业和外国企业，并取消对外商投资企业和外国企业征收的工商统一税。原来征收产品税的农、林、牧、水产品，改为征收农业特产税和屠宰税。

1.增值税改革

对商品的生产、批发、零售和进口全面实行增值税，对绝大部分劳务、农产品生产和销售不动产不实行增值税。增值税税率采取基本税率（17%）、一档低税率（11%）和零税率（一般适用于出口商品）的模式。对年销售额较少、会计核算不健全的小规模纳税人，实行按销售收入全额及规定的征收率（一般为6%）计征增值税的简便办法。增值税实行价外计征办法，即按不含增值税税金的商品价格和规定的税率计算征收增值税。增值税实行根据发票注明税金进行税款抵扣的制度，设立增值税专用发票并实行专门管理。

2.消费税改革

原来征收产品税的产品改征增值税后，部分产品的税负大幅度降低。为了保证国家的财政收入，体现基本保持原税负的原则，同时考虑对一部分消费品进行特殊调节，选择少数消费品在征收增值税的基础上再征一道消费税。消费税采用从量定额和从价定率两种征收办法。其中，采用从价定率征收办法的，按不含增值税税金但含消费税税金在内的价格和规定税率征收消费税。

3.营业税改革

改革后营业税的征税范围包括提供劳务、转让无形资产和销售不动产。交通运输业、建筑业、邮电通信业、文化体育业等，税率为3%；金融保险业、服务业、转让无形资产和销售不动产等，税率为5%；娱乐业的税率为5%~20%。

（三）其他税种的改革

其实，这次税制改革方案也存在脱离实际、片面追求建立理想税制、急于求成的情况。方案中设计的一些新税种由于客观经济条件的不成熟，至今也没有开征；方案中规划调整的一些税种由于客观经济条件的不成熟，至今也没有调整。其他税种改革和调整的主要内容是：

1.改革资源税，扩大征税范围

扩大后的资源税征税范围包括所有的矿产资源。征税品目有煤炭、原油、天然气、铁矿石和其他黑色金属矿原矿、铝土矿和其他有色金属矿原矿、非金属矿原矿和盐，并配合增值税的改革，适当调整税负。

2.开征土地增值税

土地增值税是这次税制改革新开征的税种，目的是对房地产交易中的过高利润进行适当调节。土地增值税在房地产交易环节，对交易收入的增值部分征收。房地产增值额为纳税人转让房地产所取得的收入减去扣除项目金额后的余额。土地增值税实行四档超率累进税率征收。

3.调整土地使用税

土地使用税的调整上，主要是适当提高土地使用税的税额，扩大征税范围，适当下放管理权限。

4.取消和合并税种

在此方面，取消了集市交易税、牲畜交易税、燃油特别税、奖金税和工资调节税；将特别消费税并入消费税、将盐税并入资源税；将屠宰税和筵席税下放给地方。

5.没有实现的改革措施

证券交易税、遗产税没有开征；将城市维护建设税改革为城乡维护建设税没有实行；取消对外资企业和外籍人员征收的城市房地产税和车船使用牌照税，统一实行房产税和车船使用税的办法没有实施。

第六节　2004年以来的税制改革

一、税制改革的背景分析

2004年以前，我国进行过6次大的税制改革。除1958年外，都存在10年一个周期的规律。这也许是巧合，但更主要的是有客观必然性。经济的发展，每隔一段时间就要求对税制进行改革。零星改革每年都有，是不间断的，大的改革和小的调整相结合，改革不可能一次到位、一次完成，要不断完成。1994年税制改革后的10年中，国内国际情况发生了巨大的变化，对适应当时客观经济形势的现行税收制度提出了严峻的挑战。

从国际上的情况看，20世纪90年代以来，发达市场经济国家和发展中国家纷纷进行重大税制改革。虽然由于经济、社会、政治等客观条件的不同，各国税制改革没有统一的模式，但纵观各国税制改革，一个总趋势是：降低税收负担、调整税制结构、完善税制、加强税收管理和促进国际协调等。目前，世界上200多个国家和地区都建立了与市场经济相适应的税收制度。税收调节职能扩大到调节国际经济关系。

从国内的情况看，社会主义市场经济体制逐步完善，国家的宏观调控不断改善，经济规模大幅度增加，且显示出巨大的发展潜力和增长惯性。1993年至2004年，我国GDP约年均增长9.4%，2005年我国经济规模超过法国和英国，跃居世界第四位。对外开放进一步扩大，外贸进出口大幅度增长。加入WTO的各项承诺如期兑现，我国的国际地位不断提高。

由生产力发展水平决定的经济发达程度、经济结构、收入水平、经济运行状况以及政府的宏观经济政策和目标，构成一个国家一定时期的经济环境。在经济环境发生变化的条件下，制度建设的滞后必然阻碍经济的发展，发展又是制度变化的结果。经济环境与制度安排是互为因果、互相促进的。由此可见，经济环境的变化必然要求税收制度的调整，以形成有利于经济发展的新的税收制度。根据变化了的经济环境，2003年10月，中国共产党第十六届中央委员会第三次会议通过的《中共中央关于完善社会主义市场经济体制若干问题的决定》中，明确提出了我国启动新一轮税制改革的要求。

二、税制改革的原则

《中共中央关于完善社会主义市场经济体制若干问题的决定》中明确提出新一轮税制改革的原则是“简税制、宽税基、低税率、严征管”。十二个字反映了我国新一轮税制改革的指导思想，符合中国国情和国际税制改革的新动向。“低税率”的原则体现了适应全球产业结构的调整加快和全球税制改革的动向。“简税制”的原则体现了符合中国国情和纳税意识存在的差异，不片面追求税收制度的完美，坚持内容重于形式。“宽税基、严征管”体现了符合我国财政的实际情况，是财政收入职能的需要，能确保财政收入的稳定，体现公平与效率。

三、税制改革的基本任务

《中共中央关于完善社会主义市场经济体制若干问题的决定》中明确提出，新一轮税制改革的基本任务是：改革出口退税机制；增值税由现在的生产型改为消费型，将设备投资纳入增值税抵扣范围；完善消费税，适当扩大税基；统一各类企业税收制度；改进个人所得税，实行综合与分类相结合的个人所得税制度；实施城镇建设税费改革，条件具备时对不动产开征统一规范的物业税，相应取消有关收费；完善地方税制度，在统一税政的前提下，赋予地方适当的税政管理权；深化农村税费改革，取消农业特产税，逐步降低农业税税率，创造条件逐步统一城乡税制。2006年，第十届全国人大第四次会议通过的“十一五”规划纲要中确定我国“十一五”期间的税制改革任务是：在全国实行增值税转型改革；适当调整消费税的征税范围；适时开征燃油税；调整营业税的征税范围和税目；继续完善出口退税制度；统一企业所得税；实行综合与分类相结合的个人所得税；改革房地产税，稳步推进开征牧业税，取消建设收费；改革资源税；完善城市维护建设税、耕地占用税、印花税。

其实，新一轮税制改革基本任务不局限于上述8项或10项内容，而要根据国家的经济形势、政治形势和政策目标及时调整。例如，根据农村税费改革和建设社会主义新农村的要求，2006年在全国范畴内取消了农业税；从2007年起实行新的车船税暂行条例等等。税收制度中的其他方面改革也会随着经济环境的变化及时调整。

四、税制改革的特点

（一）分步实施

《中共中央关于完善社会主义市场经济体制若干问题的决定》中明确提出新一轮税制改革是“分步实施税制改革”。因此，新一轮税制改革的时间比较长，当时估计需要5年左右时间。事实上，完成新一轮税制改革的八项基本任务的确无时间表规定，根据八项任务繁简程度不同的实际情况，也不可能同时出台。2004年，主要进行了三项改革：一是改革出口退税机制；二是继续深化农村税费改革；三是在东北地区实行增值税转型改革试点。2005年，税制改革主要是四项内容：一是继续完善出口退税机制；二是内外企业所得税合并的准备工作；三是增值税转型试点实施方案的进一步完善；四是加强其他税种的完善，如消费税、营业税、环保方面的税收政策。

（二）结合中国的国情

新一轮税制改革强调与中国的国情相结合，不照搬照抄国外的税收制度。实际上，新一轮税制改革酝酿了很长时间，最早是从1994年后就开始酝酿。当时很多人主张我国新一轮税制改革应以最优税制理论为指导，实行改革一步到位。例如，个人所得税改革一步到位，实行综合税制；其他方面的改革也强调与国际惯例接轨。但是，在改革方案的酝酿和制订过程中，中央更多考虑的是改革方案的可行性和可操作性。如个人所得税实行分类与综合相结合，且当时的条件还不成熟，2005年只对扣除标准进行了调整。

（三）充分酝酿，谨慎决策

我国在1998年对税制改革问题及方案设计就进行过广泛的探讨。于是，人们都以为新一轮税制改革马上要开始了。但是，时间一年一年过去了，税制改革的动作却并不大，人们感到困惑。因为中央认为，新一轮税制改革方案应尽可能地求得广泛认同，避免急于求成。改革方案不经过充分酝酿、谨慎决策，造成改革失误，在我国税制改革的历史上是有教训的。例如，1984年的税制改革，当年6月份研究，决定从1985年起实施，但却急急忙忙提前到1984年10月1日实施。由于方案匆忙出台，企业受到很大困扰。1985年搞企业承包制，刮起承包风，把第二步利改税改革全部推翻。1994年推行增值税改革也是如此，推开后发现了问题，财政部当年下发了70多个明码文件来解决增值税推行中出现的问题。充分酝酿、谨慎决策虽然提高了决策成本，但降低了执行成本。这是一个科学的态度和方法。

五、税制改革的主要内容

2004年以来，中央按照上述税制改革目标，逐步推出改革措施。这些改革措施主要有：一是完善了出口退税制度和出口税收政策；二是彻底取消了农业税；三是实行了内外统一的企业所得税法；四是实现了在全国范围内的增值税转型改革，实行消费型增值税，并修订出台了新的《中华人民共和国增值税暂行条例》、《中华人民共和国消费税暂行条例》和《中华人民共和国营业税暂行条例》以及三个条例的实施细则；五是修订了资源税、房产税、车船税、城镇土地使用税、耕地占用税等一系列税种；六是多次修订了个人所得税；七是取消了城市房地产税、车船使用牌照税、屠宰税、筵席税等。通过改革，实现了所有税种对内对外的统一。

2013年11月12日，中国共产党第十八届中央委员会第三次全体会议通过《中共中央关于全面深化改革若干重大问题的决定》，其中明确指出要完善税收制度。具体内容包括：深化税收制度改革，完善地方税体系，逐步提高直接税比重；推进增值税改革，适当简化税率；调整消费税征税范围、环节、税率，把高耗能、高污染产品及部分高档消费品纳入征税范围；逐步建立综合与分类相结合的个人所得税制；加快房地产税立法并适时推进改革，加快资源税改革，推动环境保护费改税。

（一）先转后扩，步步推进增值税改革

2009年1月1日起，在增值税由生产型转为消费型改革试点于东北老工业基地等地取得成功的基础上，在全国全面推开。2012年1月1日起，为更好地实施经济结构战略调整和结构性减税政策，在上海市率先开展营业税改征增值税试点，随后不断扩大试点范围。

“营改增”是党中央、国务院根据经济社会发展新形势，从深化改革的总体部署出发做出的重要决策，目的是加快财税体制改革，进一步减轻企业赋税，调动各方积极性，促进服务业尤其是科技等高端服务业的发展，促进产业和消费升级，培育新动能，深化供给侧结构性改革。

“营改增”在全国的推开，大致经历了以下三个阶段。2011年，经国务院批准，财政部、国家税务总局联合下发营业税改征增值税试点方案。从2012年1月1日起，在上海交通运输业和部分现代服务业开展营业税改征增值税试点；2012年8月1日起，国务院将“营改增”试点范围扩大至8省市；2013年8月1日，“营改增”试点范围推广到全国，将广播影视服务业纳入试点范围；2014年1月1日起，将铁路运输和邮政服务业纳入“营改增”试点；2016年3月18日召开的国务院常务会议决定，自2016年5月1日起，全面推开“营改增”试点，将建筑业、房地产业、金融业、生活服务业全部纳入“营改增”试点。至此，营业税退出了历史舞台。这是自2009年增值税转型改革以来，财税体制的又一次深刻变革。增值税改革两度成为促进经济增长和实施结构性减税政策的重大战略措施。

（二）提降结合，强化消费税调节功能

2006年，我国对消费税进行了一次大规模的调整，与1994年相比，这次调整更加突出了消费税促进环境保护、节约资源以及合理引导消费的作用。新增加了高尔夫球及球具、高档手表、实木地板、游艇等税目；增加了成品油税目下的5个子目；取消了护肤护发品税目；此外，还调整了部分税目的税率。

2008年和2009年，为了抑制汽油、柴油等燃料的消耗，促进节能减排、规范交通税费制度，我国首先提高了一部分大排量乘用汽车的消费税税率，随后又在取消一部分交通规费的同时，大幅度提高了成品油的税率。

从2009年5月1日起，提高了卷烟生产环节的消费税税率，调整卷烟生产环节的消费税计税价格，在卷烟批发环节加征一道消费税，并提高雪茄烟的税率。

为促进环境治理和节能减排，合理引导消费需求，2014年和2015年，先后三次上调成品油消费税税率。

2014年12月1日起，取消汽车轮胎、酒精等税目。

2015年2月1日起，新增对电池、涂料征收消费税。

2015年5月10日起，提高卷烟批发环节税率。

2016年10月1日起，取消对普通美容、修饰类化妆品征收消费税，只对高档化妆品征收消费税，同时调整税率。

2016年12月1日起，对超豪华小汽车，在零售环节加征一道消费税。

消费税改革强化了寓限于征、健康环保、合理引导消费和间接调节分配的功能。

（三）减增并举，不断完善个人所得税制

2008年，将工薪所得减除费用标准由1 600元/月提高至2 000元/月。2011年9月1日起，又进一步将工薪所得减除费用标准提高至3 500元/月；将9级超额累进税率改为7级，将最低档税率由5%降为3%，适当扩大了高档税率的适用范围；相应调整了个体工商户生产经营所得和承包承租经营所得税率级距。个人所得税改革在减轻或免除了中低收入者的税收负担的同时，也加大了对高收入者的收入调节力度，更好地体现了量能负担的原则。

2018年8月31日，第十三届全国人民代表大会常务委员会第五次会议通过并颁布了修改后的《中华人民共和国个人所得税法》，自2019年1月1日起施行。根据新税法，一是改革征收模式，由分类征收模式改为综合与分类相结合征收模式，对工资薪金所得、劳务报酬所得、稿酬所得和特许权使用费所得等四项劳动性所得实行综合征收；二是提高费用扣除标准，由原来每月3 500元提高到5 000元；三是增加专项附加扣除，涉及子女教育支出、继续教育支出、大病医疗支出、赡养老人支出、住房贷款利息支出、住房租金支出等6个方面；四是调整税率结构，扩大低档税率的级距，旨在进一步降低中低收入阶层的税收负担。

（四）由点及面，逐步深化资源税改革

从2010年6月1日起，率先在新疆进行资源税改革试点，将原油、天然气资源税由从量计征改为从价计征，并相应提高了原油、天然气的税负水平。从2010年12月1日起，将油气资源税改革扩大到整个西部地区。从2011年11月1日起，在全国范围全面实施原油、天然气资源税的从价计征改革。同时，统一内外资企业的油气资源税收制度，取消对中外合作油气田和海上自营油气田征收的矿区使用费，统一征收资源税。资源税改革有力地促进了资源的合理开采利用，增加了中西部地区改善民生和治理环境的能力。

2016年7月1日起全面实施资源税改革。此次改革的主要内容，包括扩大资源税征税范围，开展水资源税改革试点工作；实施从价计征改革；全面清理涉及矿产资源的收费基金；合理确定资源税税率水平；加强矿产资源税收优惠政策管理，提高资源综合利用效率等。通过全面实施清费立税、从价计征改革，理顺资源税费关系，建立规范公平、调控合理、征管高效的资源税制度，有效发挥其组织收入、调控经济、促进资源节约集约利用和生态环境保护的作用。

2019年8月26日，第十三届全国人民代表大会常务委员会第十二次会议通过了《中华人民共和国资源税法》，自2020年9月1日起施行。资源税规范由暂行条例上升为法律，立法的思路是保持税制框架和税负水平总体不变。资源税法律主要有三个方面的变化：一是统一了税目；二是调整了具体税率确定的权限；三是规范了减免税政策。

（五）攻坚克难，启动房产税改革试点

经国务院同意，上海市、重庆市从2011年1月28日起，开展对个人住房征收房产税的改革试点。上海市对本市居民家庭新购且属于该居民家庭第二套及以上的住房和非本市居民家庭新购住房征收房产税；重庆市对独栋商品住房和新购高档住房，以及在重庆无户籍、无工作、无企业的个人购买第二套及以上普通住房征收房产税。几年来，试点运行平稳。

（六）突破重围，开征环境保护税

1979年颁布的《环境保护法（试行）》确立了排污收费制度，实行了30多年。针对影响环境的重点污染源情况，我国选择对大气、水、固体、噪声等四类污染物征收排污费。

通过收费这一经济手段促使企业加强环境治理、减少污染物排放，对我国防治环境污染、保护环境起到了重要作用。但这种非税收入的形式不是很稳定。在实际执行中存在执法刚性不足、地方政府和部门干预等问题。

在走过6年立法之路、历经两次审议之后，《中华人民共和国环境保护税法》于2016年12月25日在第十二届全国人大常委会第二十五次会议上获表决通过，2018年1月1日起实施。这也是中央提出落实“税收法定”原则要求后，全国人大常委会审议通过的第一部单行税法。根据《中华人民共和国环境保护税法》，国务院制定颁布了《中华人民共和国环境保护税法实施条例》，自2018年1月1日起施行。

征收环境保护税将为我国绿色发展提供有依据的资金来源，有利于构建绿色税制体系，促使环境外部成本内生化，倒逼高污染、高耗能企业转型升级，推动经济结构调整和发展方式转变。

（七）稳步推进，税收法治化进程不断加快

依照法律规定设税、征税、治税，是建设法治国家、法治政府、法治社会的需要，也是推动实现国家治理体系和治理能力现代化的必然要求。2015年，《贯彻落实税收法定原则的实施意见》对税收条例修改上升为法律作出具体的安排。此后，税收法治化进程不断加快，越来越多的税种由行政法规规范上升为法律规范。截至目前，环境保护税、烟叶税、船舶吨税、耕地占用税、车辆购置税、资源税、城市维护建设税、契税等多个税种相继获得全国人大立法。在全国现行的18个税种中，已有11个完成了立法。

课后练习

一、思考题

1. 简述改革开放前，我国税收制度改革的特点。

2. 简述1994年我国税收制度改革的主要内容。

二、分析应用题

试分析2004年以来我国税收制度改革的原则、特点和主要内容。

第三章

增值税

学习目标

增值税是我国最大的税种，税制比较复杂，税率等有关税收政策也处于频繁的变化中，增值税的征税范围、纳税人、税率、纳税计算、纳税申报以及专用发票管理等，都是本章非常重要的内容，特别是与增值税一般纳税人有关的税收政策及税额计算方法，更是本章的核心内容。通过本章的学习，要理解增值税的计税原理，熟悉增值税征收制度的基本内容，掌握各类纳税人尤其是增值税一般纳税人销项税额、进项税额和应纳税额计算的基本步骤和操作规范。

第一节　增值税概述

一、增值税的含义

（一）增值税的产生与发展

增值税是根据社会经济发展的客观需要而产生的一个税种，它是税收制度发展到一定阶段的必然产物，它与其他事物一样也经历了由不完善到完善的发展过程。在增值税产生之前，各国对商品的课税主要是营业税。营业税按销售额全额征收，适应了商品经济发展初期的需要。随着科学技术的发展，工业生产由原来“小而全”的作坊式生产方式，逐步发展成为专业化协作的生产方式，商品生产得到了空前发展，商品市场也发展为多层次、多环节的网络。营业税与高度发展的商品经济相悖，在其发展中出现了对专业化协作生产和多环节商品流通重复征税的弊端，造成税负不平衡。为了消除营业税的弊端，早在1917年，美国耶鲁大学教授亚当斯和德国商人西蒙士先后提出了增值税的设想，但均未被政府采纳。直到1954年，增值税才率先由法国采用并获得成功。从20世纪70年代开始，增值税制以其在税款征收上能避免重复课税，在经济上有利于专业化生产，在财政上体现合理负担、稳定财政收入等巨大优势，在全世界范围内得到迅速推广，迄今为止，已被170多个国家和地区采用，已成为一个国际性的税种，并成为许多国家的主体税种。

为了适应国民经济发展和改革的需要，我国于1979年起试行增值税，1982年进一步扩大增值税的试点范围，1984年起在全国范围内征收增值税，这标志着我国增值税制的正式建立。为适应社会主义市场经济发展的需要，1993年12月13日，国务院发布了《中华人民共和国增值税暂行条例》(以下简称《增值税暂行条例》)，自1994年1月1日起在全国范围内施行；2009年1月1日起，国务院决定全面实施增值税转型改革；2016年5月1日起，在全国范围内全面开展营业税改征增值税试点。

（二）增值税的概念

增值税是对商品和劳务各经营环节的增值额征收的一种税。所谓增值额，就是劳动者在生产过程中新创造的那一部分价值额，也就是企业或其他经营者从事生产经营（或提供劳务）在购入的商品（或取得的劳务）价值额基础上新增加的价值额，具体可以从以下几个方面来理解：

（1）就全社会而言，增值额相当于社会总商品价值中V+M部分。从马克思的劳动价值理论上看，社会产品总值由C+V+M构成，增值额就是从社会产品总值中扣除生产过程中消耗掉的那一部分生产资料的价值“C”后的余额，即V+M部分。其中，V是劳动者必要劳动为自己所创造的价值，M是劳动者剩余劳动为社会所创造的剩余价值。因此，劳动者在生产过程中新创造的价值V+M，在增值税中称为增值额。

（2）就某一个生产经营单位而言，增值额相当于该单位商品销售收入或经营收入额扣除非增值项目金额后的余额。这些非增值项目主要是指外购的原材料、燃料、动力、包装物、低值易耗品等。

（3）就商品生产经营的全过程而言，增值额相当于一个商品最终实现销售时的销售价格，即该商品从生产到最终销售各个生产经营环节增值额之和。例如，某商品最后的销售价格为1 000元，假设这1 000元是经过以下生产、流通、消费环节逐步形成的，见表3–1。

表3–1 **销售额和增值额的关系** 单位：元

生产经营环节	销售额	增值额	累计增值额
生产原材料	200	200	200
加工零部件	450	250	450
生产完工产品	650	200	650
商业批发	800	150	800
商业零售	1 000	200	1 000

从表3–1可以看出，该商品各个生产经营环节的销售额与各个环节累计增值额相等，最后销售额与所有经营环节的增值额总和相等。

（4）就税收实践而言，增值额则体现为法定的增值额。所谓法定增值额，是指根据国家有关税法以及其他财经法规的规定所计算的增值额。国家可以根据需要通过税法规定在购进的项目中，允许扣除什么、不允许扣除什么。因此，法定增值额就是商品销售收入额或经营收入额扣除税法规定允许扣除的项目金额之后的差额。法定增值额可以等于理论上的增值额，也可以大于或小于理论上的增值额。造成两者不一致的原因主要是各国税法规定的扣除项目范围不同，尤其是对外购固定资产的处理办法不同。因此，增值税是以法定增值额为计税依据征收的一种税。

二、增值税的类型

为了避免重复征税，世界上征收增值税的国家，对企业购入的原材料、燃料、动力、包装物和低值易耗品等已纳的增值税税金，一般都是允许扣除的，但是，对企业购入的用于生产的固定资产，包括厂房、机器和设备等已纳的增值税税金是否允许扣除，以及如何扣除，政策不一，在处理上也不尽相同，由此产生了三种不同类型的增值税。

（一）消费型增值税

消费型增值税，是指允许将外购的用于生产的固定资产价值额（或已纳税金），在购入的当期一次性全部扣除。这些固定资产虽然在以前的经营环节已经被征过税，但是，当企业购入并作为“资本资产”使用时，允许将其已纳税金扣除，实际上对这部分商品是不征税的。所以，就整个社会来说，课税对象仅限于消费资料，对生产资料不征税，因此称为消费型增值税。

（二）收入型增值税

收入型增值税，是指对购置用于生产的固定资产，在以后的使用过程中，只允许扣除固定资产已提取的折旧价值额（或与此相当的税金）部分。就整个社会来说，课税对象相当于社会产品扣除补偿消耗的生产资料以后的余额，即国民收入，所以称为收入型增值税。

（三）生产型增值税

生产型增值税，是指不允许扣除购入的固定资产的价值额（或已纳税金）。就整个社会来说，由于增值税允许抵扣的范围只限于原材料等劳动对象，因此实际的课税对象相当于固定资产和各种消费品的生产总值，即国民生产总值，所以称为生产型增值税。

增值税类型的选择主要考虑两个方面：一是商品课税的模式。原商品课税不仅对消费资料征税，同时也对生产资料征税，这样的国家一般采用生产型或收入型增值税；原商品课税仅对某些消费品征税，这样的国家一般采用消费型增值税。二是投资政策。实行鼓励投资政策的国家就采用消费型增值税，实行限制投资政策的国家就采用生产型或收入型增值税。一般来说，经济发达国家为了鼓励投资，加速固定资产更新，一般采用消费型增值税或收入型增值税；而发展中国家一般采用生产型增值税。我国是发展中的社会主义国家，在1994年的税制改革中，一方面出于稳定国家财政收入的需要，另一方面考虑抑制投资膨胀，因此选择了生产型增值税。但是生产型增值税不允许企业抵扣购进固定资产的进项税额，存在重复征税问题，制约了企业技术改进的积极性。为了进一步消除重复征税因素，降低企业设备投资税收负担，鼓励企业技术进步和促进产业结构调整，国务院决定，自2009年1月1日起，在全国推行增值税转型改革，由生产型增值税改为消费型增值税。

三、增值税的特点

（一）增值税的一般特点

1.体现了税收调节的中性原则

所谓中性税收，是指在设计税制时不考虑或基本不考虑税收对经济的宏观调控作用，而是由市场对资源进行配置，政府不施加任何干预。也就是说，政府在设计税制的时候，完全以不干扰经营者的投资决策和消费者的消费选择为原则。增值税只对货物或劳务销售额中没有征过税的那部分销售额征税，对销售额中属于转移过来的、以前环节已征过税的那部分销售额不再征税，从而有效地排除了重复征税因素。此外，增值税税率档次少，绝大部分货物按照一个基本税率征税，这不仅使得绝大部分货物的税负是一样的，而且同一货物在所有生产和流通环节的整体税负也是一样的。这样，增值税对生产经营活动以及消费行为基本不发生影响，这使得增值税具有了中性税收的特征。

2.普遍征税，道道征税，又不重复征税

增值税具有广泛征收的特点，即生产经营单位只要在生产经营过程中发生了价值增值，都应按规定纳入增值税的征税范围；增值税还具有连续征收的特点，即一种货物从生产到最后消费，每个生产经营环节都征收一次税，这就是所谓的道道征税制度。由于增值税在各个环节只就增值额征税，所有消除了传统流转税重复征税的弊端。

3.体现了税收负担的均衡性

增值税不因生产或流通环节的变化而影响税收负担，即同一种货物或劳务，只要最后售价相同，不论经过多少生产经营环节，也不论是一个单位还是多个单位生产经营，该货物或劳务的应纳增值税税额都是相同的。这是因为，一种商品的总税负是由各个生产经营环节的税负累加而成的，也就是说，增值税对商品各环节征收税额之和同该商品最后销售环节的销售额全额乘以增值税税率所得出的税额是一致的。这样，不论在什么情况下，增值税对于同一商品来说，税负都是一样的，而且增值税的税率直接反映课税商品的总体税负。因此，从全社会来看，增值税的负担不受商品生产结构变化或生产经营环节多少的影响，同一货物

或劳务的税负始终保持平衡。

4.具有税收负担向前转移的特征

增值税在逐环节征税的同时，还实行逐环节扣税。在这里，各环节的生产经营者作为纳税人，只是把从买方收取的税款转缴给政府，而经营者本身实际上并没有承担增值税税款。这样，随着各环节交易活动的进行，经营者在出售货物的同时也出售了该货物所承担的增值税税款，直到货物卖给最终消费者时，货物在以前环节已纳的税款连同本环节的税款也一同转嫁给了最终消费者。可见，增值税税负具有逐环节向前推移的特点，作为纳税人的生产经营者并不是增值税的真正负担者，只有最终消费者才是全部税款的负担者。

（二）我国现行增值税的特点

我国现行增值税不仅具有增值税的一般特点，还具有自己的特点：

1.实行价外税

价外税是指与销售货物相关的增值税税额独立于价格之外单独核算，不作为价格的组成部分，计税依据是不含增值税的价格。我国对增值税实行价外税，主要是为了使企业的成本核算、经济效益不受税金的影响。增值税的应税销售额中不含销项税额，销售成本中一般也不含进项税额，纳税人缴纳的增值税当然也不能作为收入的抵减项记入利润表中，因此，所有增值税的计算与缴纳均与利润表无关。

2.实行购进扣税法并按专用扣税凭证注明的税款进行抵扣

现行增值税法规规范了应纳税额的计算方法，实行购进扣税法，实行凭增值税专用发票等扣税凭证注明的税款抵扣为主的制度。

3.将纳税人划分为一般纳税人和小规模纳税人

现行增值税法规将纳税人划分为一般纳税人和小规模纳税人，并且对一般纳税人和小规模纳税人分别采用不同的征收管理办法。对于一般纳税人，采用规范的征收管理办法，可以使用增值税专用发票并享有税款抵扣权；而对于小规模纳税人，则采用简易征管办法，以促进小规模纳税人健全账簿、改善经营管理。

四、增值税的作用

增值税按增值额征税，这决定了它在财政、经济以及对外贸易等方面能发挥积极的作用。

（一）有利于保证财政收入及时、稳定增长

增值税普遍征收，其征税范围涉及社会的生产、流通、消费、劳务等诸多领域，凡从事货物销售、提供应税劳务和进口货物的单位和个人，只要取得增值额就要缴纳增值税，其税基极为广泛。增值税在货物销售或应税劳务提供的环节征收，其税款随同销售额一并向购买方收取，纳税人不必“垫付”生产经营资金缴税，这就可以保证财政收入及时入库。增值税不受生产结构、经营环节变化的影响，这使收入具有稳定性。此外，增值税实行购进扣税法和凭发票注明的税款抵扣，这使购销单位之间形成相互制约的关系，有利于税务机关对纳税情况交叉稽核，防止偷漏税的发生。

（二）有利于促进专业化、协作化生产的发展和生产经营结构的优化

随着科学技术的广泛应用，现代工业生产分工愈来愈细，工艺愈来愈复杂，技术要求愈来愈高，产品通常具有高、精、尖与大批量的特点。这就要求企业切实改进“大而全”“小而全”的低效能生产模式，大力发展生产专业化、协作化。对企业征收增值税，有效地排除了按销售额全额计税所造成的重复征税的弊端，使税负不受生产组织结构和经营方式变化的影响，始终保持平衡。因此，增值税不但有利于生产向专业化、协作化方向发展，而且不影响企业在专业化基础上的联合经营，有利于社会生产要素的优化配置，有利于调整生产经营结构。从商品流通来看，增值税负担不受商品流转环节多少的影响，有利于疏通商品流通渠道，实现深购远销，搞活商品流通。

（三）有利于“奖出限入”，促进对外贸易的发展

随着国际贸易的发展，各国之间商品出口竞争日趋激烈，许多国家的政府为了提高本国商品的出口竞争能力，对出口商品实行退税政策，使之以不含税价格进入国际市场。然而在传统间接税制下，出口商品价格所包含的税金因该商品的生产结构、经营环节不同而多寡不一，给准确退税带来很大困难。增值税从根本上克服了这一弊端，这是因为，一种商品在出口环节前缴纳的全部税款与该商品在最终销售环节或出口环节的总体税负是一致的，根据最终销售额和增值税税率计算出来的增值税应纳税额，也就是该商品出口以前各环节已纳的增值税税额之和。如

果将这笔税款退还给商品出口者，就能做到出口退税的准确、彻底，使商品以完全不含税的价格进入国际市场，有利于促进对外贸易的发展。

对进口商品征收增值税，有利于维护国家利益，保护国内商品及其生产。由于各国都会对出口商品实行退税或不征税，以鼓励企业出口，因此，出口商品的价格不含税，从而使得进口商品的税收负担轻于进口国的国内商品。由于增值税税率是按照商品的整体税负设计的，按进口商品的组成价格计征增值税，不仅平衡了进口商品和国内商品的税负，而且有利于根据国家的外贸政策，对进出口商品实行奖励或限制，保护国家的经济权益和民族工业的发展。

五、增值税的计税方法

根据增值税的基本原理，增值税的计税方法可分为直接计税法和间接计税法两种。

（一）直接计税法

直接计税法是指根据法定增值额和适用税率直接计算应纳增值税税额的方法。其计算公式如下：

应纳增值税税额＝法定增值额×增值税税率

在直接计税法中，因法定增值额的计算方法不同，又分为加法计税法和减法计税法两种。

（1）加法计税法。加法计税法又称分配法，是指将纳税人在一定时期内生产经营活动中新增加的价值额逐项相加，求出增值额，据以计算应纳增值税税额的方法。其计算公式为：

增值额＝工资+利息+租金+利润+其他增值项目金额

这种方法由于增值因素与非增值因素不易划分，计算非常复杂，难以计算准确，因而实际上并未被采用。

（2）减法计税法。减法计税法又叫扣额法，是指以纳税人的销售额减去生产经营过程中外购的非增值项目后的余额为增值额，据以计算应纳增值税税额的方法。其计算公式为：

增值额＝销售额－法定扣除额

我国在试行增值税时，曾经采用这种方法，但由于扣额法存在实际整体税负与设计税负不一致等缺点，从1987年1月1日起，我国停止采用扣额法计税。

（二）间接计税法

间接计税法又称扣税法，是指以纳税人的销售额乘以适用税率，再减去法定扣除项目的已纳税金，求出应纳增值税税额的方法。其计算公式如下：

应纳增值税税额 = 销售额×增值税税率 − 法定扣除项目已纳税金

这种方法既能排除重复征税，又能避开直接计算增值额的烦琐，简便易行，为大多数实行增值税的国家所采用。

在扣税法中，因法定扣除项目已纳税金的计算依据不同，又可分为两种：

（1）购进扣税法。购进扣税法是指从本期销项税额中减去本期购入的法定扣除项目已纳税金（税法中称为进项税额）来计算应纳增值税税额的方法。其计算公式为：

应纳增值税税额 = 本期销项税额 − 本期进项税额

（2）实耗扣税法。实耗扣税法是指从本期销项税额中减去本期实际耗用的法定扣除项目已纳税金来计算应纳增值税税额的方法。其计算公式为：

应纳增值税税额 = 本期销项税额 − 本期实耗税额

我国现行增值税采用购进扣税法，并通过购进发票所列税款进行抵扣。这种抵扣方法不涉及成本、费用核算，计算简便，纳税人也易于掌握。通过税款的抵扣关系，购销双方纳税人之间可以形成相互制约、相互监督的机制，有利于保证税收收入及时足额入库。

第二节　增值税的征税范围、纳税人和税率

一、征税范围

（一）一般规定

根据《增值税暂行条例》的规定，增值税的征税范围是在我国境内销售货物、劳务、服务、无形资产、不动产（以下统称应税销售行为）以及进口货物：

（1）货物，是指有形动产，包括电力、热力、气体在内。

（2）劳务，是指加工、修理修配劳务。加工是指受托加工货物，即委托方提供原料及主要材料，受托方按照委托方的要求制造货物并收取加工费的业务；修理修配是指受托对损伤和丧失功能的货物进行修复，使其恢复原状和功能的业务。

（3）服务，是指交通运输服务、邮政服务、电信服务、建筑服务、金融服务、现代服务、生活服务。

①交通运输服务，包括陆路运输服务、水路运输服务、航空运输服务和管道运输服务。

②邮政服务，包括邮政普遍服务、邮政特殊服务和其他邮政服务。

③电信服务，包括基础电信服务和增值电信服务。

④建筑服务，包括工程服务、安装服务、修缮服务、装饰服务和其他建筑服务。

⑤金融服务，包括贷款服务、直接收费金融服务、保险服务和金融商品转让。

⑥现代服务，是指围绕制造业、文化产业、现代物流产业等提供技术性、知识性服务的业务活动。现代服务包括研发和技术服务、信息技术服务、文化创意服务、物流辅助服务、租赁服务、鉴证咨询服务、广播影视服务、商务辅助服务和其他现代服务。

⑦生活服务，包括文化体育服务、教育医疗服务、旅游娱乐服务、餐饮住宿服务、居民日常服务和其他生活服务。

（4）无形资产，是指不具有实物形态，但能带来经济利益的资产，包括技术、商标、著作权、商誉、自然资源使用权和其他权益性无形资产。

（5）不动产，是指建筑物、构筑物等。转让建筑物有限产权或者永久使用权的，转让在建的建筑物或者构筑物所有权的，以及在转让建筑物或者构筑物时一并转让其所占土地的使用权的，按照销售不动产缴纳增值税。

（6）进口货物，是指经过国境进入我国境内的货物。我国税法规定，凡进入我国国境或关境的货物，在报关进口环节，除了依法缴纳关税之外，还必须缴纳增值税。

（二）视同销售

货物的销售一般是指货物所有权已经发生转移并能取得经济补偿的

经济活动。但是，在实际经营活动中，经常会出现转让货物但未发生产权转移，或者虽然货物产权发生了变动，但货物的转移不一定采取直接的销售方式，以及货物产权没有发生变动，货物转移也未采取销售形式，而是用于类似销售的其他用途等。为了平衡各类经营方式及各类货物之间的税收负担，便于税源的管控，完善增值税抵扣链条，对单位或个体工商户的下列行为，视同销售征收增值税：

（1）将货物交付其他单位和个人代销；

（2）销售代销货物；

（3）设有两个以上机构并实行统一核算的纳税人，将货物从一个机构移送到其他机构用于销售，但相关机构在同一县（市）的除外；

（4）将自产或委托加工的货物用于集体福利或者个人消费；

（5）将自产、委托加工或购买的货物作为投资，提供给其他单位或者个体工商户；

（6）将自产、委托加工或购买的货物分配给股东或投资者；

（7）将自产、委托加工或购买的货物无偿赠送给其他单位和个人；

（8）向其他单位或者个人无偿提供服务、无偿转让无形资产或者不动产，但用于公益事业或者以社会公众为对象的除外；

（9）财政部和国家税务总局规定的其他情形。

上述行为确定为视同销售行为征收增值税，其目的有两个：一是保证增值税税款抵扣制度的实施，不致因发生上述行为而造成税款抵扣链条的中断；二是避免因发生上述行为而造成税收负担不平衡的矛盾，防止上述行为逃避纳税的现象。

（三）不征收增值税的项目

（1）根据国家指令无偿提供的铁路运输服务、航空运输服务，属于《营业税改征增值税试点实施办法》规定的用于公益事业的服务。

（2）存款利息。

（3）被保险人获得的保险赔付。

（4）房地产主管部门或者其指定机构、公积金管理中心、开发企业以及物业管理单位代收的住宅专项维修资金。

（5）在资产重组过程中，通过合并、分立、出售、置换等方式，将全部或者部分实物资产以及与其相关联的债权、负债和劳动力一并转让给其他单位和个人，其中涉及的不动产、土地使用权转让行为。

（6）各党派、共青团、工会、妇联、中科协、青联、台联、侨联收取党费、团费、会费，以及政府间国际组织收取会费，属于非经营活动，不征收增值税。

二、纳税人

（一）纳税人的一般规定

在我国境内发生应税销售行为以及进口货物的单位和个人，为增值税的纳税人。

单位，是指企业、事业单位、行政单位、军事单位、社会团体及其他单位；个人，是指个体工商户及其他个人。

单位以承包、承租、挂靠方式经营的，承包人、承租人、挂靠人（以下统称承包人）以发包人、出租人、被挂靠人（以下统称发包人）名义对外经营并由发包人承担相关法律责任的，以该发包人为纳税人；否则，以承包人为纳税人。

境外单位或者个人在境内发生应税行为，在境内未设有经营机构的，以购买方为增值税扣缴义务人。财政部和国家税务总局另有规定的除外。

（二）纳税人分类和一般纳税人资格登记

增值税的纳税人分为一般纳税人和小规模纳税人。一般纳税人通常是经营规模比较大、会计核算比较健全的纳税人；而小规模纳税人往往是经营规模比较小、会计核算不健全的纳税人。

1.小规模纳税人

财政部、国家税务总局规定，增值税小规模纳税人标准为年应征增值税销售额500万元及以下。

2.一般纳税人

纳税人年应税销售额超过500万元的，应当向主管税务机关办理一般纳税人登记。

年应税销售额，是指纳税人在连续不超过12个月或4个季度的经营期内累计应征增值税销售额，包括纳税申报销售额、稽查查补销售额、纳税评估调整销售额。

销售服务、无形资产或者不动产有扣除项目的纳税人，其应税行为年应税销售额按未扣除之前的销售额计算。纳税人偶然发生的销售无形资产、转让不动产的销售额，不计入应税行为年应税销售额。

年应税销售额未超过500万元的小规模纳税人，会计核算健全，能够提供准确税务资料的，可以向主管税务机关办理一般纳税人登记。

会计核算健全，是指能够按照国家统一的会计制度规定设置账簿，根据合法、有效凭证进行核算。

下列纳税人不办理一般纳税人登记：

（1）按照政策规定，选择按照小规模纳税人纳税的；

（2）年应税销售额超过500万元的其他个人。

符合条件应当办理一般纳税人登记手续，但逾期仍不办理的，次月起按销售额依照增值税税率计算应纳税额，不得抵扣进项税额。

纳税人登记为一般纳税人后，不得转为小规模纳税人，国家税务总局另有规定的除外。

三、税率与征收率

（一）税率

增值税的税率见表3-2。

表3-2　　**增值税税率表**

<table>
<tr><th>项目</th><th>税率</th></tr>
<tr><td>销售或进口货物，加工、修理修配劳务，有形动产租赁服务</td><td>13%</td></tr>
<tr><td>销售或进口农产品（含粮食）、食用植物油、食用盐；自来水、暖气、冷气、热水、煤气、石油液化气、天然气、沼气、二甲醚、居民用煤炭制品；图书、报纸、杂志、音像制品、电子出版物；饲料、化肥、农药、农机、农膜</td><td rowspan="2">9%</td></tr>
<tr><td>销售交通运输、邮政、基础电信、建筑、不动产租赁服务；销售不动产，转让土地使用权</td></tr>
<tr><td>销售其他服务、无形资产</td><td>6%</td></tr>
<tr><td>出口货物，跨境服务</td><td>0</td></tr>
</table>

纳税人兼营不同税率的项目，应分别核算其销售额；未分别核算或不能准确核算销售额的，从高适用税率征收增值税。

（二）征收率

增值税的征收率为3%。

销售不动产、转让土地使用权、不动产经营租赁服务、车辆停放服务、高速公路以外的道路通行服务等，适用征收率为5%。

征收率主要适用于小规模纳税人。由于小规模纳税人经营规模小，且会计核算不健全，因此实行简易计税办法，按销售额与征收率计算增值税。

第三节　增值税计税依据和应纳税额的计算

一、计税依据

增值税以纳税人发生应税销售行为的销售额为计税依据。

（一）销售额的一般规定

销售额是指纳税人发生应税销售行为向购买方收取的全部价款和价外费用。价外费用是指价外向购买方收取的手续费、补贴、基金、集资费、返还利润、奖励费、违约金、滞纳金、延期付款利息、赔偿金、包装费、包装物租金、储备费、优质费、运输装卸费、代收款项、代垫款项及其他各种性质的价外收费。但下列项目不包括在内：

（1）向购买方收取的增值税税额。

纳税人采用销售额和增值税税额合并定价方法，取得的是含税销售额时，应将其换算为不含税销售额。换算公式为：

销售额=含税销售额÷（1+增值税税率或征收率）

（2）受托加工应征消费税的消费品所代收代缴的消费税。

（3）同时符合以下条件的代垫运费：

①承运部门将运费发票开具给购货方；

②由纳税人将该项发票转交给购货方。

（4）同时符合以下条件代为收取的政府性基金或者行政事业性收费：

①由国务院或者财政部批准设立的政府性基金，由国务院或者省级人民政府及其财政、价格主管部门批准设立的行政事业性收费；

②收取时开具省级以上财政部门印制的财政票据；

③所收款项全额上缴财政。

（5）销售货物的同时代办保险等而向购买方收取的保险费，以及向购买方收取的代购买方缴纳的车辆购置税、车辆牌照费。

（6）以委托方名义开具发票代委托方收取的款项。

纳税人发生应税销售行为向购买方收取的价外费用，无论其会计制度如何核算，均应并入销售额计算纳税。

（二）销售额的特殊规定

1.特殊销售方式下销售额的确定

在销售活动中，纳税人为了达到促销的目的，会运用多种销售方式。在不同销售方式下，销货方所取得的销售额会有所不同。税法对以下几种销售方式的销售额分别作了规定：

（1）折扣销售。折扣销售是指销售方在发生应税销售行为时，因购买方购买数量较大等原因，而给予购买方的价格优惠。税法规定，纳税人采取折扣方式销售，如果销售额和折扣额在同一张发票上分别注明的，按折扣后的销售额计算纳税；未在同一张发票上分别注明的，按销售额全额计算纳税，不得扣减折扣额。“销售额和折扣额在同一张发票上分别注明”是指销售额和折扣额在同一张发票上的“金额”栏分别注明，仅在发票的“备注”栏注明的折扣额，不得从销售额中减除。如果将折扣额另开发票，不论其在财务上如何处理，均不得从销售额中减除折扣额。需要注意的是，现金折扣不同于商业折扣，它是一种为了尽快收回销售款项而发生的理财费用，因此不得从销售额中减除。

纳税人在购销活动中，因货物质量、规格、不可抗力等原因，常会发生销货退回、销售折让等情况。税法规定，一般纳税人因销货退回、销售折让、服务中止而退还给购买方的销售额，应从发生销货退回、销售折让、服务中止当期的销售额中扣减。一般纳税人发生应税销售行为，开具增值税专用发票后，发生销货退回、销售折让、开票有误等情形，应按国家税务总局的规定开具红字增值税专用发票。未按规定开具红字增值税专用发票的，不得扣减销售额和销项税额。

（2）以旧换新销售。以旧换新是指纳税人在销售自己的货物时，有偿收回旧货物的行为。税法规定，纳税人采取以旧换新方式销售货物的，应按新货物的同期销售价格确定销售额，不得扣减旧货物的收购价格。

（3）还本销售。还本销售是指纳税人在销售货物后，到一定期限由销售方一次或分次退还给购货方全部或部分价款的行为。这实际上是一种以货物换取资金的使用价值，到期还本不付息的筹集资金方式。税法规定，纳税人采取还本销售方式销售货物的，其销售额就是货物的销售价格，不得从销售额中减除还本支出。

（4）以物易物销售。以物易物是一种较为特殊的购销活动，是指购销双方不是以货币结算，而是以同等价款的货物相互结算，实现货物购销的一种方式。税法规定，纳税人采取以物易物方式销售货物的，双方都应作购销处理，以各自发出的货物核算销售额并计算销项税额，以各自收到的货物按规定核算购货额并计算进项税额。

2.包装物押金计税销售额的确定

纳税人为销售货物而出租、出借包装物收取的押金，单独记账核算的，不并入销售额征税。但对逾期未收回包装物而不再退还的押金，应并入销售额征税。这里的“逾期”是指按合同约定实际逾期或以1年为期限，对收取1年以上的押金，无论是否退还，均应换算为不含税价后并入销售额征税。此外，对销售除啤酒、黄酒外的其他酒类产品而收取的包装物押金，无论是否返还以及会计上如何核算，均应并入当期销售额征税。对销售啤酒、黄酒所收取的押金，按上述一般押金的规定处理。

3.核定销售额

纳税人发生应税销售行为的价格明显偏低或者偏高且不具有合理商业目的的，或者发生视同销售行为而无销售额的，主管国税机关有权按下列顺序核定其销售额：

（1）按纳税人最近时期发生同类应税销售行为的平均销售价格确定；

（2）按其他纳税人最近时期发生同类应税销售行为的平均销售价格确定；

（3）按组成计税价格确定。组成计税价格的计算公式为：

组成计税价格=成本×（1+成本利润率）

公式中的成本，销售自产货物的为实际生产成本，销售外购货物的为实际采购成本。成本利润率为10%。

属于应征消费税的货物，其组成计税价格中应加计消费税税额。其组成计税价格的计算公式为：

组成计税价格=成本×（1+成本利润率）+消费税

属于从价定率征收消费税的货物，其成本利润率应按《消费税若干具体问题的规定》中的成本利润率执行（详见第四章消费税）。

自己使用过的固定资产发生视同销售行为而又无法确定销售额的，以固定资产净值为销售额。

4.外汇结算销售额的确定

纳税人以人民币以外的货币结算销售额的，应当折合成人民币计算。其销售额的人民币折合率可以选择销售额发生的当天或者当月1日的人民币汇率中间价。纳税人应在事先确定采用何种折合率，确定后12个月内不得变更。

5.差额征税政策

营业税改征增值税之后，部分业务存在着无法通过抵扣制避免重复征税的问题。为了解决重复征税或者纳税人税收负担的问题，对下列项目，实行差额征税办法，在确定销售额时，允许扣除相关的支出。

（1）金融商品转让，以卖出价扣除买入价后的余额为销售额。

（2）经纪代理服务，以取得的全部价款和价外费用，扣除向委托方收取并代为支付的政府性基金或者行政事业性收费后的余额为销售额。

（3）融资租赁和融资性售后回租业务。

①经人民银行、银保监会或者商务部批准从事融资租赁业务的纳税人，提供融资租赁服务，以取得的全部价款和价外费用，扣除支付的借款利息、发行债券利息和车辆购置税后的余额为销售额。

②经人民银行、银保监会或者商务部批准从事融资租赁业务的纳税人，提供融资性售后回租服务，以取得的全部价款和价外费用（不含本金），扣除对外支付的借款利息、发行债券利息后的余额作为销售额。

（4）航空运输企业的销售额，不包括代收的机场建设费和代售其他航空运输企业客票而代收转付的价款。

（5）一般纳税人提供客运场站服务，以其取得的全部价款和价外费用，扣除支付给承运方运费后的余额为销售额。

（6）纳税人提供旅游服务，可以选择以取得的全部价款和价外费用，扣除向旅游服务购买方收取并支付给其他单位或者个人的住宿费、餐饮费、交通费、签证费、门票费和支付给其他接团旅游企业的旅游费用后的余额为销售额。

（7）纳税人提供建筑服务适用简易计税方法的，以取得的全部价款和价外费用扣除支付的分包款后的余额为销售额。

（8）房地产开发企业中的一般纳税人销售其开发的房地产项目（选择简易计税方法的房地产老项目除外），以取得的全部价款和价外费用，扣除受让土地时向政府部门支付的土地价款后的余额为销售额。

（9）纳税人销售取得的不动产适用简易计税方法的，以取得的全部价款和价外费用减去该项不动产购置原价或者取得不动产时的作价后的余额为销售额。

（10）一般纳税人提供劳务派遣服务适用简易计税方法的，以取得的全部价款和价外费用，扣除代用工单位支付给劳务派遣员工的工资、福利和为其办理社会保险及住房公积金后的余额为销售额。小规模纳税人提供劳务派遣服务，可以选择差额纳税，按照简易计税方法依5%的征收率计算缴纳增值税。

二、应纳税额的计算

（一）一般纳税人应纳税额的计算

一般纳税人适用一般计税方法，应纳增值税税额为当期销项税额抵扣当期进项税额后的余额。其计算公式为：

应纳税额＝当期销项税额－当期进项税额

当期销项税额小于当期进项税额不足抵扣时，其不足部分可以结转下期继续抵扣。

1.销项税额

销项税额是纳税人发生应税销售行为，按销售额和规定的增值税税率计算，并向购买方收取的增值税税额。其计算公式为：

销项税额=销售额×税率

销项税额在纳税义务发生时计算，具体纳税义务发生时间的规定见本章第五节。

2.进项税额

进项税额是纳税人购进货物、加工修理修配劳务、服务、无形资产或者不动产所支付或者负担的增值税税额。

（1）准予从销项税额中抵扣的进项税额。

根据《增值税暂行条例》的规定，准予从销项税额中抵扣的进项税额限于下列增值税扣税凭证上注明的增值税税额或者按规定的扣除率计算的进项税额：

①从销售方取得的增值税专用发票（包括机动车销售统一发票，下同）上注明的增值税税额。

②纳税人进口货物，从海关取得的海关进口增值税专用缴款书上注明的增值税税额。

③纳税人购进农产品，按下列规定抵扣进项税额：

纳税人购进农产品，取得一般纳税人开具的增值税专用发票或海关进口增值税专用缴款书的，以增值税专用发票或海关进口增值税专用缴款书上注明的增值税税额为进项税额。

从按照简易计税方法依照3%的征收率计算缴纳增值税的小规模纳税人取得增值税专用发票的，以增值税专用发票上注明的金额和9%的扣除率计算进项税额：

进项税额＝增值税专用发票上注明的金额×9%

向农业生产者购进免税农产品，取得农产品销售发票或自开收购发票的，以农产品销售发票或收购发票上注明的农产品买价和9%的扣除率计算进项税额：

进项税额＝农产品买价×9%

上述购进农产品，用于生产销售或委托受托加工13%税率货物的，除了按上述规定抵扣外，可以加计1%抵扣进项税额。

加计抵扣进项税额＝农产品买价×1%

④从境外单位或者个人购进劳务、服务、无形资产或者境内的不动产，从税务机关或者扣缴义务人取得的代扣代缴税款的完税凭证上注明的增值税税额。

纳税人凭完税凭证抵扣进项税额的，应当具备书面合同、付款证明和境外单位的对账单或者发票。资料不全的，其进项税额不得从销项税额中抵扣。

⑤纳税人支付的道路通行费，按照收费公路通行费增值税电子普通发票上注明的增值税额。

⑥纳税人支付的桥、闸通行费，凭取得的通行费发票上注明的收费金额按照下列公式计算可抵扣的进项税额：

进项税额=通行费÷（1+5%）×5%

⑦纳税人购进国内旅客运输服务，未取得增值税专用发票的，按照以下规定确定进项税额：

取得增值税电子普通发票的，为发票上注明的税额；

取得注明旅客身份信息的航空运输电子客票行程单的，按照下列公式计算进项税额：

进项税额=（票价+燃油附加费）÷（1+9%）×9%

取得注明旅客身份信息的铁路车票的，按照下列公式计算进项税额：

进项税额=票面金额÷（1+9%）×9%

取得注明旅客身份信息的公路、水路等其他客票的，按照下列公式计算进项税额：

进项税额=票面金额÷（1+3%）×3%

（2）不得从销项税额中抵扣的进项税额。

纳税人购进货物、劳务、服务、无形资产或者不动产，取得的增值税扣税凭证不符合法律、行政法规或者国务院税务主管部门有关规定的，其进项税额不得从销项税额中抵扣。

此外，根据现行有关规定，下列项目的进项税额不得从销项税额中抵扣：

①用于简易计税方法计税项目、免征增值税项目、集体福利或者个人消费的购进货物、劳务、服务、无形资产或者不动产。其中涉及的固定资产、无形资产、不动产，仅指专用于上述项目的固定资产、无形资产、不动产。

按规定不得抵扣且未抵扣进项税额的固定资产、无形资产、不动产发生用途改变，用于允许抵扣进项税额的应税项目，可在用途改变的次月按照下列公式，计算可以抵扣的进项税额：

可以抵扣的进项税额=资产净值÷（1+适用税率）×适用税率

上述可以抵扣的进项税额应取得合法有效的增值税扣税凭证。

②非正常损失的购进货物及相关的劳务和交通运输服务。

③非正常损失的在产品、产成品所耗用的购进货物（不包括固定资产）、劳务和交通运输服务。

④非正常损失的不动产，以及该不动产所耗用的购进货物、设计服务和建筑服务。

⑤非正常损失的不动产在建工程所耗用的购进货物、设计服务和建筑服务。

纳税人新建、改建、扩建、修缮、装饰不动产，均属于不动产在建工程。

非正常损失，是指因管理不善造成货物被盗、丢失、霉烂变质，以及因违反法律法规造成货物或者不动产被依法没收、销毁、拆除的情形。

⑥购进的贷款服务、餐饮服务、娱乐服务和居民日常服务。

纳税人接受贷款服务向贷款方支付的与该笔贷款直接相关的投融资顾问费、手续费、咨询费等费用，其进项税额不得从销项税额中抵扣。

⑦财政部和国家税务总局规定的其他情形。

（3）进项税额的转出。

①一般纳税人兼营简易计税项目、免征增值税项目而无法划分不得抵扣的进项税额，按照下列公式计算不得抵扣的进项税额：

$$\begin{matrix}\text{不得抵扣的}\\\text{进项税额}\end{matrix} = \begin{matrix}\text{当期无法划分的}\\\text{全部进项税额}\end{matrix} \times \left(\begin{matrix}\text{当期简易计}\\\text{税项目销售额}\end{matrix} + \begin{matrix}\text{免征增值税}\\\text{项目销售额}\end{matrix}\right) \div \begin{matrix}\text{当期全部}\\\text{销售额}\end{matrix}$$

②已抵扣进项税额的购进货物、劳务或者服务，发生改变用途，用于集体福利、个人消费或者发生非正常损失的，应将该项进项税额从当期发生的进项税额中扣减；无法确定该项进项税额的，按当期实际成本计算应扣减的进项税额。

③纳税人已抵扣进项税额的固定资产、无形资产或者不动产，因改变用途，用于免征增值税项目、集体福利或者个人消费或者发生非正常损失的，应在当月按下列公式计算不得抵扣的进项税额：

不得抵扣的进项税额 = 资产净值×适用税率

（4）进货退出或折让进项税额的处理。

一般纳税人因进货退出或折让而收回的增值税税额，应从当期的进项税额中扣减。

（5）向供货方取得返还收入的税务处理。

对商业企业向供货方收取的与商品数量、销售额挂钩（如以一定比例、金额、数量计算）的各种返还收入，均应按照平销返利行为的有关规定冲减当期进项税额。应冲减进项税额的计算公式为：

$$\text{当期应冲减进项税额}=\text{当期取得的返还资金}\div(1+\text{所购货物适用的增值税税率})\times\text{所购货物适用的增值税税率}$$

【例3-1】某食品公司是增值税一般纳税人，销售产品适用税率为13%，8月发生如下经济业务：

（1）8月5日，销售甲产品1 000箱给某商场，开具增值税专用发票，不含税单价300元/箱，销售额300 000元。

（2）8月6日，销售乙产品500箱给某单位，开具增值税普通发票，含税单价200元/箱，价款100 000元；支付运输公司运费取得增值税专用发票，注明运费20 000元、税额1 800元。

（3）8月7日，购进食品原料，取得的增值税专用发票注明金额120 000元、税额15 600元。

（4）8月7日，收购农产品100 000元，取得农产品收购发票；支付运输公司运费，取得的增值税专用发票注明金额5 000元、税额450元。

（5）8月9日，支付广告公司广告代理费，取得的增值税专用发票注明金额20 000元、税额1 200元。

（6）8月12日，向灾区捐赠乙产品60箱。

（7）8月15日，支付租赁公司设备租赁费30 000元，取得的增值税专用发票注明税额3 900元；支付仓库租赁费60 000元，取得的增值税专用发票注明税额5 400元。

（8）8月16日，将丙产品40箱用于职工福利，无同类产品售价，其生产成本300元/箱；将购进的部分农产品用于职工福利，账面成本9 500元（其中运费成本500元）。

（9）8月20日，支付律师事务所案件代理费10 000元，取得税务机关代开的增值税专用发票注明税额300元。

（10）8月21日，购进厂房一间，取得的增值税专用发票注明金额300 000元、税额27 000元。

（11）8月25日，采取分期收款方式发出甲产品一批200 000元（不含税），合同约定本月应收款50%，其余货款9、10两月等额收回。

（12）8月27日，购进电脑、打印纸、油墨等办公用品，取得增值税普通发票注明的金额6 000元、税额780元。

（13）8月31日，支付电费15 000元，取得的增值税专用发票注明税额1 950元。其中，计入职工福利的电费2 000元。

（14）8月份，职工报销差旅费，其中交通费40 000元（其中航空客票行程单合计金额20 000元、火车票合计金额15 000元、汽车票合计金额5 000元）、餐费20 000元（取得增值税普通发票，税额1 200元）、住宿费30 000元（取得增值税专用发票，税额1 800元）。

（15）8月31日，月末盘存发现部分库存食品原料被盗，账面成本5 000元。

请计算该食品公司8月份应纳的增值税。

解：

（1）销售甲产品销项税额=300 000×13%=39 000（元）

（2）销售乙产品销项税额=100 000÷（1+13%）×13%=11 504.42（元）

销售乙产品支付的运输费可以抵扣进项税额1 800元。

（3）购进食品原料可以抵扣进项税额15 600元。

（4）收购农产品可以抵扣进项税额=100 000×10%+450=10450（元）

（5）支付广告代理费可以抵扣进项税额1 200元。

（6）向灾区捐赠乙产品，视同销售按市场价格计税。

销项税额=60×200÷（1+13%）×13%=1 380.53（元）

（7）支付有形动产租赁费和不动产租赁费，均可抵扣进项税额。

进项税额=3 900+5 400=9 300（元）

（8）自产产品用于职工福利，视同销售按组成计税价格计算销项税额；将购进的货物用于职工福利，不得抵扣进项税额，如已抵扣，应转出进项税额。

销项税额=40×300×（1+10%）×13%=1 716（元）

转出进项税额=（9 500−500）÷（1−10%）×10%+500×9%=1 045（元）

（9）支付律师费可以抵扣进项税额300元。

（10）购进不动产可以抵扣进项税额27 000元。

（11）分期收款销售产品，按合同约定收款时间确定销售额计税。

销项税额=100 000×13%=13 000（元）

（12）购进办公用品，因未取得增值税专用发票，不得抵扣进项税额。

（13）支付的电费，用于职工福利部分不得抵扣进项税额。

进项税额=1 950−2 000×13%=1 690（元）

（14）购进餐饮娱乐服务不得抵扣进项税，购进旅客运输服务、住宿服务可以抵扣。

购进旅客运输服务进项税额=20 000÷（1+9%）×9%+15 000÷（1+9%）×9%+5 000÷（1+3%）×3%

=3 035.54（元）

购进住宿服务进项税额=1 800（元）

（15）原料被盗，属于非正常损失，应转出进项税额。

应转出进项税额=5 000×13%=650（元）

当月销项税额合计=39 000+11 504.42+1 380.53+1 716+13 000

=66 600.95（元）

当月进项税额合计=1 800+15 600+10 450+1 200+9 300−1 045+300+27 000+1 690+3 035.54+1 800−650

=70 480.54（元）

当月应纳的增值税税额=66 600.95−66 600.95=0（元）

期末留抵税额=70 480.54−66 600.95=3 879.59（元）

（二）小规模纳税人应纳税额的计算

小规模纳税人适用简易计税方法，按照销售额和征收率计算应纳增值税税额，不得抵扣进项税额。应纳税额的计算公式为：

应纳税额 = 销售额×征收率

（三）应纳税额计算的特殊规定

1.一般纳税人

一般纳税人的下列业务，可选择按照简易计税方法依照3%的征收率计算缴纳增值税：

（1）县级及县级以下小型水力发电单位生产销售的电力。

（2）生产销售建筑用和生产建筑材料所用的砂、土、石料。

（3）销售以自己采掘的砂、土、石料或其他矿物连续生产的砖、瓦、石灰。

（4）销售自产的用微生物、微生物代谢产物、动物毒素、人或动物的血液或组织制成的生物制品。

（5）销售自产的商品混凝土。

（6）公共交通运输服务。

（7）电影放映服务、仓储服务、装卸搬运服务、收派服务、文化体育服务、非学历教育服务和教育辅助服务。

（8）以清包工方式提供的建筑服务。

（9）为甲供工程提供的建筑服务。

（10）为建筑工程老项目提供的建筑服务。

2.一般纳税人的特殊业务

一般纳税人的下列业务，可选择按照简易计税方法依照5%的征收率计算缴纳增值税：

（1）销售其2016年4月30日前取得（含自建）的不动产。

（2）销售自行开发的房地产老项目。

（3）出租其2016年4月30日前取得的不动产（含土地使用权）。

（4）出租自行开发的房地产老项目。

（5）提供劳务派遣服务。

一般纳税人选择按照简易计税方法计算缴纳增值税后，36个月内不得变更，可自行开具增值税专用发票。

3.一般纳税人销售自来水

对作为一般纳税人的自来水公司销售自来水，按简易计税方法依照3%的征收率征收增值税。

4.纳税人销售用过的物品

纳税人销售自己使用过的物品，按下列政策执行：

（1）一般纳税人销售自己使用过的按规定不得抵扣且未抵扣进项税额的固定资产，按简易计税方法依3%的征收率减按2%征收增值税，不得开具增值税专用发票。

（2）一般纳税人销售自己使用过的其他固定资产，按照适用税率征收增值税。

（3）一般纳税人销售自己使用过的除固定资产以外的物品，按照适用税率征收增值税。

（4）小规模纳税人（除其他个人外，下同）销售自己使用过的固定资产，减按2%征收增值税。

（5）小规模纳税人销售自己使用过的除固定资产以外的物品，按3%的征收率征收增值税。

5. 纳税人销售旧货

纳税人销售旧货，按照简易计税方法依照3%的征收率减按2%征收增值税。

所称旧货，是指进入二次流通的货物，但不包括自己使用过的物品。

上述按照简易计税方法依照3%的征收率减按2%征收增值税的，按下列公式计算销售额和应纳税额：

销售额＝含税销售额÷（1+3%）

应纳税额＝销售额×2%

6.增值税预缴税额的计算

（1）纳税人跨县（市、区）提供建筑服务，应向建筑服务发生地主管税务机关预缴税款，计算公式如下：

①适用一般计税方法计税的：

应预缴税款=（全部价款和价外费用−支付的分包款）÷（1+9%）×2%

②适用简易计税方法计税的：

应预缴税款=（全部价款和价外费用−支付的分包款）÷（1+3%）×3%

（2）纳税人提供建筑服务取得预收款，应在收到预收款时，按照上述计税办法在建筑地或机构所在地预缴增值税。

（3）纳税人销售与机构所在地不在同一县（市）的不动产，应向不动产所在地主管税务机关预缴税款，计算公式如下：

①销售取得的不动产：

应预缴税款＝（全部价款和价外费用−不动产购置原价或者取得不动产时的作价）÷（1+5%）×5%

②销售自建的不动产：

应预缴税款=全部价款和价外费用÷（1+5%）×5%

（4）纳税人采取预收款方式销售自行开发的房地产项目，应在收到预收款时按照3%的预征率预缴增值税。计算公式如下：

应预缴税款=预收款÷（1+适用税率或征收率）×3%

适用一般计税方法计税的，按照9%的适用税率计算；适用简易计税方法计税的，按照5%的征收率计算。

（5）纳税人出租与机构所在地不在同一县（市）的不动产，应向不动产所在地主管税务机关预缴税款，计算公式如下：

①适用一般计税方法计税的：

应预缴税款 = 含税销售额÷（1+9%）×3%

②适用简易计税方法计税的：

应预缴税款 = 含税销售额÷（1+5%）×5%

③个体工商户出租住房，按照以下公式计算应预缴税款：

应预缴税款 = 含税销售额÷（1+5%）×1.5%

（四）进口货物应纳税额的计算

纳税人进口货物，按组成计税价格和规定的税率计算应纳增值税税额，不得抵扣任何税额。组成计税价格的计算公式为：

组成计税价格 = 关税完税价格+关税

属于征收消费税的进口货物，应在组成计税价格中加上消费税税额。其计算公式为：

组成计税价格 = 关税完税价格+关税+消费税

应纳税额的计算公式为：

应纳税额 = 组成计税价格×税率

按照《中华人民共和国海关法》和《中华人民共和国进出口关税条例》的规定，一般贸易项下进口货物以海关审定的成交价格为基础的到岸价格作为完税价格。所谓成交价格，是指一般贸易项下进口货物的买方为购买该项货物向卖方实际支付或应当支付的价格。到岸价格包括货价，加上货物运抵我国口岸前的包装费、运费、保险费和其他劳务费等费用。

【例3-2】某外贸公司为增值税一般纳税人，6月份经有关部门批准从国外进口一批货物，货价总计720万元人民币，运抵我国海关前发生的运输费用、保险费用合计16.56万元人民币，已向海关缴纳了关税和增值税，并取得了专用缴款书。该批货物从海关运回本公司，支付给国内运输公司运输费，取得运输公司开具的增值税专用发票注明金额10万元、税额0.9万元。当月在国内购进各种货物、服务取得的增值税专用发票注明税额合计16万元。当月内销货物取得含税销售额1 280万元。

请计算该公司进口货物缴纳的增值税税额和内销货物应纳的增值税税额。(进口货物的关税税率为8%，增值税税率为13%)

解：

当月进口货物缴纳的增值税税额=（720+16.56）×（1+8%）×13%

=103.41（万元）

当月内销货物可抵扣的进项税额=103.41+0.9+16=120.31（万元）

当月内销货物的销项税额=1280÷（1+13%）×13%=147.26（万元）

当月内销货物应纳的增值税税额=147.26－120.31=26.95（万元）

第四节　增值税的减免税和出口货物劳务服务退（免）税

一、减免税

(一)《增值税暂行条例》规定的免税项目

《增值税暂行条例》规定的免税项目包括：

（1）农业生产者销售自产的农产品，包括种植业、养殖业、林业、牧业和水产业生产的各种初级产品，农产品的具体范围由财政部、国家税务总局确定。

（2）避孕药品和用具。

（3）古旧图书，是指向社会收购的古书和旧书。

（4）直接用于科学研究、科学试验和教学的进口仪器、设备。

（5）外国政府、国际组织无偿援助的进口物资和设备。

（6）由残疾人组织直接进口供残疾人专用的物品。

（7）其他个人销售自己使用过的物品。

（二）国务院税务主管部门规定的减免税项目

国务院税务主管部门规定的减免税项目包括：

（1）蔬菜、部分鲜活肉蛋产品的批发、零售，免征增值税。免征增值税的鲜活肉蛋产品，是指猪、牛、羊、鸡、鸭、鹅及其肉、蛋产品。

（2）承担粮食收储任务的国有粮食购销企业销售的粮食，免征增值税。

（3）政府储备食用植物油的销售，免征增值税。

（4）特定饲料、农膜，免征增值税。

（5）批发和零售的种子、种苗、农药、农机，免征增值税。

（6）供热企业向居民供热取得的采暖费收入，免征增值税。

（7）托儿所、幼儿园提供的保育和教育服务；养老机构提供的养老服务；残疾人福利机构提供的育养服务；婚姻介绍服务；殡葬服务；残疾人员本人为社会提供的服务；医疗机构提供的医疗服务；从事学历教育的学校提供的教育服务；从事学历教育的高等、中等和初等学校（不含下属单位）举办进修班、培训班取得的全部归该学校所有的收入；学生勤工俭学提供的服务；农业机耕、排灌、病虫害防治、植物保护、农牧保险以及相关技术培训业务；家禽、牲畜、水生动物的配种和疾病防治；纪念馆、博物馆、文化馆、文物保护单位管理机构、美术馆、展览馆、书画院、图书馆在自己的场所提供文化体育服务取得的第一道门票收入；寺院、宫观、清真寺和教堂举办文化、宗教活动的门票收入；个人转让著作权，免征增值税。

（8）个人销售自建自用住房以及个人将购买2年以上（含2年）的住房对外销售，免征增值税；个人出租住房，按照5%的征收率减按1.5%征收增值税。

（9）一般纳税人销售其自行开发生产的软件产品，缴纳增值税后，对其增值税实际税负超过3%的部分实行即征即退政策。

（10）对安置残疾人就业的单位，按实际安置残疾人的人数，限额即征即退增值税。

（11）财政部和国家税务总局规定的其他情形。

增值税的免税、减税项目由国务院规定，任何地区、部门均不得规定免税、减税项目。

纳税人兼营免税、减税项目的，应当分别核算免税、减税项目的销售额；未分别核算销售额的，不得免税、减税。

纳税人销售货物或者应税劳务适用免税规定的，可以放弃免税，依照规定缴纳增值税。放弃免税后，36个月内不得再申请免税。

（三）增值税的起征点

为了照顾一部分小型业户并简化税收征管，增值税规定了起征点。销售额未达到起征点的，免征增值税；达到起征点的，全额计算缴纳增值税。具体起征点幅度国务院规定如下：

（1）按期纳税的，为月销售额5 000～20 000元；

（2）按次纳税的，为每次（日）销售额300～500元。

省、自治区、直辖市财政厅（局）和税务局应当在规定的幅度内，根据实际情况确定本地区适用的起征点，并报财政部和国家税务总局备案。

增值税的起征点只适用于小规模纳税人，不适用于一般纳税人。

为贯彻落实党中央、国务院决策部署，进一步支持小微企业发展，2019年1月1日至2021年12月31日，小规模纳税人发生增值税应税销售行为，合计月销售额未超过10万元（以1个季度为1个纳税期的，季度销售额未超过30万元）的，免征增值税。小规模纳税人发生增值税应税销售行为，合计月销售额超过10万元，但扣除本期发生的销售不动产的销售额后未超过10万元的，其销售货物、劳务、服务、无形资产取得的销售额免征增值税。

二、出口货物劳务服务退（免）税

出口货物劳务服务退（免）税是指按照鼓励出口的政策，免征出口环节的增值税和消费税，且对出口货物劳务服务实行退还在国内生产经营环节已经缴纳的增值税和消费税，使出口货物劳务服务以不含税价格或成本进入国际市场，以增强本国出口产品的竞争力。出口货物劳务服务退（免）税政策在国际贸易中被各国普遍采用，已成为国际社会通行的惯例。

在我国，国家税务总局于1994年依据《增值税暂行条例》和《消费税暂行条例》的规定，制定了《出口货物退（免）税管理办法》。2002年1月23日，财政部、国家税务总局发布《关于进一步推进出口货物实行免抵退税办法的通知》。2002年2月6日，国家税务总局印发了《生产企业出口货物“免、抵、退”税管理操作规程（试行）》。为便于征纳双方系统、准确地了解和执行出口税收政策，2012年5月25日，财政部和国家税务总局发出《关于出口货物劳务增值税和消费税政策的通知》，对近年来陆续制定的一系列出口货物、对外提供加工修理修配劳务增值税和消费税政策进行了梳理归类，并对在实际操作中反映出来的问题做了明确规定。

我国根据实际情况，对出口货物劳务实行以下三种增值税政策：

（一）出口退（免）税政策

1.适用范围

下列出口货物、劳务和服务，实行免征和退还增值税政策：

（1）出口企业出口货物。这是指依法办理工商登记、税务登记、对外贸易经营者备案登记，自营或委托出口货物的单位或个体工商户，以及依法办理工商登记、税务登记但未办理对外贸易经营者备案登记，委托出口货物的生产企业。

（2）出口企业或其他单位视同出口货物。这具体是指：①出口企业对外援助、对外承包、境外投资的出口货物。②出口企业经海关报关进入国家批准的出口加工区、保税物流园区、保税港区、综合保税区等特殊区域并销售给特殊区域内单位或境外单位、个人的货物。③免税品经营企业销售的货物。④出口企业或其他单位销售给用于国际金融组织或外国政府贷款国际招标建设项目的中标机电产品。⑤生产企业向海上石油天然气开采企业销售的自产的海洋工程结构物。⑥出口企业或其他单位销售给国际运输企业用于国际运输工具上的货物。⑦出口企业或其他单位销售给特殊区域内生产企业生产耗用且不向海关报关而输入特殊区域的水（包括蒸汽）、电力、燃气。

（3）出口企业对外提供加工修理修配劳务。这是指对进境复出口货物或从事国际运输的运输工具进行的加工修理修配。

（4）我国境内的单位和个人销售的下列服务和无形资产，适用增值税零税率：

①国际运输服务。

②航天运输服务。

③向境外单位提供的完全在境外消费的研发服务、合同能源管理服务、设计服务、广播影视节目（作品）的制作和发行服务、软件服务、电路设计及测试服务、信息系统服务、业务流程管理服务、离岸服务外包业务、转让技术。

④财政部和国家税务总局规定的其他服务。

2.出口退（免）税办法

适用增值税退（免）税政策的出口货物、劳务及服务，按照下列规定实行增值税免抵退税或免退税办法：

（1）免抵退税办法。生产企业出口自产货物和视同自产货物及对外提供加工修理修配劳务，以及列名生产企业出口非自产货物，免征增值税，相应的进项税额抵减应纳增值税税额（不包括适用增值税即征即退、先征后退政策的应纳增值税税额），未抵减完的部分予以退还。

（2）免退税办法。不具有生产能力的出口企业（以下称外贸企业）或其他单位出口货物劳务，免征增值税，相应的进项税额予以退还。

3.出口退税率

（1）除财政部和国家税务总局根据国务院决定而明确的增值税出口退税率外，出口货物的退税率为其适用税率。国家税务总局根据上述规定将退税率通过出口货物劳务退税率文库予以发布，供征纳双方执行。退税率有调整的，除另有规定外，其执行时间以出口货物报关单上注明的出口日期为准。

（2）退税率的特殊规定：

①外贸企业购进按简易计税方法征税的出口货物、从小规模纳税人购进的出口货物，其退税率分别为简易计税方法实际执行的征收率、小规模纳税人的征收率。上述出口货物取得增值税专用发票的，退税率按照增值税专用发票上的税率和出口货物退税率孰低的原则确定。

②出口企业委托加工修理修配货物，其加工修理修配费用的退税率，为出口货物的退税率。

③中标机电产品、出口企业向海关报关进入特殊区域销售给特殊区域内生产企业生产耗用的列名原材料、输入特殊区域的水电气，其退税率为适用税率。

④海洋工程结构物退税率的适用，执行财政部和国家税务总局的

规定。

（3）适用不同退税率的货物劳务，应分开报关、核算并申报退（免）税；未分开报关、核算或划分不清的，从低适用退税率。

4.出口退（免）税的计税依据

出口货物劳务的增值税退（免）税的计税依据，按出口货物劳务的出口发票（外销发票）、其他普通发票或购进出口货物劳务的增值税专用发票、海关进口增值税专用缴款书确定。

（1）生产企业出口货物劳务（进料加工复出口货物除外）增值税退（免）税的计税依据，为出口货物劳务的实际离岸价（FOB）。实际离岸价应以出口发票上的离岸价为准，但如果出口发票不能反映实际离岸价，主管税务机关有权予以核定。

（2）生产企业进料加工复出口货物增值税退（免）税的计税依据，按出口货物的离岸价扣除出口货物所含的海关保税进口料件的金额后确定。

（3）生产企业国内购进无进项税额且不计提进项税额的免税原材料加工后出口的货物的计税依据，按出口货物的离岸价扣除出口货物所含的国内购进免税原材料的金额后确定。

（4）外贸企业出口货物（委托加工修理修配货物除外）增值税退（免）税的计税依据，为购进出口货物的增值税专用发票注明的金额或海关进口增值税专用缴款书注明的完税价格。

（5）外贸企业出口委托加工修理修配货物增值税退（免）税的计税依据，为加工修理修配费用增值税专用发票注明的金额。外贸企业应将加工修理修配使用的原材料（进料加工海关保税进口料件除外）作价销售给受托加工修理修配的生产企业，受托加工修理修配的生产企业应将原材料成本并入加工修理修配费用开具发票。

（6）出口进项税额未计算抵扣的已使用过的设备增值税退（免）税的计税依据，按下列公式确定：

$$\text{退（免）税计税依据}=\text{增值税专用发票注明的金额或海关进口增值税专用缴款书注明的完税价格}\times\text{已使用过的设备固定资产净值}\div\text{已使用过的设备原值}$$

（7）免税品经营企业销售的货物增值税退（免）税的计税依据，为购进货物的增值税专用发票注明的金额或海关进口增值税专用缴款书注明的完税价格。

（8）中标机电产品增值税退（免）税的计税依据，生产企业为销售机电产品的普通发票注明的金额，外贸企业为购进货物的增值税专用发票注明的金额或海关进口增值税专用缴款书注明的完税价格。

（9）生产企业向海上石油天然气开采企业销售的自产的海洋工程结构物增值税退（免）税的计税依据，为销售海洋工程结构物的普通发票注明的金额。

（10）输入特殊区域的水电气增值税退（免）税的计税依据，为作为购买方的特殊区域内生产企业购进水电气的增值税专用发票注明的金额。

（11）出口服务增值税退（免）税的计税依据，按下列规定执行：

①以铁路运输方式载运旅客的，为按照铁路合作组织清算规则清算后的实际运输收入。

②以铁路运输方式载运货物的，为按照铁路运输进款清算办法，对运输费用以及直接相关的国际联运杂费清算后的实际运输收入。

③以航空运输方式载运旅客或者货物的，为提供航空运输服务取得的实际收入。

④其他出口服务行为，为出口服务取得的收入。

5.出口退税的计算

（1）免抵退税的计算。

生产企业出口货物劳务，适用免抵退税办法，依下列公式计算：

①当期应纳税额的计算。

当期应纳税额 = 当期销项税额 -（当期进项税额 - 当期不得免征和抵扣税额）

当期不得免征和抵扣税额 = 当期出口货物离岸价 × 外汇人民币折合率 ×（出口货物适用税率 - 出口货物退税率）- 当期不得免征和抵扣税额抵减额

当期不得免征和抵扣税额抵减额 = 当期免税购进原材料价格 ×（出口货物适用税率 - 出口货物退税率）

②当期免抵退税额的计算。

当期免抵退税额 = 当期出口货物离岸价 × 外汇人民币折合率 × 出口货物退税率 - 当期免抵退税额抵减额

当期免抵退税额抵减额=当期免税购进原材料价格×出口货物退税率

③当期应退税额和免抵税额的计算。

第一，当期期末留抵税额≤当期免抵退税额，则：

当期应退税额＝当期期末留抵税额

当期免抵税额＝当期免抵退税额－当期应退税额

第二，当期期末留抵税额>当期免抵退税额，则：

当期应退税额＝当期免抵退税额

当期免抵税额＝0

当期期末留抵税额为当期增值税纳税申报表中“期末留抵税额”。

④当期免税购进原材料价格包括当期国内购进的无进项税额且不计提进项税额的免税原材料的价格和当期进料加工保税进口料件的价格，其中当期进料加工保税进口料件的价格为组成计税价格。

$$\text{当期进料加工保税进口料件的组成计税价格}=\text{当期进口料件到岸价格}+\text{海关实征关税}+\text{海关实征消费税}$$

【例3-3】某自营出口的生产企业为增值税一般纳税人，适用的增值税税率13%，退税率13%。12月份免税进口料件一批，支付国外买价230万元人民币，运抵我国海关前的运输费用、保管费和装卸费用38万元人民币，该料件进口关税税率10%，料件已验收入库。当月出口货物取得销售额460万元，内销货物取得不含税销售额123万元。当月国内购进货物进项税额28万元，上月月末增值税留抵税额29.56万元。

请计算该企业12月份应纳（退）的增值税税额。

解：

免税进口料件的组成计税价格＝（230＋38）×（1＋10%）＝294.80（万元）

当期内销货物的销项税额＝123×13%＝15.99（万元）

当期应纳税额＝15.99－28－29.56＝－41.57（万元）

当期免抵退税额的抵减额＝294.80×13%＝38.32（万元）

当期免抵退税额＝（460－294.8）×13%＝21.48（万元）＜41.57（万元）

当期应退税额＝21.48万元

当期免抵税额＝0

留抵税额=41.57－21.48＝20.09（万元）

（2）免退税的计算。

外贸企业出口货物劳务，适用增值税免退税政策，依下列公式计算：

①外贸企业出口委托加工修理修配货物以外的货物：

增值税应退税额=增值税退（免）税计税依据×出口货物退税率

②外贸企业出口委托加工修理修配货物：

增值税应退税额＝委托加工修理修配的增值税退（免）税计税依据×出口货物退税率

（二）出口免税政策

1.适用范围

（1）出口企业或其他单位出口规定的货物。这具体是指：增值税小规模纳税人出口的货物；避孕药品和用具；古旧图书；软件产品；含黄金、铂金成分的货物，钻石及其饰品；国家计划内出口的卷烟；已使用过的设备；非出口企业委托出口的货物；非列名生产企业出口的非视同自产货物；农业生产者自产农产品；油画、花生果仁、黑大豆等财政部和国家税务总局规定的出口免税的货物；外贸企业取得普通发票、废旧物资收购凭证、农产品收购发票、政府非税收入票据的货物；来料加工复出口的货物；特殊区域内的企业出口的特殊区域内的货物；以人民币现金作为结算方式的边境地区出口企业从所在省（自治区）的边境口岸出口到接壤国家的一般贸易和边境小额贸易出口货物；以旅游购物贸易方式报关出口的货物。

（2）出口企业或其他单位视同出口的下列货物劳务：国家批准设立的免税店销售的免税货物；特殊区域内的企业为境外的单位或个人提供加工修理修配劳务；同一特殊区域、不同特殊区域内的企业之间销售特殊区域内的货物。

（3）出口企业或其他单位未按规定申报或未补齐增值税退（免）税凭证的出口货物劳务。

（4）境内的单位和个人销售的下列服务和无形资产，免征增值税，但财政部和国家税务总局规定适用增值税零税率的除外：

①工程项目在境外的建筑服务。

②工程项目在境外的工程监理服务。

③工程、矿产资源在境外的工程勘察勘探服务。

④会议展览地点在境外的会议展览服务。

⑤存储地点在境外的仓储服务。

⑥标的物在境外使用的有形动产租赁服务。

⑦在境外提供的广播影视节目（作品）的播映服务。

⑧在境外提供的文化体育服务、教育医疗服务、旅游服务。

⑨为出口货物提供的邮政服务、收派服务、保险服务。

⑩向境外单位提供的完全在境外消费的电信服务、知识产权服务、物流辅助服务（仓储服务、收派服务除外）、鉴证咨询服务、专业技术服务、商务辅助服务、广告投放地在境外的广告服务、无形资产。

⑪财政部和国家税务总局规定的其他服务。

2.进项税额的处理

（1）适用增值税免税政策的出口货物劳务，其进项税额不得抵扣和退税，应当转入成本。

（2）出口卷烟，依下列公式计算：

$$\text{不得抵扣的进项税额}=\text{出口卷烟含消费税金额}\div(\text{出口卷烟含消费税金额}+\text{内销卷烟销售额})\times\text{当期全部进项税额}$$

（三）出口征税政策

1.适用范围

下列出口货物劳务，不适用增值税退（免）税和免税政策，按下列规定及视同内销货物征税的其他规定征收增值税：

（1）出口企业出口或视同出口财政部和国家税务总局根据国务院决定明确的取消出口退（免）税的货物。

（2）出口企业或其他单位销售给特殊区域内的生活消费用品和交通运输工具。

（3）出口企业或其他单位因骗取出口退税被税务机关停止办理增值税退（免）税期间出口的货物。

（4）出口企业或其他单位提供虚假备案单证的货物。

（5）出口企业或其他单位增值税退（免）税凭证有伪造或内容不实的货物。

（6）出口企业或其他单位未在国家税务总局规定期限内申报免税核销以及经主管税务机关审核不予免税核销的出口卷烟。

（7）财政部和国家税务总局规定的其他情形。

2.应纳增值税的计算

（1）一般纳税人出口货物。

$$\text{销项税额}=\left(\text{出口货物离岸价}-\text{出口货物耗用的进料加工保税进口料件金额}\right)\div(1+\text{适用税率})\times\text{适用税率}$$

（2）小规模纳税人出口货物。

应纳税额=出口货物离岸价÷（1+征收率）×征收率

第五节　增值税的申报缴纳及增值税专用发票的管理

一、申报缴纳

（一）增值税的纳税义务发生时间

1.销售

纳税人发生应税销售行为，其纳税义务发生时间为收讫销售款项或者取得索取销售款项凭据的当天；先开具发票的，为开具发票的当天。取得索取销售款项凭据的当天，是指书面合同确定的付款日期。按照销售结算方式的不同，其具体规定如下：

（1）采取直接收款方式销售货物，为收到销售款或者取得索取销售款凭据的当天。

（2）采取托收承付和委托银行收款方式销售货物，为发出货物并办妥托收手续的当天。

（3）采取赊销和分期收款方式销售货物，为书面合同约定的收款日期的当天；无书面合同或者书面合同没有约定收款日期的，为货物发出的当天。

（4）采取预收货款方式销售货物，为货物发出的当天；但生产销售生产工期超过12个月的大型机械设备、船舶、飞机等货物，为收到预收款或者书面合同约定的收款日期的当天。

（5）委托代销货物，为收到代销单位的代销清单或者收到全部或者部分货款的当天；未收到代销清单及货款的，为发出代销货物满180天的当天。

（6）纳税人发生视同销售货物行为的，为货物移送的当天。

（7）纳税人提供租赁服务采取预收款方式的，为收到预收款的当天。

（8）纳税人从事金融商品转让的，为金融商品所有权转移的当天。

（9）纳税人发生视同销售服务、无形资产或者不动产的，为服务、无形资产转让完成的当天或者不动产权属变更的当天。

2.进口货物

进口货物，为报关进口的当天。

（二）增值税的纳税期限

根据规定，增值税的纳税期限分别为1日、3日、5日、10日、15日、1个月或者1个季度。纳税人的具体纳税期限由主管税务机关根据纳税人应纳税额的大小分别核定；不能按照固定期限纳税的，可以按次纳税。

纳税人以1个月或者1个季度为一期纳税的，自期满之日起15日内申报纳税；以1日、3日、5日、10日或者15日为一期纳税的，自期满之日起5日内预缴税款，于次月15日内申报纳税并结清上月应纳税款。

纳税人进口货物，应当自海关填发进口增值税专用缴款书之日起15日内缴纳税款。

（三）增值税的纳税地点

（1）固定业户应向其机构所在地主管税务机关申报纳税。总机构和分支机构不在同一县（市）的，应当分别向各自所在地的主管税务机关申报纳税；经国务院财政、税务主管部门或者其授权的财政、税务机关批准，可以由总机构汇总向总机构所在地主管税务机关申报纳税。

（2）非固定业户应当向应税行为发生地主管税务机关申报纳税；未申报纳税的，由其机构所在地或者居住地主管税务机关补征税款。

（3）进口货物，应当向报关地海关申报纳税。

二、增值税专用发票的管理

增值税专用发票是增值税一般纳税人发生应税销售行为开具的发票，是购买方支付增值税税额并可按照增值税有关规定据以抵扣增值税进项税额的凭证。

增值税专用发票只限于一般纳税人领用，小规模纳税人不得领用。

一般纳税人发生应税销售行为，应当向索取增值税专用发票的购买方开具增值税专用发票，并在增值税专用发票上分别注明销售额和销项税额。一般纳税人应使用增值税发票管理系统开具增值税专用发票。

一般纳税人属于下列情形之一的，不得开具增值税专用发票：

（1）向消费者个人销售货物、劳务、服务、无形资产或者不动产。

（2）商业企业一般纳税人零售的烟、酒、食品、化妆品、服装、鞋帽（不包括劳保专用部分）等。

（3）应税销售行为适用免税规定的情形。小规模纳税人发生应税销售行为，购买方索取增值税专用发票的，可向主管税务机关申请代开。

为了进一步推进“放管服”改革，让纳税人获得更多的便捷，自2020年2月1日起，小规模纳税人（其他个人除外）发生增值税应税行为，需要开具增值税专用发票的，可以自愿使用增值税发票管理系统自行开具。选择自行开具增值税专用发票的小规模纳税人，税务机关不再为其代开增值税专用发票。

课后练习

一、思考题

1.作为我国最大的税种，增值税具有哪些优点？

2.哪些行为视同销售？对视同销售行为应如何进行税务处理？

3.一般纳税人与小规模纳税人如何划分？其征收办法有何不同？

4.哪些进项税额不允许抵扣？什么情况下需要转出进项税额？

5.销售额和销项税额应于什么时间确认？

二、分析应用题

1.某企业为增值税一般纳税人，生产的产品适用税率13%，5月份涉税业务如下：

（1）销售甲产品给某大商场，开具增值税专用发票，不含税金额80万元；另外向商场收取包装费收入5万元（价税合计）；

（2）销售乙产品，开具普通发票，价税合计金额29.25万元；

（3）将试制的一批新产品用于本企业职工福利，生产成本为20万元，该新产品无同类产品市场销售价格；

（4）购进货物取得增值税专用发票，注明金额60万元、税额7.8万元；另外支付购货运费6万元，取得的增值税专用发票注明税额为0.54万元；

（5）向农业生产者购进农产品50吨，收购价0.6万元/吨，合计30万元，企业自开收购发票；支付给运输公司的运费5万元，取得增值税普通发票。本月将购进的农产品10吨用于本企业职工福利。

要求：计算该企业5月应纳增值税。

2.某制药厂为增值税一般纳税人，8月份发生如下经济业务：

（1）8月5日，销售药品给某医院含税价款300 000元；

（2）8月7日，收购各种中药材100 000元，取得农产品收购发票，材料已验收入库；

（3）8月9日，向某培训中心支付职工业务培训费20 000元，取得的增值税专用发票注明的税额1 200元；

（4）8月15日，支付租赁公司设备租赁费30 000元，取得的增值税专用发票注明的税额3 900元；支付房屋租赁费5 0000元，取得的增值税专用发票注明的税额4 500元；

（5）8月20日，支付网络服务费10 000元，取得的增值税专用发票注明的税额600元；

（6）8月22日，采取分期收款发出药品一批200 000元（不含税），合同约定本月应收款50%，其余50%于9月收回。由于购货方资金紧张，本月实际收到60 000元（不含税）。

（7）8月25日，购进建筑材料用于新建厂房，取得的增值税专用发票注明的金额80 000元、税额10 400元；

（8）8月30日，发现有一台生产设备被盗，该设备的原值40 000元，累计折旧30 000元。

要求：计算该制药厂8月份应纳的增值税。

3.某房地产有限公司为增值税一般纳税人，主要从事房地产开发业务，在南宁新城区开发绿园房产项目，该项目因开发周期长而分两期开发，其中一期为2016年1月15日开工建设的老项目（公司选择了简易计税方法计税），二期为2017年6月15日开工建设。2019年5月发生如下业务：

（1）绿园一期竣工交付，本月销售结转建筑面积15 000平方米，开具增值税普通发票价税合计金额21 000万元。

（2）绿园二期竣工交付，可供销售建筑面积30 000平方米，本月销售结转建筑面积10 000平方米，开具增值税普通发票价税合计金额10 900万元。

（3）本月支付绿园一期工程分包费取得增值税专用发票注明的金额

8 000万元，税额720万元。支付绿园二期工程分包费取得增值税专用发票注明的金额5 000万元，税额450万元。发票已全部认证通过。

（4）公司购买自用办公楼，取得增值税专用发票注明的金额2 000万元，税额180万元。发票已认证通过。

（5）绿园房产项目所属地块通过政府出让方式获得，已缴纳政府土地出让金9 000万元。

要求：根据资料，请计算该房地产有限公司5月份的增值税。

4. 南宁某建筑有限公司为建筑业增值税一般纳税人，9月经营情况如下：

（1）本地工程服务开具增值税专用发票8份，销售额合计2 368 000元；开具增值税普通发票5份，销售额合计16 500元；工程预收款356 000元，开具收款收据。

（2）公司在异地北海市有建筑厂房工程，并取得“建筑工程施工许可证”，本月按合同结算已确认收入并开具增值税专用发票1份，金额260 000元。该工程有发生分包，并在本月支付分包款取得增值税专用发票，金额96 000元、税额8 640元。发票认证相符。

（3）购买原材料、电脑取得增值税专用发票注明金额1 060 000元、税额137 800元；购买办公楼取得增值税专用发票注明金额360 000元、税额32 400元。发票认证相符。

（4）公司本期发生首次购买税控设备，取得增值税专用发票金额2 000元、税额260元。

要求：公司于10月10日申报纳税，请计算该建筑有限公司9月份的增值税。

第四章

消费税

学习目标

消费税是以特定消费品为课税对象所征收的一种税，属于中央税的范畴。我国的消费税是1994年税制改革中，按照优化税制结构的要求新设置的一个税种，近年来，我国对消费税相继出台了一些新政策。通过本章的学习，要了解消费税的概念，熟悉减免税及退税的规定，掌握消费税的征税范围、纳税人和税率，掌握消费税应纳税额的计算等；能依据现行的法律法规和政策，正确处理消费税的纳税业务和办税流程。

第一节　消费税概述

一、消费税的概念

消费税是对在我国境内生产、委托加工和进口应税消费品的单位和个人以及国务院确定的销售应税消费品的其他单位和个人，就其销售额或销售数量征收的一种税。

1994年，我国实行税制改革，开征消费税，即在征收增值税的基础上，对特定消费品再加征一道特别消费税。我国现行消费税的基本法规是2008年11月5日国务院第34次常务会议修订通过的《中华人民共和国消费税暂行条例》(以下简称《消费税暂行条例》)及实施细则，于2009年1月1日起实施。2014年12月1日起，提高成品油消费税单位税额，取消了酒精、汽车轮胎和气缸容量在250毫升以下小排量摩托车等产品的消费税。2015年2月1起，对电池、涂料征收消费税。2016年10月1日起，取消对普通美容、修饰类化妆品征收消费税，将“化妆品”税目改为“高档化妆品”。2016年12月1日起，对超豪华小汽车加征消费税。

二、消费税的特点

我国现行消费税与其他税种相比，具有以下几个特点：

(一) 征税范围具有选择性

我国实行的是有选择性的消费税，是非中性税收。在我国，应税消费品采取列举品目的方式课征，选择了烟、酒、高档化妆品等15类消费品课税，课征范围具有选择性。

(二) 征税环节具有单一性

消费税的纳税环节一般在生产（进口）环节、流通或消费的某一环节一次征收（卷烟除外），而不是在消费品生产、流通或消费的每个环节多次征收，即通常所说的一次课征制。

(三) 税率、税额具有差别性

根据应税消费品的不同种类、档次以及消费品的市场供求状况、价格水平、国家的产业政策和消费政策的需求，对应税消费品规定高低不同的税率、税额。

(四) 征收方法具有灵活性

根据征税对象的不同特点，选择不同的征收方法。有按消费品的数量实行从量定额征收，也有按消费品的价格实行从价定率征收，还有按消费品的数量实行从量定额征收的和按消费品的价格实行从价定率征收的复合征收。

(五) 税负具有转嫁性

我国现行的消费税是价内税，即消费税款含在应税消费品价格之中。纳税人在生产销售、进口等环节缴纳的消费税是商品价格的重要组成部分。商品出售时，包含在商品价格中的税款随之转嫁给购买者，消费者为税负的最终负担者，故税负具有转嫁性。

三、消费税的作用

（一）保证国家财政收入的稳定增长

我国现行的消费税是在原流转税制进行改革的背景下出台的，列举征税的应税消费品，一部分是过去征收产品税（或增值税）税率较高的产品，另一部分是市场发展前景广阔、需求弹性较小、税源潜力较大的具有财政意义的产品。对它们征收消费税，有利于财政收入长期稳定地增长。此外，消费税按应税消费品的销售收入或数量计税，税金不受商品成本和利润变动的影响，随着国民经济的不断发展，税收也将稳定增长，从而保证国家财政收入。

（二）正确引导消费方向，调整消费结构

消费税可以有效地贯彻国家的经济政策和产业政策，对于消费结构和经济结构具有较好的调节作用。在社会经济生活中，某些消费品的过量超前消费会对国家的经济结构产生不利影响，消费心理和需求的超前也不符合国家经济发展的实际水平，如果任其发展，就会影响国家经济的稳定发展，也不利于社会风气的改善和安定团结。因此，政府要从社会经济生活的大局出发，有选择地对一些高档或奢侈品开征消费税，抑制其消费，正确引导消费方向，调节消费结构。

（三）调节消费水平，缓解社会分配不公

由于收入上的差异会导致人们在消费需求上的不同，其中高收入者的消费需求超过一般人的消费需求，因此，国家有选择地对高档消费品、奢侈品、有害人体健康的特殊消费品和对社会秩序、自然环境造成不利影响的消费品征收高额的消费税，而对一般消费品或生活必需品则征收较轻的消费税。这样的征税选择，其征税目标直接对准高收入阶层，普通收入水平居民的必需品消费不会因此受到影响，充分体现了收入多者多负税的精神，有利于缓解社会分配不公的矛盾。

（四）寓禁于征，限制一些特殊消费品的生产

某些商品的生产是国家需要限制或禁止的。例如，烟、酒的过度消费不仅会对人类健康、生态环境以及社会秩序造成危害，还耗费大量的粮食，造成社会浪费，因而需要限制其生产和消费。但直接限制其生产

和消费在诸多方面不便于操作和实行，通过征收消费税来限制其生产则容易得多。对要限制生产和消费的商品，开征高税率的消费税，可以起到寓禁于征的作用。

（五）维护国家权益，促进外贸发展

消费税不仅对国内生产的应税消费品征收，而且为平衡进口应税消费品和国内应税消费品的税收负担，对进口的应税消费品也要征收。同时，根据国际上的通行做法，对出口的应税消费品实行退免税政策，使本国产品以不含税的价格进入国际市场，增强其竞争能力。这样，既维护了国家权益，又促进了我国消费市场与国际消费市场的接轨，有利于对外经济贸易的发展。

第二节　消费税的征税范围、纳税人和税率

一、征税范围

（一）消费税的类型

消费税征税范围按其选择征税范围的宽窄，一般分为三种类型：

1. 有限型消费税

有限型消费税的征税范围较窄，主要限于一些传统的消费品，如烟草制品、酒精饮料、石油制品、机动车辆、游艇、化妆品等。征税品目一般在10~15种之间。我国目前的消费税就属于有限型的。

2. 中间型消费税

中间型消费税的征税范围与有限型消费税相比要宽一些，除了有限型消费税所涉及的征税品目外，一些消费广泛的消费品，如纺织品、皮革皮毛制品、鞋、药品、牛奶和谷物制品、咖啡、可可、电子产品、摄影器材等也纳入征税范围。征税品目一般有15~30种。

3. 延伸型消费税

延伸型消费税的征税范围比前两种类型更宽，除了上述两种类型所涉及的品目外，一些生产资料，如水泥、建筑材料、钢材、铝制品、橡胶制品、塑料制品、木制品、颜料和油漆等，也纳入征税范围。

（二）征税范围的确定

我国消费税的征税范围主要是根据目前的经济发展状况和财政需要、居民的消费水平和消费结构决定的，主要包括烟、酒、鞭炮焰火、高档化妆品、摩托车、小轿车、游艇等15个税目。消费税征税范围包括四种类型的产品：

第一类：一些过度消费会对人类健康、社会秩序、生态环境等方面造成危害的特殊消费品，如烟、酒、鞭炮焰火、电池、涂料等。

第二类：奢侈品、非生活必需品，如高档化妆品、贵重首饰及珠宝玉石、高尔夫球及其球具、高档手表等。

第三类：高能耗及高档消费品，如摩托车、小轿车、游艇等。

第四类：不可再生和替代的石油类消费品，如航空煤油、石脑油等。

二、纳税人

（一）消费税纳税人的一般规定

消费税的纳税人是指在中华人民共和国境内生产、委托加工和进口应税消费品的单位和个人，以及国务院确定的销售应税消费品的其他单位和个人。

在中华人民共和国境内，是指生产、委托加工和进口应税消费品的起运地或所在地在我国境内；单位，是指企业、行政单位、事业单位、军事单位、社会团体及其他单位；个人，是指个体工商户及其他个人。

消费税的纳税人具体包括：

（1）生产销售（包括自用）应税消费品的，以生产销售的单位和个人为纳税人，由生产者直接纳税。

（2）委托加工应税消费品的，以委托加工的单位和个人为纳税人，由受托方在向委托方交货时代收代缴消费税。

（3）进口应税消费品的，以进口的单位和个人为纳税人，由海关代征。

（二）消费税纳税人的特殊规定

（1）金银首饰、钻石及钻石饰品消费税的纳税人，为在我国境内从事商业零售金银首饰、钻石及钻石饰品的单位和个人。

（2）委托加工（另有规定者除外）、委托代销金银首饰、钻石及钻石饰品的，以受托方为纳税人。委托加工（另有规定者除外）是指受托方为中国人民银行批准从事金银首饰生产、加工、批发、零售单位以外的单位和个人加工金银首饰的业务。加工包括来料加工、翻新改制、以旧换新等业务。委托代销是指受托方接受委托，并按照委托方与受托方所签订协议代销所有权归委托方的金银首饰，并收取一定的手续费的业务。

（3）消费者个人携带、邮寄进境的金银首饰，以消费者个人为纳税人。经营单位进口的金银首饰在进口时不缴纳消费税，待其在国内零售时再纳税。

（4）从2009年5月1日起，凡在我国境内批发销售的所有牌号规格卷烟，以从事卷烟批发业务的单位和个人为批发环节的消费税纳税人。

（5）自2016年12月1日起，将超豪华小汽车销售给消费者的单位和个人，为超豪华小汽车零售环节纳税人。

三、税目

根据《消费税暂行条例》的规定，消费税的征税范围为：在中华人民共和国境内生产、委托加工和进口的应税消费品，以及国务院确定的销售应税消费品。目前共有烟、酒、高档化妆品、电池、涂料等15个税目，有的税目还进一步划分若干子目。具体税目如下：

（一）烟

本税目是以烟叶为原料加工生产的产品，不论使用何种辅料，均属于本税目的征税范围，包括甲类卷烟、乙类卷烟、雪茄烟和烟丝。

（二）酒

本税目是酒精度在1度以上的各种酒类饮料。酒类包括粮食白酒、薯类白酒、黄酒、啤酒和其他酒。

（三）高档化妆品

本税目是高档美容、修饰类化妆品、高档护肤类化妆品和成套化妆品。高档美容、修饰类化妆品和高档护肤类化妆品是指生产（进口）环节销售（完税）价格（不含增值税）在10元/毫升（克）或15元/片（张）及以上的美容、修饰类化妆品和护肤类化妆品。（根据《财政部、

国家税务总局关于调整化妆品消费税政策的通知》财税〔2016〕103号规定）

（四）贵重首饰及珠宝玉石

本税目的征税范围包括：凡以金、银、白金、宝石、珍珠、钻石、翡翠、珊瑚、玛瑙等高贵稀有物质以及其他金属、人造宝石等制作的各种纯金银首饰及镶嵌首饰和经采掘、打磨、加工的各种珠宝玉石。对出国人员免税商店销售的金银首饰征收消费税。

（五）鞭炮、焰火

本税目的征税范围包括：各种鞭炮、焰火。体育上用的发令纸和鞭炮药引线不按本税目征收。

（六）成品油

本税目包括汽油、柴油、石脑油、溶剂油、航空煤油、润滑油、燃料油7个子目。

1.汽油

汽油是轻质石油产品的一大类，包括辛烷值不小于66的各种汽油。列入中国石油天然气集团公司、中国石油化工集团公司统一生产和供应计划的石脑油，以及列入中国石油天然气集团公司、中国石油化工集团公司生产计划的溶剂油，不属于本税目征税范围。

2.柴油

柴油是轻质石油产品的又一大类，包括倾点在-50号至30号的各种柴油。

3.石脑油

石脑油又叫轻汽油、化工轻油，是以石油加工生产的或二次加工汽油经加氢精制而得的用于化工原料的轻质油。石脑油的征税范围包括除汽油、柴油、煤油、溶剂油以外的各种轻质油。

4.溶剂油

溶剂油是以石油加工生产的用于涂料和油漆生产、食用油加工、印刷油墨、皮革、农药、橡胶、化妆品生产的轻质油。溶剂油的征税范围包括各种溶剂油。

5.航空煤油

航空煤油也叫喷气燃料，是以石油加工生产的用于喷气发动机和喷气推进系统中作为能源的石油燃料。航空煤油的征税范围包括各种航空煤油。

6.润滑油

润滑油是用于内燃机、机械加工过程的润滑产品。润滑油分为矿物性润滑油、植物性润滑油、动物性润滑油和化工原料合成润滑油。润滑油的征税范围包括以石油为原料加工的矿物性润滑油，矿物性润滑油基础油。植物性润滑油、动物性润滑油和化工原料合成润滑油不属于润滑油的征税范围。

7.燃料油

燃料油也称重油、渣油。燃料油征税范围包括用于电厂发电、船舶锅炉燃料、加热炉燃料、冶金和其他工业炉燃料的各类燃料油。

根据财税〔2010〕98号文件，从2009年1月1日起，对成品油生产企业在生产成品油过程中，作为燃料、动力及原料消耗的自产成品油，免征消费税。对于用于其他用途或直接对外销售的成品油征收消费税。

（七）摩托车

摩托车包括轻便摩托车和摩托车两种。对发动机汽缸容量低于250ml的摩托车不征收消费税。

（八）小汽车

汽车是指由动力驱动，具有四个或四个以上车轮的非轨道承载的车辆。

本税目征税范围包括含驾驶员座位在内最多不超过9个座位（含）的，在设计和技术特性上用于载运乘客和货物的各类乘用车和含驾驶员座位在内的座位数在10至23座（含23座）的在设计和技术特性上用于载运乘客和货物的各类中轻型商用客车。

用排气量小于1.5升（含）的乘用车底盘（车架）改装、改制的车辆属于乘用车征税范围。用排气量大于1.5升的乘用车底盘（车架）或用中轻型商用客车底盘（车架）改装、改制的车辆属于中轻型商用客车征税范围。

含驾驶员人数（额定载客）为区间值的（如8～10人；17～26人）小汽车，按其区间值下限人数确定征税范围。

超豪华小汽车为每辆零售价格130万元（不含增值税）及以上的乘用车和中轻型商用客车，即乘用车和中轻型商用客车子税目中的超豪华小汽车。（《关于对超豪华小汽车加征消费税有关事项的通知》财税〔2016〕129号）

电动汽车、沙滩车、雪地车、卡丁车、高尔夫车不属于消费税征税范围，不征收消费税。

（九）高尔夫球及球具

高尔夫球及球具是指从事高尔夫球运动所需的各种专用装备，包括高尔夫球、高尔夫球杆及高尔夫球包（袋）等。

高尔夫球是指重量不超过45.93克、直径不超过42.67毫米的高尔夫球运动比赛、练习用球；高尔夫球杆是指被设计用来打高尔夫球的工具，由杆头、杆身和握把三部分组成；高尔夫球包（袋）是指专用于盛装高尔夫球及球杆的包（袋）。

高尔夫球杆的杆头、杆身和握把属于本税目的征税范围。

（十）高档手表

高档手表是指销售价格（不含增值税）每只在10 000元（含）以上的各类手表。

（十一）游艇

游艇是指长度大于8米小于90米，船体由玻璃钢、钢、铝合金、塑料等多种材料制作，可以在水上移动的水上浮载体。按照动力划分，游艇分为无动力艇、帆艇和机动艇。

本税目征税范围包括艇身长度大于8米（含）小于90米（含），内置发动机，可以在水上移动，一般为私人或团体购置，主要用于水上运动和休闲娱乐等非牟利活动的各类机动艇。

（十二）木制一次性筷子

木制一次性筷子，又称卫生筷子，是指以木材为原料经过锯段、浸泡、旋切、刨切、烘干、筛选、打磨、倒角、包装等环节加工而成的各类一次性使用的筷子。

本税目征税范围包括各种规格的木制一次性筷子。未经打磨、倒角的木制一次性筷子属于本税目征税范围。

（十三）实木地板

实木地板是指以木材为原料，经锯割、干燥、刨光、截断、开榫、涂漆等工序加工而成的块状或条状的地面装饰材料。实木地板按生产工艺不同，可分为独板（块）实木地板、实木指接地板、实木复合地板三类；按表面处理状态不同，可分为未涂饰地板（白坯板、素板）和漆饰地板两类。

本税目征税范围包括各类规格的实木地板、实木指接地板、实木复合地板及用于装饰墙壁、天棚的侧端面为榫、槽的实木装饰板。未经涂饰的素板属于本税目征税范围。

（十四）电池

电池是一种将化学能、光能等直接转换为电能的装置，一般由电极、电解质、容器、极端，通常还有隔离层组成的基本功能单元，以及用一个或多个基本功能单元装配成的电池组。本税目征税范围包括：原电池、蓄电池、燃料电池、太阳能电池和其他电池。2015年12月31日前对铅蓄电池缓征消费税；自2016年1月1日起，对铅蓄电池按4%的税率征收消费税。

（十五）涂料

涂料是指涂于物体表面能形成具有保护、装饰或特殊性能的固态涂膜的一类液体或固体材料之总称。涂料由主要成膜物质、次要成膜物质等构成。本税目征税范围包括：油脂类、天然树脂类、酚醛树脂类、沥青类、醇酸树脂类、氨基树脂类、硝基类、过滤乙烯树脂类、烯类树脂类、丙烯酸酯类树脂类、聚酯树脂类、环氧树脂类、聚氨酯树脂类、元素有机类、橡胶类、纤维素类、其他成膜物类等涂料。对施工状态下挥发性有机物（volatile organic compounds，VOC）含量低于420克/升（含）的涂料免征消费税。

四、税率

消费税采用比例税率和定额税率两种形式，以适应不同应税消费品的实际情况。具体地，对黄酒、啤酒和成品油这3个税目采用定额税率，实行从量定额征收；其余的税目在税率设计上采用产品差别比例税率。消费税税目、税率的调整由国务院决定。消费税税目税率（税额）见表4-1。

表4-1　　　　　　　　　　**消费税税目税率表**

税目	税率
一、烟	
1.卷烟	
（1）甲类卷烟（每标准条调拨价≥70元）	56%加0.003元/支
（2）乙类卷烟（每标准条调拨价＜70元）	36%加0.003元/支
（3）卷烟批发环节	11%加0.005元/支
2.雪茄烟	36%
3.烟丝	30%
二、酒	
1.白酒（粮食白酒、薯类白酒）	20%加0.5元/500克（或者500毫升）
2.黄酒	240元/吨
3.啤酒	
（1）甲类啤酒（每吨出厂价格在3 000元以上）	250元/吨
（2）乙类啤酒（每吨出厂价格在3 000元以下）	220元/吨
4.其他酒	10%
三、高档化妆品	15%
四、贵重首饰及珠宝玉石	
1.金银首饰、铂金首饰和钻石及钻石饰品	5%
2.其他贵重首饰和珠宝玉石	10%
五、鞭炮、焰火	15%
六、成品油	
1.汽油	1.52元/升
2.柴油	1.20元/升
3.航空煤油	1.20元/升
4.石脑油	1.52元/升
5.溶剂油	1.52元/升
6.润滑油	1.52元/升
7.燃料油	1.20元/升

续表

税目	税率
七、摩托车	
1.气缸容量（排气量，下同）为250毫升的	3%
2.气缸容量在250毫升以上的	10%
八、小汽车	
1.乘用车	
（1）气缸容量（排气量，下同）在1.0升（含1.0升）以下的	1%
（2）气缸容量在1.0升以上至1.5升（含1.5升）的	3%
（3）气缸容量在1.5升以上至2.0升（含2.0升）的	5%
（4）气缸容量在2.0升以上至2.5升（含2.5升）的	9%
（5）气缸容量在2.5升以上至3.0升（含3.0升）的	12%
（6）气缸容量在3.0升以上至4.0升（含4.0升）的	25%
（7）气缸容量在4.0升以上的	40%
2.中轻型商用客车	5%
3.超豪华小汽车	生产环节税率+零售环节税率10%
九、高尔夫球及球具	10%
十、高档手表	20%
十一、游艇	10%
十二、木制一次性筷子	5%
十三、实木地板	5%
十四、电池	4%
1.铅蓄电池	4%
2.无汞原电池、金属氢化物镍蓄电池、锂原电池、锂离子蓄电池、太阳能蓄电池、燃料电池和全钒液流电池	免征
十五、涂料	4%
施工状态下挥发性有机物（VOC）含量低于420克/升	免征

第三节 消费税计税依据和应纳税额的计算

一、纳税环节

我国现行消费税实行价内税，采用一次课征制，即只征一道税，一般选择在应税消费品的生产、委托加工或进口环节等缴纳。具体纳税环节的规定如下：

（一）生产环节

纳税人生产的应税消费品由生产者于销售时纳税。自产自用的应税消费品，用于连续生产应税消费品的，不纳税；用于其他方面的，于移送使用时纳税。

（二）委托加工环节

委托加工的应税消费品由受托方在向委托方交货时代收代缴，但委托个体经营者加工应税消费品的，一律于委托方收回后在委托方所在地缴纳。委托加工收回的应税消费品用于连续生产应税消费品的，允许在计税时扣除其在委托加工环节缴纳的消费税税款；委托加工收回的应税消费品直接出售的，不再征收消费税。

（三）进口环节

进口应税消费品由进口报关者于报关进口时纳税。

（四）批发环节

从2009年5月1日起，在卷烟批发环节加征一道从价税。在中华人民共和国境内从事卷烟批发业务的单位和个人批发销售的所有牌号规格的卷烟，以批发卷烟的销售额（不含增值税）按5%税率计算缴纳消费税。纳税人应将卷烟销售额与其他商品销售额分开核算，未分开核算的，一并征收消费税。2015年5月10日起，将卷烟批发环节从价税税率由5%提高至11%，并按0.005元/支加征从量税。

（五）零售环节

（1）金银首饰消费税的纳税环节在零售环节征收。消费者个人携带、邮寄进境的金银首饰在报关进口时纳税。经营单位进口的金银首饰，在进口时不缴纳消费税，待其在国内零售时再纳税。

（2）“小汽车”税目下增设“超豪华小汽车”子税目。对超豪华小汽车，在生产（进口）环节按现行税率征收消费税基础上，在零售环节加征消费税，税率为10%。

二、计税依据

按照现行消费税的基本规定，消费税应纳税额的计算分为从价计征、从量计征和从价从量复合计征三种方法。

（一）从价计征

在从价定率计征办法下，应纳税额等于应税消费品的销售额乘以适用比例税率，应纳税额的多少取决于应税消费品的销售额和适用比例税率两个因素。

1.销售额的确定。

销售额是指纳税人销售应税消费品向购买方收取的全部价款和价外费用。销售是指有偿转让应税消费品所有权的行为，即以从受让方取得货币、货物、劳务或其他经济利益为条件转让应税消费品所有权的行为；价外费用是指价外向购买方收取的手续费、补贴、基金、集资费、返还利润、奖励费、违约金、滞纳金、延期付款利息、赔偿金、代收款项、代垫款项、包装费、包装物租金、储备费、优质费、运输装卸费以及其他各种性质的价外收费。但下列项目不包括在内：

（1）同时符合以下条件的代垫运输费用：

①承运部门的运输费用发票开具给购买方的；

②纳税人将该项发票转交给购买方的。

（2）同时符合以下条件代为收取的政府性基金或者行政事业性收费：

①由国务院或者财政部批准设立的政府性基金，由国务院或者省级人民政府及其财政、价格主管部门批准设立的行政事业性收费；

②收取时开具省级以上财政部门印制的财政票据；

③所收款项全额上缴财政。

其他价外费用无论是否属于纳税人的收入，均应并入销售额中计算纳税。

实行从价定率计算应纳税额的应税消费品连同包装物销售的，无论包装物是否单独计价以及在会计上如何核算，均应并入应税消费品的销售额中缴纳消费税。如果包装物不作价随同产品销售，而是收取押金，此项押金则不应并入应税消费品的销售额中征税。但对因逾期未收回的包装物不再退还的或者已收取时间超过12个月的押金，应并入应税消费品的销售额，按照应税消费品的适用税率缴纳消费税。

对既作价随同应税消费品销售，又另外收取押金的包装物的押金，凡纳税人在规定的期限内没有退还的，均应并入应税消费品的销售额，按照应税消费品的适用税率缴纳消费税。包装物押金一般为含税收入，因此，在将包装物押金并入销售额征税时，应将这部分押金换算为不含增值税的收入。

纳税人销售的应税消费品，以人民币以外的货币结算销售额的，其销售额的人民币折合率可以选择销售额发生的当天或者当月1日的人民币汇率中间价。纳税人应在事先确定采用何种折合率，确定后1年内不得变更。

2.含税销售额的换算

应税消费品在缴纳消费税的同时，与一般货物一样，还应缴纳增值税。按规定，应税消费品的销售额，不包括向购货方收取的增值税税款。如果纳税人应税消费品的销售额中未扣除增值税税款或者因不得开具增值税专用发票而发生价款和增值税税款合并收取的，在计算消费税时，应将含增值税的销售额换算为不含增值税税款的销售额。其换算公式为：

应税消费品的销售额=含增值税的销售额÷（1+增值税的税率或征收率）

（二）从量计征

在从量计征办法下，应纳税额等于应税消费品的销售数量乘以单位税额，应纳税额的多少取决于应税消费品的销售数量和单位税额两个因素。

1.销售数量的确定

销售数量是指纳税人生产、加工和进口应税消费品的数量。具体规定为：

（1）销售应税消费品的，销售数量为应税消费品的销售数量。

（2）自产自用的应税消费品的，销售数量为应税消费品的移送使用数量。

（3）委托加工的应税消费品的，销售数量为纳税人收回的应税消费品数量。

（4）进口的应税消费品，销售数量为海关核定的应税消费品进口征税数量。

2.计量单位的换算标准

按规定，黄酒、啤酒以吨为税额单位；成品油以升为税额单位。为了规范不同产品的计量单位，以准确地计算应纳消费税额，吨与升两个计量单位的换算标准如下：

（1）黄酒：1吨 = 962升；

（2）啤酒：1吨 = 988升；

（3）汽油：1吨 = 1 388升；

（4）柴油：1吨 = 1 176升；

（5）航空煤油：1吨=1 246升；

（6）石脑油：1吨=1 385升；

（7）溶剂油：1吨=1 282升；

（8）润滑油：1吨=1 126升；

（9）燃料油：1吨=1 015升。

（三）从价从量复合计征

现行消费税范围中，卷烟、白酒采用复合计征方法。应纳税额等于应税消费品的销售数量乘以单位税额再加上应税消费品的销售额乘以适用比例税率。

生产销售卷烟、白酒从量定额计税依据为销售数量。进口、委托加工、自产自用卷烟、白酒从量定额计税依据分别为海关核定的进口数量、委托方收回数量、移送使用数量。卷烟、白酒从价定率计税依据为销售额。

（四）计税依据的其他规定

由于消费税税源较为集中，税负相对较重，计税价格的核定成为确定计税依据的重要环节。税法规定：卷烟、粮食白酒和小汽车的计税价格由国家税务总局核定，送财政部备案。其他应税消费品的计税价格由各省、自治区、直辖市税务机关核定。进口的应税消费品的计税价格由海关核定。

1.卷烟最低计税价格的核定

卷烟消费税最低计税价格（以下简称计税价格）核定范围为卷烟生产企业在生产环节销售的所有牌号、规格的卷烟。计税价格由国家税务总局按照卷烟批发环节销售价格扣除卷烟批发环节批发毛利核定并发布。计税价格的核定公式为：

某牌号、规格卷烟计税价格=批发环节销售价格×（1-适用批发毛利率）

卷烟批发环节销售价格，按照税务机关采集的所有卷烟批发企业在价格采集期内销售的该牌号、规格卷烟的数量、销售额进行加权平均计算。计算公式为：

$$\frac{\text{批发环节}}{\text{销售价格}}=\frac{\text{该牌号、规格卷烟}}{\text{各采集点的销售额}}\div\frac{\text{该牌号、规格卷烟}}{\text{各采集点的销售数量}}$$

卷烟批发毛利率具体标准为：①调拨价格满146.15元的一类烟34%；②其他一类烟29%；③二类烟25%；④三类烟25%；⑤四类烟20%；⑥五类烟15%。

2.白酒最低计税价格核定

根据《国家税务总局关于加强白酒消费税征收管理的通知》（国税函〔2009〕380号）规定，自2009年8月1日起，为保全税基，对设立销售公司的白酒生产企业，税务总局制定了《白酒消费税最低计税价格核定管理办法（试行）》，对计税价格偏低的白酒核定消费税最低计税价格。白酒生产企业销售给销售单位的白酒，生产企业消费税计税价格低于销售单位对外销售价格（不含增值税，下同）70%以下的，税务机关应核定消费税最低计税价格。这里的销售单位是指销售公司、购销公司以及委托境内其他单位或个人包销本企业生产白酒的商业机构。销售公司、购销公司是指专门购进并销售白酒生产企业生产的白酒，并与该白酒生产企业存在关联性质。包销是指销售单位依据协定价格从白酒生产企业购进白酒，同时承担大部分包装材料等成本费用，并负责销售白酒。

白酒消费税最低计税价格核定标准如下：一是白酒生产企业销售给销售单位的白酒，生产企业消费税计税价格高于销售单位对外销售价格70%（含70%）以上的，税务机关暂不核定消费税最低计税价格。二是白酒生产企业销售给销售单位的白酒，生产企业消费税计税价格低于销售单位对外销售价格70%以下的，消费税最低计税价格由税务机关根据生产规模、白酒品牌、利润水平等情况在销售单位对外销售价格50%至70%范围内自行核定。其中生产规模较大，利润水平较高的企业生产的需要核定消费税最低计税价格的白酒，税务机关核价幅度原则上应选择在销售单位对外销售价格60%至70%范围内。

如果已核定最低计税价格的白酒，生产企业实际销售价格高于消费税最低计税价格的，按实际销售价格申报纳税；实际销售价格低于消费税最低计税价格的，按最低计税价格申报纳税。或者已核定最低计税价格的白酒，销售单位对外销售价格持续上涨或下降时间达到3个月以上、累计上涨或下降幅度在20%（含）以上的白酒，税务机关重新核定最低计税价格。

3.纳税人销售自产应税消费品

纳税人通过自设非独立核算门市部销售自产应税消费品，应当按照门市部对外销售数量或者销售额计算征收消费税。

4.置换的应税消费品

纳税人用于换取生产资料和消费资料、投资入股和抵偿债务等方面的应税消费品，应当以纳税人同类应税消费品的最高销售价格作为计税依据计算征收消费税。

5.兼营不同税率的应税消费品

纳税人兼营不同税率的应税消费品，应当分别核算不同税率应税消费品的销售额、销售数量。未分别核算销售额、销售数量，或者将不同税率的应税消费品组成成套消费品销售的，从高适用税率。

纳税人兼营不同税率的应税消费品，是指纳税人生产销售两种税率以上的应税消费品。从高适用税率。

三、应纳税额的计算

（一）生产销售环节应纳消费税的计算

纳税人在生产销售环节应缴纳的消费税，包括直接对外销售和自产自用应税消费品应缴纳的消费税。在15类应税消费品中，黄酒、啤酒、成品油这三种应税消费品实行从量定额的计税办法；卷烟和白酒实行从价从量复合的计税办法；其他的应税消费品实行从价定率的计税办法。

1.直接对外销售应纳消费税的计算

（1）从价定率计算。在从价定率计征办法下，应纳税额等于销售额乘以适用比例税率。其应纳税额的计算公式为：

应纳税额=应税消费品的销售额×比例税率

【例4-1】某汽车制造厂为增值税一般纳税人。8月对外销售自产小轿车500辆（气缸容量为1.6升，下同），每辆销售价格为100 000元（不含税），价外代收有关基金113 000元；以自产的100辆小轿车向某出租汽车公司进行投资，按双方协议，每辆汽车折价款为120 000元，该型号小轿车上月最高销售价格为128 000元（不含税）。计算该厂当月应纳的消费税。

解：

销售小轿车应纳消费税额=［500×100 000+113 000÷（1+13%）］×5%=2 505 000（元）

对外投资应纳消费税额=100×128 000×5%=640 000（元）

（2）从量定额计算。在从量定额计征办法下，应纳税额等于应税消费品的销售数量乘以定额税率。其应纳消费税税额的计算公式为：

应纳税额=应税消费品的销售数量×定额税率

【例4-2】某黄酒厂10月销售自产黄酒20 000吨，每吨黄酒的出厂价格为4 000元（不含增值税）。计算该黄酒厂当月应纳消费税税额。

解：

销售黄酒应纳消费税额=20 000×240=4 800 000（元）

（3）从价定率和从量定额复合计算。按税法规定，卷烟和白酒采用既从价又从量的复合计征办法计算消费税。其应纳消费税额的计算公式为：

应纳税额=应税销售数量×定额税率+应税销售额×比例税率

【例4-3】某酒类生产企业为增值税一般纳税人。10月生产粮食白酒1 000吨，对外销售800吨，每吨不含增值税的销售价格为1 800元。计算该酒厂当月应纳的消费税税额。

解：

白酒应纳消费税=800×2 000×0.5＋800×1 800×20%

=1 088 000（元）

2.自产自用应纳消费税的计算

自产自用应税消费品是指纳税人生产应税消费品后，不是用于直接对外销售，而是用于自己连续生产应税消费品或其他方面。

（1）用于连续生产的应税消费品。纳税人自产自用的应税消费品，用于连续生产应税消费品的，不纳税。因为自产自用的应税消费品用于连续生产应税消费品时，作为生产最终应税消费品的直接材料，已构成最终产品的实体。如果对中间产品和最终产品均征税，必然会出现重复计税的现象。因此，税法规定，对用于连续生产应税消费品的中间产品不征消费税，仅对最终产品征税。

（2）用于其他方面的应税消费品。纳税人自产自用的应税消费品，用于其他方面的，于移送使用时纳税。用于其他方面的应税消费品是指纳税人用于生产非应税消费品、在建工程、管理部门、非生产机构、提供劳务，以及用于馈赠、赞助、集资、广告、样品、职工福利、奖励等方面的应税消费品。例如，生产企业将自产石脑油用于本企业连续生产汽油等应税消费品的，不缴纳消费税；用于连续生产乙烯等非应税消费品或其他方面的，于移送使用时缴纳消费税。

（3）计税依据的确定及税额计算。在从价定率计征办法下，纳税人自产自用的应税消费品，凡用于其他方面的，均应按照纳税人生产的同类消费品的销售价格计算纳税；没有同类消费品销售价格的，按照组成计税价格计算纳税。

同类消费品的销售价格，是指纳税人当月销售的同类消费品的销售价格。如果当月同类消费品各期销售价格高低不同，应按销售数量加权平均计算。但纳税人销售的应税消费品有下列情况之一的，不得列入加权平均计算：①销售价格明显偏低又无正当理由的；②无销售价格的。

如果当月无销售或者当月未完结，应按照同类消费品上月或最近月份的销售价格计算纳税。

没有同类消费品的销售价格的，按照组成计税价格计算纳税。组成计税价格的计算公式为：

①实行从价定率办法计算纳税的组成计税价格计算公式：

组成计税价格=（成本+利润）÷（1 - 消费税税率）

应纳税额=组成计税价格×比例税率

②实行复合计税办法计算纳税的组成计税价格计算公式：

组成计税价格 =（成本 + 利润 + 自产自用数量×定额税率）÷（1 - 比例税率）

应纳税额 = 组成计税价格×比例税率 + 自产自用数量×定额税率

上述公式中的成本是指应税消费品的产品生产成本；利润是指根据应税消费品的全国平均成本利润率计算的利润。应税消费品全国平均成本利润率由国家税务总局统一规定。

（4）应税消费品全国平均成本利润率，见表4-2。

表4-2　　**应税消费品全国平均成本利润率**

应税消费品	成本利润率	应税消费品	成本利润率
（1）甲类卷烟	10%	（11）摩托车	6%
（2）乙类卷烟	5%	（12）高尔夫球及球具	10%
（3）雪茄烟	5%	（13）高档手表	20%
（4）烟丝	5%	（14）游艇	10%
（5）粮食白酒	10%	（15）木制一次性筷子	5%
（6）薯类白酒	5%	（16）实木地板	5%
（7）其他酒	5%	（17）乘用车	8%
（8）高档化妆品	5%	（18）中轻型商用客车	5%
（9）鞭炮、焰火	5%	（19）电池	4%
（10）贵重首饰及珠宝玉石	6%	（20）涂料	7%

【例4-4】某化妆品生产企业为增值税一般纳税人。10月将一批自产的高档化妆品用作职工福利，高档化妆品的成本50 000元，该化妆品无同类产品市场销售价格，已知其成本利润率为5%，消费税税率为15%。计算该批高档化妆品应缴纳的消费税税额。

解：

组成计税价格=50 000×（1+5%）÷（1-15%）

=61 764.71（元）

应纳税额=61 764.71×15% = 9 264.71（元）

（二）委托加工环节应税消费品应纳税额的计算

1.委托加工应税消费品的确定

委托加工的应税消费品，是指由委托方提供原料和主要材料，受托方只收取加工费和代垫部分辅助材料加工的应税消费品。对于由受托方提供原材料生产的应税消费品，或者受托方先将原材料卖给委托方，然后再接受加工的应税消费品，以及由受托方以委托方名义购进原材料生产的应税消费品，不论纳税人在财务上是否作销售处理，都不得作为委托加工应税消费品，而应当按照销售自制应税消费品缴纳消费税。

2.代收代缴税款的规定

对于确实属于委托方提供原料和主要材料，受托方只收取加工费和代垫部分辅助材料加工的应税消费品，税法规定，由受托方在委托方提货时代收代缴消费税。这样，受托方就是法定的代收代缴义务人。如果纳税人委托个体经营者加工应税消费品的，一律于委托方收回后在委托方所在地缴纳消费税。

对于受托方没有按规定代收代缴税款的，并不能因此免除委托方补缴税款的责任。在对委托方进行税务检查中，如果发现其委托加工的应税消费品受托方没有代收代缴税款，委托方要补缴税款（对受托方就不再重复补税了，但按照《税收征收管理法》的规定，处以应代收代缴税款50%以上3倍以下的罚款）。对委托方补征税款的计税依据是：

如果在检查时，收回的应税消费品已经直接销售的，按销售额计税；收回的应税消费品尚未销售或不能直接销售的（如收回后用于连续生产等），按组成计税价格计税。其计算公式为：

组成计税价格=（成本+利润）÷（1－消费税税率）

委托加工的应税消费品，受托方在交货时已代收代缴消费税，委托方收回后直接销售的，不再征收消费税。

3.计税依据的确定及税额计算

（1）委托加工的应税消费品，应按照受托方的同类消费品的销售价格计算纳税。同类消费品的销售价格，是指受托方（即代收代缴义务人）当月销售的同类消费品的销售价格。如果当月同类消费品各期销售价格高低不同，应按销售数量加权平均计算。但销售的应税消费品有下列情况之一的，不得列入加权平均计算：①销售价格明显偏低又无正当理由的；②无销售价格的。

如果当月无销售或者当月未完结，应按照同类消费品上月或最近月份的销售价格计算纳税。

（2）没有同类消费品销售价格的，按组成计税价格计算纳税。组成计税价格的计算公式为：

①实行从价定率办法计算纳税的组成计税价格计算公式：

组成计税价格=（材料成本+加工费）÷（1−消费税税率）

应纳税额=组成计税价格×比例税率

②实行复合计税办法计算纳税的组成计税价格计算公式：

组成计税价格 =（材料成本+加工费 + 委托加工数量×定额税率）÷（1 − 比例税率）

应纳税额 = 组成计税价格×比例税率 + 委托加工数量×定额税率

公式中的材料成本是指委托方所提供加工材料的实际成本。按规定，委托加工应税消费品的纳税人，必须在委托加工合同上注明（或以其他方式提供）材料成本，凡未提供材料成本的，受托方所在地主管税务机关有权核定其材料成本；加工费是指受托方加工应税消费向委托方所收取的全部费用（包括代垫辅助材料的实际成本），但不包括收取的增值税。

【例4-5】某卷烟厂（增值税一般纳税人），8月向农民收购免税烟叶360 000元，并支付运输部门运费25 000元（不含增值税），将收购的烟叶提供给某烟丝加工厂，委托其加工烟丝，烟丝加工完毕，卷烟厂在提货时支付的加工费为10 000元，取得的增值税专用发票注明的税额为1 300元，受托方已按规定代收代缴了消费税；加工收回的烟丝全部验收入库。烟丝的消费税率为30%。计算受托方代收该卷烟厂的消费税额。

解：

受托方代收的消费税额 =［360 000×（1 − 10%） + 25 000 + 10 000］÷（1 − 30%）×30%

=186 428.57（元）

（三）进口环节应税消费税的计算

进口应税消费品，应于报关进口时缴纳消费税；进口的应税消费品的消费税由海关代征；进口的应税消费品由进口人或者其代理人向报关地海关申报纳税；纳税人进口应税消费品，按照关税征收管理的相关规定，应当自海关填发海关进口消费税专用缴款书之日起15日内缴纳消费税款。

1.进口一般货物应纳消费税的计算

（1）实行从价定率计征应纳税额的计算。纳税人进口应税消费品的，按照组成计税价格为计税依据计算进口环节应纳的消费税。其计算公式为：

组成计税价格=（关税完税价格+关税）÷（1-消费税税率）

应纳税额=组成计税价格×消费税税率

公式中的关税完税价格，是指海关核定的关税计税价格，一般为进口货物的到岸价格。

【例4-6】某公司某月从国外进口一批实木地板，海关核定的关税完税价格为180万元。该批地板的进口关税税率为15%，适用的消费税税率为5%。计算该批地板应纳的消费税。

解：

该批地板的组成计税价格=180×（1+15%）÷（1-5%）=217.89（万元）

该批地板应纳的消费税=217.89×5%=10.89（万元）

（2）实行从量定额计征应纳税额的计算。

应纳税额=海关审定的应税消费品的进口数量×消费税单位税率

（3）实行从价定率和从量定额复合计税办法应纳税额的计算。

$$\text{组成计税价格}=\left(\text{关税完税价格}+\text{关税}+\text{进口数量}\times\text{消费税单位税额}\right)\div\left(1-\text{消费税比例税率}\right)$$

应纳税额=组成计税价格×消费税税率＋进口数量×消费税单位税额

2.进口卷烟应纳税额的计算

自2009年5月1日起，对进口卷烟的消费税税率进行了调整。纳税人应依据调整后的消费税适用的比例税率，计算进口卷烟消费税的组成计税价格和应纳的消费税税额。具体计算办法如下：

第一步：进口卷烟消费税适用比例税率的确定。

$$\text{每标准条进口卷烟（200支）确定消费税适用比例税率的价格}=\left(\text{关税完税价格}+\text{关税}+\text{消费税定额税}\right)\div\left(1-\text{消费税税率}\right)$$

其中，关税完税价格和关税为每标准条的关税完税价格及关税税额；消费税定额税为每标准条（200支）0.6元（依据现行消费税定额税率折算）；消费税税率固定为36%。

每标准条进口卷烟（200支）确定消费税适用比例税率的价格大于等于70元人民币的，消费税适用56%的比例税率；每标准条进口卷烟（200支）的价格小于70元人民币的，消费税适用36%的比例税率。

第二步：进口卷烟应纳消费税的计算。

$$\frac{\text{进口卷烟消费}}{\text{税组成计税价格}}=(\frac{\text{关税完}}{\text{税价格}}+\text{关税}+\frac{\text{消费税}}{\text{定额税款}})\div(1-\frac{\text{进口卷烟消费税}}{\text{适用比例税率}})$$

其中，消费税定额税款=海关核定的进口卷烟数量×消费税定额税率

消费税定额税率为每标准箱（5万支）0.003元/支。

$$\frac{\text{应纳消}}{\text{费税税额}}=\frac{\text{进口卷烟消费}}{\text{税组成计税价格}}\times\frac{\text{进口卷烟消费}}{\text{税适用比例税率}}+\frac{\text{消费税}}{\text{定额税款}}$$

其中，消费税定额税率为每标准箱（50 000支）150元。

【例4-7】某贸易公司8月从境外进口10箱卷烟，经海关核定，关税的完税价格为150 000元，关税37 500元。计算该贸易公司8月进口卷烟应纳消费税额。

解：

（1）每标准条进口卷烟确定消费税适用比例税率的价格=（150 000+37 500+150×10）÷（1-36%）÷（10×250）=118.13（元），大于70元，进口卷烟的适用比例税率为56%。

（2）$\frac{\text{进口卷烟消费}}{\text{税组成计税价格}}$=（150 000 + 37 500 + 150×10）÷（1-56%）

=429 545.46（元）

（3）应纳消费税额=429 545.46×56%+10×150=242 045.46（元）

四、已纳消费税扣除的计算

为避免重复征税，现行消费税法规规定，对外购应税消费品和委托加工收回的应税消费品继续生产应税消费品销售的，可以将外购应税消费品和委托加工收回应税消费品已纳的消费税予以扣除。

（一）外购应税消费品已纳税款的扣除

由于某些应税消费品是用外购已缴纳消费税的应税消费品连续生产出来的，在对这些连续生产出来的应税消费品计征消费税时，税法规定

可按当期生产领用数量计算准予扣除外购的应税消费品已纳的消费税税款。扣除范围包括：

（1）外购已税烟丝生产的卷烟。

（2）外购已税高档化妆品生产的高档化妆品。

（3）外购已税珠宝玉石生产的贵重首饰及珠宝玉石。

（4）外购已税鞭炮焰火生产的鞭炮焰火。

（5）外购已税摩托车生产的摩托车（如用外购两轮摩托车改装三轮摩托车）。

（6）外购已税杆头、杆身和握把为原料生产的高尔夫球杆。

（7）外购已税木制一次性筷子为原料生产的木制一次性筷子。

（8）以外购已税实木地板为原料生产的实木地板。

（9）外购已税汽油、柴油、石脑油、燃料油、润滑油为原料生产的应税消费品。

上述当期准予以扣除的外购应税消费品已纳消费税税款的计算公式为：

$$\frac{\text{当期准予扣除的外购}}{\text{应税消费品已纳税款}}=\frac{\text{当期准予扣除的外购}}{\text{应税消费品买价}}\times\frac{\text{外购应税消费品}}{\text{适用税率}}$$

$$\frac{\text{当期准予扣除的外购}}{\text{应税消费品买价}}=\frac{\text{期初库存的外购}}{\text{应税消费品的买价}}+\frac{\text{当期购进的应税}}{\text{消费品的买价}}-\frac{\text{期末库存的外购}}{\text{应税消费品的买价}}$$

【例4-8】某高尔夫球杆生产企业（增值税一般纳税人）本月外购杆头500 000元用于生产高尔夫球杆，月初库存外购的杆头270 000元，月末库存外购的杆头200 000元。当月销售高尔夫球杆的销售额为1 300 000元（不含税），另收取随同产品出售但单独计价包装物价款40 000元。计算该企业当月应纳的消费税。

解：

准予扣除的消费税额=（270 000+500 000−200 000）×10%=57 000（元）

应纳消费税额=［1300 000＋40 000÷（1＋13%）］×10%－57 000

=76 539.82（元）

（二）委托加工收回的应税消费品已纳税款的扣除

委托加工的应税消费品因为已由受托方代收代缴了消费税，所以，委托方将加工收回的应税消费品用于连续生产应税消费品的，其在委托加工环节已纳的消费税款准予从连续生产的应税消费品应纳消费税税额中扣除。按国家税务总局的规定，从1995年6月1日起，下列连续生产的应税消费品准予从应纳消费税税额中按当期生产领用的数量计算扣除已纳的消费税税款。扣除范围包括：

（1）以委托加工收回的已税烟丝为原料生产的卷烟。

（2）以委托加工收回的已税高档化妆品为原料生产的高档化妆品。

（3）以委托加工收回的已税珠宝玉石为原料生产的贵重首饰及珠宝玉石。

（4）以委托加工收回的已税的鞭炮焰火为原料生产的鞭炮焰火。

（5）以委托加工收回的已税摩托车生产的摩托车。

（6）以委托加工收回的已税杆头、杆身和握把为原料生产的高尔夫球杆。

（7）以委托加工收回的已税木制一次性筷子为原料生产的木制一次性筷子。

（8）以委托加工收回的已税实木地板为原料生产的实木地板。

（9）以委托加工收回的已税汽油、柴油、石脑油、燃料油、润滑油为原料生产的应税消费品。

上述当期准予扣除委托加工收回的应税消费品已纳消费税税款的计算公式为：

$$\text{当期准予扣除的委托加工应税消费品已纳税款} = \text{期初库存的委托加工应税消费品已纳税款} + \text{当期收回到委托加工应税消费品已纳税款} - \text{期末库存的委托加工应税消费品已纳税款}$$

五、批发和零售环节应税消费品应纳税额的计算

（一）批发环节应税消费品应纳税额的计算

批发环节的应纳消费税特指卷烟，在我国境内从事卷烟批发业务的所有单位和个人，应就其批发销售的所有牌号、规格的卷烟，从2015年5月10日起，按11%的比例税率，每支0.005元的定额税复合计征消费税。此外，计算时还应注意：

（1）应将卷烟销售额与其他商品销售额分开核算，未分开核算的，一并征收消费税。

（2）卷烟批发企业之间销售的卷烟不缴纳消费税，只有将卷烟销售给零售商等其他单位和个人时才缴纳消费税。

（3）卷烟批发企业在计算卷烟消费税时，不得扣除卷烟生产环节已缴纳的消费税税额。

【例 4-9】某市烟草集团公司（增值税一般纳税人），有烟草批发许可证，本月销售100箱卷烟给甲烟草零售商，取得含税销售额3 390 000元。计算该当月应纳的消费税。

解：

应纳消费税额=［3 390 000÷（1＋13%）］×11%+100×150

=345 000（元）

（二）零售环节应税消费品应纳税额的计算

自1995年1月1日起，金银首饰消费税的纳税环节由生产销售环节征收改在零售环节征收。具体规定如下：

（1）纳税人零售销售金银首饰的（含以旧换新），于销售时纳税。

（2）用于馈赠、赞助、集资、广告、样品、职工福利、奖励等方面的金银首饰，于移送使用时纳税。

（3）带料加工、翻新改制的金银首饰，于受托方交货时纳税。

另外，经营单位进口金银首饰的消费税，由进口环节征收改为在零售环节征收。个人携带、邮寄金银首饰进境，仍按海关现行规定征税。

自2002年1月1日起，钻石及钻石饰品由生产、进口环节征税改为零售环节征税。

金银首饰消费品的计税依据为纳税人销售金银首饰时向购买方收取的不含增值税的全部价款和价外费用。具体规定如下：

（1）纳税人采用以旧换新、翻新改制方式销售的金银首饰，计税依据为实际收取的不含增值税的全部价款，包括增加或添加的材料价格以及收取的加工费。

（2）纳税人连同包装物一同销售的金银首饰，无论包装物是否单独计价，也无论会计上如何核算，均应并入金银首饰的销售额中计征消费税。

（3）用于馈赠、赞助、集资、广告、样品、职工福利、奖励等方面的金银首饰，计税依据为纳税人销售同类金银首饰的销售价格；没有同类金银首饰销售价格的，计税依据为组成计税价格。其计算公式为：

组成计税价格=购进原价（或生产成本）×（1+利润率）÷（1−金银首饰消费税税率）

公式中的购进原价是对商业企业而言的；生产成本是对生产企业而言的；利润率统一规定为6%。

（4）带料加工的金银首饰，计税依据为受托方同类金银首饰的销售价格；没有同类金银首饰销售价格的，计税依据为组成计税价格。其计算公式为：

组成计税价格=（材料成本+加工费）÷（1−金银首饰消费税税率）

公式中的材料成本，是指委托方所提供加工材料的实际成本。委托方必须在委托加工合同上如实注明（或以其他方式提供）材料成本，凡未提供材料成本的，受托方所在地主管税务机关有权核定其材料成本。加工费是指受托方加工金银首饰向委托方所收取的全部费用（包括代垫辅助材料的实际成本），但不包括增值税。

（5）纳税人用已税珠宝玉石生产的金、银和金基、银基合金的镶嵌首饰，一律不得扣除购买或已纳的消费税税款。经营单位兼营生产、加工、批发、零售金银首饰业务的，应分别核算销售额，未分别核算或划分不清的，一律视同零售金银首饰征收消费税。

改在零售环节计征消费税的金银首饰、钻石及钻石饰品以销售额为计税依据，其应纳消费税税额的计算公式为：

应纳税额=应税销售额×适用税率

【例4-10】某金银首饰商店（增值税一般纳税人）本月零售金银首饰565 000元，随同金银首饰销售并单独计价的包装盒11 300元；接受消费者委托加工金项链20条，收到黄金价值48 000元，同时收到加工费9 000元，当月加工完成后交还委托人；计算该商店当月应纳的消费税。

解：

零售金银首饰应纳消费税额=（565 000+11 300）÷（1+13%）×5%=25 500（元）

受托加工金银首饰应纳消费税额=（48 000+9 000）÷（1−5%）×5%=3 000（元）

该店当月应纳消费税总额=25 500 + 3 000=28 500（元）

第四节　消费税的减免税和出口退（免）税

一、减免政策

为保护生态环境，促进替代污染排放汽车的生产和消费，推进汽车工业技术进步，我国对生产销售达到低污染排放值的小汽车、越野车和小客车减征30%的消费税。计算公式为：

减征税额 = 按法定税率计算的消费税税额×减征比例

应征税额 = 按法定税率计算的消费税税额 − 减征税额

二、出口退（免）税

纳税人出口应税消费品与增值税出口货物一样，都可享受国家给予的退（免）税优惠政策。按税法规定，纳税人出口的应税消费品，除国家限制出口的应税消费品外，免征消费税。

（一）出口应税消费品退（免）税范围

由于消费税实行单一环节课征制，出口应税消费品退（免）税范围与增值税不同。具体分为以下三种情况：

1.出口免税并退税

适用于有出口经营权的外贸企业购进应税消费品直接出口，以及外贸企业受其他外贸企业委托代理出口应税消费品。需要注意的是，外贸企业只有受其他外贸企业委托，代理出口应税消费品才可办理退税，外贸企业受其他企业（主要是非生产性的商贸企业）委托，代理出口应税消费品是不予退（免）税的。符合条件的纳税人在报关出口时刻退还其在生产环节或委托加工环节已征收的消费税税款。

2.出口免税但不退税

适用于有出口经营权的生产性企业自营出口，或者生产企业委托外贸企业代理出口自产的应税消费品。依据其实际出口数量免征消费税，不予办理退还消费税。免征消费税，是指对生产性企业按其实际出口数量免征生产环节的消费税。不予办理退还消费税，是指因已免征生产环节的消费税，该应税消费品出口时，已不含有消费税，所以也无须再办理退还消费税。

3.出口不免税也不退税

适用于一般商贸企业委托外贸企业代理出口的应税消费品。按税法规定，纳税人在报关出口时一律不予退（免）税。

（二）出口退税率的确定

出口应税消费品应退消费税的税率或单位税额，依据《消费税暂行条例》所附《消费税税目税率（税额）表》执行。当出口的货物是应税消费品时，其退还增值税要按规定的退税率计算；其退还消费税则按该应税消费品所适用的消费税税率计算。

办理出口退、免税的企业，应将出口的不同税率的应税消费品分开核算和申报，凡划分不清适用税率的，一律从低适用税率计算应退消费税税额。

（三）出口应税消费品退税额的计算

出口应税消费品应退税额的计算，分两种情况处理：

1.从价定率计征消费税的

实行从价定率计征消费税的应税消费品，应依照外贸企业从工厂购进货物时征收消费税的价格计算应退消费税税额。其计算退税的公式为：

应退消费税税款=出口应税消费品的工厂销售额×适用税率

上述公式中出口应税消费品的工厂销售额，为不含增值税的销售额。

2.从量定额计征消费税的

实行从量定额计征消费税的应税消费品，应依照货物购进和报关出口的数量计算应退消费税税款。其计算退税的公式为：

应退消费税税额=出口数量×单位税额

（四）出口应税消费品办理退（免）税后的管理

出口应税消费品办理退税后，发生退关或者国外退货，进口时予以免税的，报关出口者必须及时向其所在地主管税务机关申报补缴已退的消费税税款。

纳税人直接出口的应税消费品办理免税后，发生退关或国外退货，进口时已予以免税的，经所在地主管税务机关批准，可暂不办理补税，待其转为国内销售时，再向其主管税务机关申报补缴消费税。

第五节 消费税的申报缴纳

一、纳税义务发生时间

消费税纳税义务发生时间，按货款结算方式或行为发生时间分别确定：

（1）纳税人销售应税消费品的，按不同的销售结算方式分别为：

①采取赊销和分期收款结算方式的，为书面合同约定的收款日期的当天，书面合同没有约定收款日期或者无书面合同的，为发出应税消费品的当天；

②采取预收货款结算方式的，为发出应税消费品的当天；

③采取托收承付和委托银行收款方式的，为发出应税消费品并办妥托收手续的当天；

④采取其他结算方式的，为收讫销售款或者取得索取销售款凭据的当天。

（2）纳税人自产自用应税消费品的，为移送使用的当天。

（3）纳税人委托加工应税消费品的，为纳税人提货的当天。

（4）纳税人进口应税消费品的，为报关进口的当天。

二、纳税期限

消费税的纳税期限分别为1日、3日、5日、10日、15日、1个月和1个季度。纳税人的具体纳税期限由主管税务机关根据纳税人应纳税额的大小分别核定；不能按照固定期限纳税的，可以按次纳税。

纳税人以1个月或者1个季度为1个纳税期的，自期满之日起15日内申报纳税；以1日、3日、5日、10日或者15日为1个纳税期的，自期满之日起5日内预缴税款，于次月1日起15日内申报纳税并结清上月应纳税款。

纳税人进口应税消费品，应当自海关填发海关进口消费税专用缴款书之日起15日内缴纳税款。

三、纳税地点

（1）纳税人销售的应税消费品，以及自产自用的应税消费品，除国务院财政、税务主管部门另有规定外，应当向纳税人机构所在地或者居住地的主管税务机关申报纳税。

（2）委托加工的应税消费品，除受托方为个人外，由受托方向机构所在地或者居住地的主管税务机关解缴消费税税款。委托个人加工的应税消费品，由委托方向其机构所在地或者居住地主管税务机关申报纳税。

（3）进口的应税消费品，应当向报关地海关申报纳税。进口的应税消费品，由进口人或者其代理人向报关地海关申报纳税。

（4）纳税人到外县（市）销售或者委托外县（市）代销自产应税消费品的，于应税消费品销售后，向机构所在地或者居住地主管税务机关申报纳税。

（5）纳税人的总机构与分支机构不在同一县（市）的，应当分别向各自机构所在地的主管税务机关申报纳税；经财政部、国家税务总局或者其授权的财政、税务机关批准，可以由总机构汇总向总机构所在地的主管税务机关申报纳税。

（6）纳税人销售的应税消费品，如因质量等原因由购买者退回的，经机构所在地或者居住地主管税务机关审核批准后，可退还已缴纳的消费税税款。

课后练习

一、思考题

1.目前消费税征税范围是否合理？你认为应该如何确定？

2.消费税目前属于中央税，如果将其改为地方税是否可行？依据是什么？

二、分析应用题

某企业为增值税一般纳税人，10月发生下列业务：

（1）从国外进口一批散装高档化妆品，关税完税价格为820 000元，已缴纳关税230 000元。

（2）委托某工厂加工某类高档化妆品，提供原材料价值68 000元，支付加工费2 000元（不含增值税）。该批加工产品已收回（受托方没有高档甲类化妆品同类货物价格）。

（3）销售本企业生产的高档乙类化妆品，取得销售额580 000元(不含增值税)。

（4）国庆节，向全体女职工发放高档乙类化妆品，计税价格8 000元（不含增值税）。

（5）企业领用当月进口的散装高档化妆品的80%生产加工为高档成套化妆品对外批发销售，取得不含税销售额150万元；向消费者零售，取得含税销售额51万元。已知高档化妆品适用的消费税税率为15%。

要求：根据上述业务，该企业应税消费品在哪些环节缴纳消费税？缴纳多少？

第五章

关　税

学习目标

关税是海关依法对进出关境的货物和物品征收的一种税，是一个国家主权的体现。根据不同的标准，关税可以有不同的分类。关税税则是指一个国家通过立法程序公布实施的、按照一定的标志对进出境货物进行的归类，并根据货物归类制定的税目税率表以及对归类总规则和税目税率表的运用所做的规定和说明。关税税则是一个国家关税制度的重要组成部分。通过本章的学习，要求同学们了解关税的概念及特点，熟悉关税的征税范围、税率、计税方法等，掌握进出口货物完税价格的确定和应纳税额的计算。

第一节　关税概述

一、关税的概念

（一）关税的产生与发展

在我国，早在西周时期（约公元前11世纪至公元前771年）就在边境设立关卡（最初主要是为了防卫）。《周礼·地官》中有了“关市之征”的记载，春秋时期以后，诸侯割据，纷纷在各自领地边界设立关卡，“关市之征”的记载也多起来。关税在其本来意义上是对进出关卡的物品征税；市税是在领地内商品集市上对进出集市的商品征税。征税的目的是“关市之赋以待王之膳服”。据《周礼·天官》记载，中央征收九种赋税，关市税是其中一种，直接归王室使用，关和市是相提并论的。边界关卡之处也可能是商品的交换集市。关税和市税都是对商品在流通环节中征税。《管子·问》曾提到“征于关者勿征于市，征于市者勿征于关”，主张对同一商品不重复征税，以减轻商人负担。关市之征是我国关税的雏形，我国的“关税”的名称也是由此演变而来的。

秦统一天下以后，汉唐各代疆界不断扩大。在陆地边境关口和沿海港口征税，具有了边境关税的性质。但我国古代对外贸易虽有陆上和海上“丝绸之路”的贸易往来，但较之欧洲各国，发展不快，数量不大，边境关卡征税不是其主要任务。关、津各卡征税以“供御府声色之费”，一直是官府收入的财源之一。例如，唐朝的“关市税”和明朝的“钞关税”主要是指在内地关卡征税。在沿海港口对进出港的货物征税，各朝代有不同的名称。例如，唐朝的“下碇税”、宋朝的“抽解”、明朝的“引税”“船钞”等，由称为市舶司（使）的机关负责征税。到清朝康熙年间才在沿海设立粤、闽、浙、江四个“海关”，对进出口的货物征收船钞和货税。这时的关税概念仍包括内地关税和边境关税。直到鸦片战争后，西方国家入侵，门户被迫开放，海关大权落入外国列强之手，尤其是英人一直控制着我国海关，引入了近代关税概念和关税制度，国境关税和内地关税才逐渐有所区别。到1931年取消了常关税、子口税、厘金税等国内税（转口税不久也取消），此后，我国的关税就仅指进口税和出口税。对进出国境的货物只在进出境时征收关税。

中华人民共和国成立后，我国真正取得了关税自主权。但在中华人民共和国成立初期，由于资本主义国家对我国实行封锁禁运等历史原因，我国关税工作比较简单，关税不被重视。自20世纪80年代实施对外开放政策后，国际经济贸易往来大量增加，经济改革使关税的作用日益受到重视，国际关税协定有关关税的事务日益繁多，关税制度不断改革和完善，逐步实现了现代化和国际化。

（二）关税的概念

关税是海关依法对进出关境的货物和物品征收的一种税。国境是一个主权国家全面行使主权的境域，包括领土、领海、领空。关境又称税境，或海关境域，是一个国家的关税法令完全实施的境域。在通常情况下，一个国家的关境与其国境是一致的。但在国境内设有免征关税的自由港或自由贸易区时，关境就小于国境；如果几个国家结成关税同盟，在成员国之间对货物进出国境不征收关税，只对来自和运往非同盟成员国的货物进出共同关境时才征收关税，这时对各成员国来说，关境就大于国境。

现行关税的基本法律规范，由海关法、进出口关税条例、进出口关税税则等组成。

《中华人民共和国海关法》（以下简称《海关法》）于1987年1月22日由第六届全国人民代表大会常务委员会第十九次会议通过，自1987年7月1日施行，之后于2000年7月、2013年6月、2013年12月、2016年11月和2017年11月进行了5次修订。《海关法》共9章102条，其中第五章“关税”从第53条至65条，共13条，是关税制度的法律依据。

《中华人民共和国进出口关税条例》（以下简称《关税条例》），是国务院根据《海关法》有关关税的规定而制定的行政法规。《关税条例》于2003年10月由国务院第26次常务会议通过并于2004年1月1日起实施，之后于2011年1月、2013年12月、2016年2月和2017年3月进行了4次修订。

进出口税则是一国通过一定的立法程序制定和公布实施的进出口货物关税税率表。根据《关税条例》的规定，《中华人民共和国进出口税则》（以下简称《进出口税则》）是《关税条例》的组成部分，具有与行政法规同等的效力。进出口税则的主要内容包括税则号列、商品名称和税率。

二、关税的特点

（一）以进出关境的货物和物品为征税对象

关税的征税对象是进出关境的货物和物品，属于贸易性进出口的商品称为货物；属于入境旅客携带的、个人邮递的、运输工具服务人员携带的以及其他方式进口的个人自用的非贸易性商品称为物品。关税不同于因商品交换或提供劳务取得收入而课征的流转税，也不同于因取得所得或拥有财产而课征的所得税或财产税，而是对特定货物和物品途经海关通道进出口而征的税。

（二）以货物进出口关境为征税环节

关税是主权国家对进出关境的货物和物品征收的一种税。在封建社会，由于封建割据，国内关卡林立，重复征税，所以那时的关税主要为国内关税或内地关税，它严重地阻碍着商品经济的发展。资本主义生产方式取代封建生产方式之后，新兴资产阶级建立起统一的国家，主张国内自由贸易和商品自由流通，纷纷废除旧时的内陆关税，实行统一的国境关税。进口货物征收关税之后，可以行销全国，不再重复征收关税。

（三）实行复式税则

关税的税则是关税课税范围及税率的法则。复式税则又称多栏税则，是指一个税目设有两个或两个以上的税率，根据进口货物原产国的不同，分别适用高低不同的税率。复式税则是一个国家对外贸易政策的体现。目前，在国际上除个别国家外，各国关税普遍实行复式税则。

（四）关税具有对外统一性，执行统一的对外经济政策

征收关税不单纯是为了满足政府财政上的需要，更重要的是利用关税来贯彻执行统一的对外经济政策，实现国家的政治经济目的。在我国现阶段，关税被用来争取实现平等互利的对外贸易，保护并促进国内工农业生产发展，为社会主义市场经济服务。

（五）关税由海关机构代表国家征收

关税由海关总署及所属机构具体管理和征收，征收关税是海关工作的一个重要组成部分。《海关法》规定："中华人民共和国海关是国家的进出关境监督管理机关，海关依照本法和其他有关法律、法规，监督进出境的运输工具、货物、行李物品，征收关税和其他税费，查缉走私，并编制海关统计和其他海关业务。"监督管理、征收关税和查缉走私是当前我国海关的三项基本任务。

三、关税的分类

世界各国的关税制度种类繁多，根据不同的标准，关税可以分为不

同的类型。

（一）以应税货物的流向为标准，关税可以分为进口关税、出口关税和过境关税

1.进口关税

进口关税是对国外转入本国的货物所征收的一种关税，一般是在货物进入国境或关境时征收，或者在货物从海关保税仓库转出，投入国内市场时征收。进口关税是当前世界各国关税最主要的一种，在许多国家已不征出口关税与过境关税的情况下，它成为唯一的关税。

2.出口关税

出口关税是对本国出口货物在运出国境时征收的一种关税。由于征收出口关税会增加出口货物的成本，不利于本国货物在国际市场的竞争，目前西方发达国家基本取消了出口关税。多数发展中国家基于财政收入与调节市场供求关系需要，仍然征收部分或少量的出口关税。我国目前仅对少数出口货物征收出口关税。

3.过境关税

过境关税是海关对一国运往第三国的货物在通过本国国境或关境时所征收的关税。由于过境货物对本国工农业生产和市场不产生影响，而且还可以从交通运输、港口使用、仓库保管等方面获得收入，因而目前大多数国家都不征过境关税，仍在征收的只有伊朗、委内瑞拉等少数国家。

（二）以征税目的为标准，关税可以分为财政关税和保护关税

1.财政关税

财政关税是以增加财政收入为主要目的的关税。其基本特征是对进口产品与本国同类产品征收同样的税，或者征收的关税既不引导本国生产该种产品，也不引导生产能转移该种产品需求的代用品。

2.保护关税

保护关税是以保护本国工农业生产为主要目的而征收的关税。保护关税政策始于重商主义。现代各国关税保护的重点则有所不同，发达国家所要保护的通常是国际竞争性很强的商品，发展中国家则重在保护本国幼稚工业的发展。

（三）以计税依据为标准，关税可以分为从价关税、从量关税、复

合关税、选择关税和滑动关税

从价关税是以进出口货物的价值为计税依据征收的关税。

从量关税是以进出口货物的实物计量单位（重量、数量、面积、容积、长度等）为计税依据征收的关税。

复合关税是指在税则中对同一税目规定从价和从量两种税率，征税国海关可以根据需要，有时以从价为主，有时以从量为主。

选择关税是指在税则中对同一税目规定从价和从量两种税率，征税国海关根据需要，可以选择从价计征也可以选择从量计征的关税。

滑动关税是对货物规定其价格的上、下限，按国外货价涨落情况，分别采用几种高低不同税率的一种关税。当进口货物价格高于上限时，降低税率；低于下限时，提高税率；在幅度以内的，按原定税率征收，其主要目的在于使该商品价格在国内市场上保持稳定。

（四）以对进口货物的输出国的差别待遇为标准，关税可以分为加重关税和优惠关税

加重关税也称为歧视关税，指对某些输出国、生产国的进口货物，因某种原因（如歧视、报复、保护和经济方面的需要等），使用比正常税率高的税率所征收的关税。

优惠关税是指一国对特定的受惠国给予优惠待遇，使用比普通税率低的优惠税率的一类关税。

四、关税的作用

（一）维护国家的主权和经济利益

对进出口货物征收关税，表面上看似乎只是一个与对外贸易相联系的税收问题，实际上一国采取什么样的关税政策直接关系国与国之间的主权和经济利益。关税发展到今天，已成为各国政府维护本国政治、经济权益，乃至进行国际经济斗争的一个重要手段。我国根据平等互利和对等原则，通过关税复式税则的运用等方式，争取国际的关税互惠并反对他国对我国进行关税歧视，促进对外经济贸易往来，扩大对外经济合作。

（二）保护和促进本国工农业生产的发展

一个国家采取什么样的关税政策，实行自由贸易还是采用保护关税政策，是由该国的经济发展水平、产业结构状况、国际贸易收支状况以

及参与国际经济竞争的能力等多种因素决定的。国际上许多经济学家认为，自由贸易政策不适合发展中国家的国情，相反，这些国家为了发展民族经济，实现工业化，必须实行保护关税政策。我国作为发展中国家，一直十分重视利用关税保护本国的“幼稚产业”，促进进口替代工业发展，关税在保护和促进本国工农业生产的发展方面发挥了重要作用。

（三）调节国民经济和对外贸易

关税是国家的重要经济杠杆，通过税率的高低和关税的减免，可以影响进出口规模和结构，调节国民经济活动。例如，调节出口产品和出口产品生产企业的利润水平，有意识地引导各类产品的生产，调节进出口商品数量和结构，以促进国内市场商品的供需平衡，保持国内市场的物价稳定等。

（四）筹集财政资金

关税是国家财政收入的重要组成部分，为国家筹集财政资金是海关的基本职能。从世界大多数国家尤其是发达国家的税制结构分析，关税收入在整个财政收入中的比重不大，并呈下降趋势。但是，在一些发展中国家，特别是那些国内工业不发达、工商税源有限、国民经济主要依赖于某种或某几种初级资源产品出口，以及国内许多消费品主要依赖于进口的国家，征收进出口关税仍然是它们取得财政收入的重要渠道之一。我国关税收入是财政收入的重要组成部分，中华人民共和国成立以来，已通过关税筹集了可观的财政资金。目前，发挥关税在筹集建设资金方面的作用，仍然是我国关税政策的一项重要内容。

第二节　关税的征税对象、纳税人和税率

一、征税对象

根据《关税条例》的规定，关税的征税对象为中华人民共和国准许进出口的货物、进境物品。货物是指贸易性商品；物品则是指非贸易的行李、邮包等，包括入境旅客随身携带的行李和物品、个人邮递物品、各种运输工具上的服务人员携带进口的自用物品、馈赠物品以及以其他

方式进境的个人物品。

二、纳税人

进口货物关税的纳税人为进口我国准许进口货物的收货人或其代理人。从我国境外采购进口的原产于我国境内的货物，也应当缴纳进口关税。

出口货物关税的纳税人为出口我国准许出口的货物的发货人或其代理人。

进出境物品的所有人是关税的纳税义务人。进出口货物的收、发货人是依法取得对外贸易经营权，并进口或者出口货物的法人或者其他社会团体。进出境物品的所有人包括该物品的所有人和推定为所有人的人。一般情况下，对于携带进境的物品，推定其携带人为所有人；对分离运输的行李，推定相应的进出境旅客为所有人；对以邮递方式进境的物品，推定其收件人为所有人；以邮递或其他运输方式出境的物品，推定其寄件人或托运人为所有人。

三、进出口税则

进出口税则是一国政府根据国家关税政策和经济政策，通过一定的立法程序制定、公布实施的进出口货物和物品应税的关税税率表。进出口税则以税率表为主体，通常还包括实施税则的法令、使用税则的有关说明和附录等。《进出口税则》是我国海关凭以征收关税的法律依据，也是我国关税政策的具体体现。我国现行税则包括《进出口关税条例》、《税率适用说明》、《中华人民共和国海关进出口税则》及《进口商品从量税、复合税、滑准税税目税率表》、《进口商品关税配额税目税率表》、《进口商品税则暂定税率表》、《出口商品税则暂定税率表》和《非全税目信息技术产品税率表》等。

经国务院批准，《进出口税则》的税目、税率自2016年1月1日起进行调整，调整后的新版税则税目共计8 199个。

税率表作为税则主体，包括税则商品分类目录和税率栏两大部分。税则商品分类目录是把种类繁多的商品加以综合，按照其不同特点分门别类简化成数量有限的商品类目，分别编号按序排列，称为税则号列，并逐号列出该号中应列入的商品名称。商品分类的原则即归类规则，包括归类总规则和各类、章、目的具体注释。税率栏是按商品分类目录逐项订出的税率栏目。

（一）税则商品分类目录

1.我国历部税则商品分类

我国1951年5月公布实施的进出口税则，是我国第一部真正独立自主制定的税则，将进出口商品按自然属性、用途、加工程度分成17类、89章、939个税号，其商品目录主要参考了旧中国税则、苏联税则和前万国联盟（League of Nations）编制的《日内瓦统一税则目录》（Geneva Nomenclature）等，结构比较简单，归类较为容易。

1985年3月，我国实施了以《海关合作理事会税则商品目录》（Customs Co-Operation Council Nomenclature，简称CCCN）为基础的进出口税则，将进出口商品划分为21类、99章、1 011个税目。CCCN是在《日内瓦统一税则目录》基础上由欧洲海关同盟研究组编制的，到1986年有52个签约国，150多个国家或地区采用了这个目录。

从1992年1月至今，我国实施了以《商品名称及编码协调制度》（Harmonized Commodity Description and Coding System，简称HS）为基础的进出口税则。

2.《商品名称及编码协调制度》

《商品名称及编码协调制度》是一部科学、系统的国际贸易商品分类体系，是国际上多个商品分类目录协调的产物，适合与国际贸易有关的多方面的需要，如海关、统计、贸易、运输、生产等，成为国际贸易商品分类的一种“标准语言”。

HS是《HS公约》的附件，由海关合作理事会（Customs Cooperation Council，简称CCC；1994年1月改名为世界海关组织，World Customs Organization，简称WCO）组织编制。根据公约的规定，缔约方的主要权利之一是缔约方不承担关税税率方面的任何义务，即缔约方对关税税率不加任何限制。缔约方的主要义务是发达国家在公约于本国生效之日起，要保证全部采用HS，发展中国家可先行部分采用，在3～5年内全部采用。《HS公约》于1988年1月1日实施，目前有缔约方200多个，其中主要发达国家都采用了该制度。我国海关自1983年开始研究HS，并参与了对HS的制定工作，1987年将HS译成了中文，并着手对原海关税则目录和海关统计商品目录向HS的转换工作，于1992

年1月1日起正式实施HS，于1992年6月加入《HS公约》。

3.HS及我国现行税则的商品分类

（1）总体结构。HS的总体结构有三部分：一是归类总规则，共六条，规定了分类原则和方法，以保证对HS使用和解释的一致性，使某一具体商品能够始终归入一个唯一编码。二是类（section）、章（chapter）、目（heading）和子目（sub-heading）注释，严格界定了相应的商品范围，阐述专用术语的定义或区分某些商品的技术标准及界限。三是按顺序编排的目与子目编码及条文，采用六位编码，将所有商品分为21类、97章（其中77章是留作备用的空章），章下再分为目和子目。编码前两位数代表“章”，前四位数代表“目”，第五、第六位数代表“子目”。

（2）类。HS中的“类”基本上按社会生产部类分类，将属于同一生产部类的产品归在同一类中，如农业在第一、第二类，化学工业在第六类，纺织工业在第十一类，冶金工业在第十五类，机电制造业在第十六类。具体情况分类如下：

第一类：活动物；动物产品。

第二类：植物产品。

第三类：动、植物油、脂及其分解产品；精制的食用油脂；动、植物蜡。

第四类：食品；饮料、酒及醋；烟草及烟草代用品的制品。

第五类：矿产品。

第六类：化学工业及其相关工业的产品。

第七类：塑料及其制品；橡胶及其制品。

第八类：生皮、皮革、毛皮及其制品；鞍具及挽具；旅行用品、手提包及类似容器；动物肠线（蚕胶丝除外）制品。

第九类：木及木制品；木炭；软木及软木制品；稻草、秸秆、针茅或其他编结材料制品；篮筐及柳条编结品。

第十类：木浆及其他纤维状纤维素浆；回收（废碎）纸或纸板；纸、纸板及其制品。

第十一类：纺织原料及其纺织制品。

第十二类：鞋、帽、伞、杖、鞭及其零件；已加工的羽毛及其制品；人造花；人发制品。

第十三类：石料、石膏、水泥、石棉、云母及类似材料的制品；陶瓷产品；玻璃及其制品。

第十四类：天然或养殖珍珠、宝石或半宝石、贵金属、包贵金属及其制品；仿首饰；硬币。

第十五类：贱金属及其制品。

第十六类：机器、机械器具、电气设备及其零件；录音机及放声机、电视图像、声音的录制和重放设备及其零件、附件。

第十七类：车辆、航空器、船舶及有关运输设备。

第十八类：光学、照相、电影、计量、检验、医疗或外科用仪器及设备、精密仪器及设备；钟表；乐器；上述物品的零件、附件。

第十九类：武器、弹药及零件、附件。

第二十类：杂项制品。

第二十一类：艺术品、收藏品及古物。

第二十二类：特殊交易品及未分类商品。

（3）章。HS中“章”的分类有两种情况。一是按商品原材料的属性分类，相同原料的产品一般归入同一章，在章内按产品加工程度从原料到成品顺序排列，如第52章棉花，按原棉—已梳棉—棉纱—棉布顺序排列。二是按商品的用途或性能分类。制造业的许多产品很难按其原料分类，尤其是可用多种材料制作的产品或由混合材料制成的产品，如鞋、帽、机电仪器产品等小章内再按原料或加工程度顺序排列。HS各章都有一个“其他”子目，起“兜底”作用，使任何国际贸易商品都能在这个分类体系找到适当位置。

（4）目。我国现行税则采用八位编码，前六位等效采用HS编码，第七、第八位为根据我国进出口商品的实际情况，在HS基础上延伸的两位编码，也称增列税目。增列税目的原则主要是，遵循HS分类原则和方法，适应科学技术发展需要，有利于对相关商品实行有区别的关税政策，有利于执行国家重要产业政策，有利于解决商品归类分歧，便于海关统计。一般情况下，增列税目商品应当单独成类，不应是一个具体品牌或单个的商品；应当具有一定的进口量或进口额，不应为某一个部门或企业的特殊需要单列税目；应当有一定的技术先进性和前瞻性，生命周期较短的商品不宜增列；在海关现场要能够与其他商品鉴别。增列税目应重点考虑代表现代科技发展方向，尤其是能够促进环保和节能方面的新产品；国家产业政策重点支持和发展的产品；进口量或进口额较大，但没有单列税目的商品。2019年调整后的税则，进口税则涉及8 549个税目，出口税则涉及102个税目。

（二）税则归类

税则归类就是按照税则的规定，将每项具体进出口商品按其特性在税则中找出其最适合的某一个税号，即“对号入座”，以便确定其适用的税率，计算关税税负。税则归类错误会导致关税的多征或少征，影响关税作用的发挥。因此，税则归类关系关税政策的正确贯彻。税则归类一般按以下步骤进行：

（1）了解需要归类的具体进出口商品的构成、材料属性、成分组成、特性、用途和功能。

（2）查找有关商品在税则中拟归的类、章及税号。对于原材料性质的货品，应首先考虑按其属性归类；对于制成品，应首先考虑按其用途归类。

（3）将考虑采用的类、章及税号进行比较，筛选出最为合适的税号。在比较、筛选时，首先看类、章的注释有无具体描述归类对象或其类似品，已具体描述的，按类、章的规定办理；然后查阅《HS注释》，确切地了解有关类、章及税号范围。

（4）通过以上方法难以确定的税则归类商品，可运用归类总规则的有关条款来确定其税号。例如，进口地海关无法解决的税则归类问题，应报海关总署明确。

四、税率

（一）进口关税税率

进口关税设置最惠国税率、协定税率、特惠税率、普通税率、关税配额税率等税率。对进口货物在一定期限内可以实行暂定税率。

1.进口关税税率适用的一般原则

原产于共同适用最惠国待遇条款的世界贸易组织成员的进口货物、原产于与中华人民共和国签订含有相互给予最惠国待遇条款的双边贸易协定的国家或者地区的进口货物以及原产于中华人民共和国境内的进口货物，适用最惠国税率。

原产于与中华人民共和国签订含有关税优惠条款的区域性贸易协定的国家或者地区的进口货物，适用协定税率。

原产于与中华人民共和国签订含有特殊关税优惠条款的贸易协定的国家或者地区的进口货物，适用特惠税率。

原产于上述所列以外国家或者地区的进口货物，以及原产地不明的进口货物，适用普通税率。

2.进口关税税率适用的特殊原则

适用最惠国税率的进口货物有暂定税率的，应当适用暂定税率；适用协定税率、特惠税率的进口货物有暂定税率的，应当从低适用税率；适用普通税率的进口货物，不适用暂定税率。

按照国家规定实行关税配额管理的进口货物，关税配额内的，适用关税配额税率；关税配额外的，其税率的适用按照《进出口关税条例》第十条、第十一条的规定执行。

按照有关法律、行政法规的规定对进口货物采取反倾销、反补贴、保障措施的，其税率的适用按照《中华人民共和国反倾销条例》、《中华人民共和国反补贴条例》和《中华人民共和国保障措施条例》的有关规定执行。

任何国家或者地区违反与中华人民共和国签订或者共同参加的贸易协定及相关协定，对中华人民共和国在贸易方面采取禁止、限制、加征关税或者其他影响正常贸易的措施的，对原产于该国家或者地区的进口货物可以征收报复性关税，适用报复性关税税率。

征收报复性关税的货物、适用国别、税率、期限和征收办法，由国务院关税税则委员会决定并公布。

（二）出口关税税率

出口关税设置出口税率，对出口货物在一定期限内可以实行暂定税率。适用出口税率的出口货物有暂定税率的，应当适用暂定税率。

（三）进出口货物关税税率适用的时间性规定

（1）进出口货物，应当适用海关接受该货物申报进口或者出口之日实施的税率。

（2）进口货物到达前，经海关核准先行申报的，应当按照装载此货物的运输工具申报进境之日实施的税率征税。

（3）有下列情形之一，需缴纳税款的，应当适用海关接受申报办理纳税手续之日实施的税率：

①保税货物经批准不复运出境的；

②减免税货物经批准转让或者移作他用的；

③暂准进境货物经批准不复运出境，以及暂准出境货物经批准不复运进境的；

④租赁进口货物，分期缴纳税款的。

（4）补征和退还进出口货物关税，应当按照上述1～3项的规定确定适用的税率。

（5）因纳税义务人违反规定需要追征税款的，应当适用该行为发生之日实施的税率；行为发生之日不能确定的，适用海关发现该行为之日实施的税率。

五、进出口货物原产地标准

《中华人民共和国进出口货物原产地条例》（2004年8月18日国务院第61次常务会议通过，2004年9月3日国务院令第416号公布，自2005年1月1日起施行，以下简称《原产地条例》）规定：完全在一个国家（地区）获得的货物，以该国（地区）为原产地；两个以上国家（地区）参与生产的货物，以最后完成实质性改变的国家（地区）为原产地。

（一）完全在一个国家（地区）获得的货物

（1）在该国（地区）出生并饲养的活的动物；

（2）在该国（地区）野外捕捉、捕捞、搜集的动物；

（3）从该国（地区）的活的动物获得的未经加工的物品；

（4）在该国（地区）收获的植物和植物产品；

（5）在该国（地区）采掘的矿物；

（6）在该国（地区）获得的除上述第1～5项范围之外的其他天然生成的物品；

（7）在该国（地区）生产过程中产生的只能弃置或者回收用作材料的废碎料；

（8）在该国（地区）收集的不能修复或者修理的物品，或者从该物品中回收的零件或者材料；

（9）由合法悬挂该国旗帜的船舶从其领海以外海域获得的海洋捕捞物和其他物品；

（10）在合法悬挂该国旗帜的加工船上加工上述第9项所列物品获得的产品；

（11）从该国领海以外享有专有开采权的海床或者海床底土获得的物品；

（12）在该国（地区）完全从上述第1～11项所列物品中生产的产品。

在确定货物是否在一个国家（地区）完全获得时，不考虑下列微小加工或者处理：

（1）为运输、贮存期间保存货物而作的加工或者处理；

（2）为货物便于装卸而作的加工或者处理；

（3）为货物销售而作的包装等加工或者处理。

（二）实质性改变的确定标准

实质性改变的确定标准以税则归类改变为基本标准；税则归类改变不能反映实质性改变的，以从价百分比、制造或者加工工序等为补充标准。具体标准由海关总署会同商务部、国家质量监督检验检疫总局制定。

税则归类改变是指在某一国家（地区）对非该国（地区）原产材料进行制造、加工后，所得货物在《进出口税则》中某一级的税目归类发生了变化。

从价百分比是指在某一国家（地区）对非该国（地区）原产材料进行制造、加工后的增值部分，超过所得货物价值一定的百分比。

制造或者加工工序是指在某一国家（地区）进行的赋予制造、加工后所得货物基本特征的主要工序。

世界贸易组织的《协调非优惠原产地规则》实施前，确定进出口货物原产地实质性改变的具体标准，由海关总署会同商务部、国家质量监督检验检疫总局根据实际情况另行制定。

（三）其他因素

货物生产过程中使用的能源、厂房、设备、机器和工具的原产地，以及未构成货物物质成分或者组成部件的材料的原产地，不影响该货物原产地的确定。

随所装货物进出口的包装、包装材料和容器，在《进出口税则》中与该货物一并归类的，该包装、包装材料和容器的原产地不影响所装货物原产地的确定；对该包装、包装材料和容器的原产地不单独确定，所装货物的原产地即为该包装、包装材料和容器的原产地。随所装货物进出口的包装、包装材料和容器，在《进出口税则》中与该货物不一并归类的，依照本条例的规定确定该包装、包装材料和容器的原产地。

按正常配备的种类和数量随货物进出口的附件、备件、工具和介绍说明性资料，在《进出口税则》中与该货物一并归类的，该附件、备件、工具和介绍说明性资料的原产地不影响该货物原产地的确定；对该附件、备件、工具和介绍说明性资料的原产地不再单独确定，该货物的原产地即为该附件、备件、工具和介绍说明性资料的原产地。随货物进出口的附件、备件、工具和介绍说明性资料在《进出口税则》中虽与该货物一并归类，但超出正常配备的种类和数量的，以及在《进出口税则》中与该货物不一并归类的，依照有关规定确定该附件、备件、工具和介绍说明性资料的原产地。

对货物所进行的任何加工或者处理，是为了规避中华人民共和国关于反倾销、反补贴和保障措施等有关规定的，海关在确定该货物的原产地时可以不考虑。

（四）原产地的申报及确定

进口货物的收货人按照《海关法》及有关规定办理进口货物的海关申报手续时，应当依照本条例规定的原产地确定标准如实申报进口货物的原产地；同一批货物的原产地不同的，应当分别申报原产地。

进口货物进口前，进口货物的收货人或者与进口货物直接相关的其他当事人，在有正当理由的情况下，可以书面申请海关对将要进口的货物的原产地做出预确定决定；申请人应当按照规定向海关提供做出原产地预确定决定所需的资料。

海关应当在收到原产地预确定书面申请及全部必要资料之日起150天内，依照《原产地条例》的规定对该进口货物做出原产地预确定决定，并对外公布。已做出原产地预确定决定的货物，自预确定决定做出之日起3年内实际进口时，经海关审核其实际进口的货物与预确定决定所述货物相符，且《原产地条例》规定的原产地确定标准未发生变化的，海关不再重新确定该进口货物的原产地；经海关审核其实际进口的货物与预确定决定所述货物不相符的，海关应当按照规定重新审核确定该进口货物的原产地。

海关在审核确定进口货物原产地时，可以要求进口货物的收货人提交该进口货物的原产地证书，并予以审验；必要时，可以请求该货物出口国（地区）的有关机构对该货物的原产地进行核查。

根据对外贸易经营者提出的书面申请，海关可以依照《海关法》第四十三条的规定，对将要进口的货物的原产地预先做出确定原产地的行政裁定，并对外公布。

（五）原产地标记管理

国家对原产地标记实施管理。货物或者其包装上标有原产地标记的，其原产地标记所标明的原产地应当与依照《原产地条例》所确定的原产地相一致。

出口货物发货人可以向国家质量监督检验检疫总局所属的各地出入境检验检疫机构、中国国际贸易促进委员会及其地方分会（以下简称签证机构），申请领取出口货物原产地证书。

出口货物发货人申请领取出口货物原产地证书，应当在签证机构办理注册登记手续，按照规定如实申报出口货物的原产地，并向签证机构提供签发出口货物原产地证书所需的资料。

签证机构接受出口货物发货人的申请后，应当按照规定审查确定出口货物的原产地，签发出口货物原产地证书；对不属于原产于中华人民共和国境内的出口货物，应当拒绝签发出口货物原产地证书。

出口货物原产地证书签发管理的具体办法，由国家质量监督检验检疫总局会同国务院其他有关部门、机构另行制定。

应出口货物进口国（地区）有关机构的请求，海关、签证机构可以对出口货物的原产地情况进行核查，并及时将核查情况反馈进口国（地区）有关机构。

用于确定货物原产地的资料和信息，除按有关规定可以提供或者经提供该资料和信息的单位、个人的允许，海关、签证机构应当对该资料和信息予以保密。

（六）违规处理

违反规定申报进口货物原产地的，依照《中华人民共和国对外贸易法》、《海关法》和《海关行政处罚实施条例》的有关规定进行处罚。

提供虚假材料骗取出口货物原产地证书或者伪造、变造、买卖或者盗窃出口货物原产地证书的，由出入境检验检疫机构、海关处5 000元以上10万元以下的罚款；骗取、伪造、变造、买卖或者盗窃作为海关放行凭证的出口货物原产地证书的，处货值金额等值以下的罚款，但货值金额低于5 000元的，处5 000元罚款。有违法所得的，由出入境检验检疫机构、海关没收违法所得。构成犯罪的，依法追究刑事责任。

进口货物的原产地标记与依照《原产地条例》所确定的原产地不一致的，由海关责令改正。出口货物的原产地标记与依照《原产地条例》所确定的原产地不一致的，由海关、出入境检验检疫机构责令改正。

确定进出口货物原产地的工作人员违反本条例规定的程序确定原产地的，或者泄露所知悉的商业秘密的，或者滥用职权、玩忽职守、徇私舞弊的，依法给予行政处分；有违法所得的，没收违法所得；构成犯罪的，依法追究刑事责任。

第三节　关税计税依据和应纳税额的计算

关税的计税依据是进出口货物的关税完税价格。

一、一般进口货物的完税价格

进口货物的完税价格由海关以符合条件的成交价格以及该货物运抵中华人民共和国境内输入地点起卸前的运输及其相关费用、保险费为基础审查确定。

（一）以成交价格为基础的完税价格

进口货物的成交价格，是指卖方向中华人民共和国境内销售该货物时买方为进口该货物向卖方实付、应付的，并按照规定调整后的价款总额，包括直接支付的价款和间接支付的价款。

1.进口货物的成交价格应当符合的条件

（1）对买方处置或者使用该货物不予限制，但法律、行政法规规定实施的限制、对货物转售地域的限制和对货物价格无实质性影响的限制除外；

（2）该货物的成交价格没有因搭售或者其他因素的影响而无法确定；

（3）卖方不得从买方直接或者间接获得因该货物进口后转售、处置或者使用而产生的任何收益，或者虽有收益但能够按照规定进行调整；

（4）买卖双方没有特殊关系，或者虽有特殊关系但未对成交价格产生影响。

2.应当计入完税价格的进口货物的费用

（1）由买方负担的购货佣金以外的佣金和经纪费；

（2）由买方负担的在审查确定完税价格时与该货物视为一体的容器的费用；

（3）由买方负担的包装材料费用和包装劳务费用；

（4）与该货物的生产和向中华人民共和国境内销售有关的，由买方以免费或者以低于成本的方式提供并可以按适当比例分摊的料件、工具、模具、消耗材料及类似货物的价款，以及在境外开发、设计等相关服务的费用；

（5）作为该货物向中华人民共和国境内销售的条件，买方必须支付的、与该货物有关的特许权使用费；

（6）卖方直接或者间接从买方获得的该货物进口后转售、处置或者使用的收益。

3.不计入完税价格的进口时在货物的价款中列明的税收、费用

（1）厂房、机械、设备等货物进口后进行建设、安装、装配、维修和技术服务的费用；

（2）进口货物运抵境内输入地点起卸后的运输及其相关费用、保险费；

（3）进口关税及国内税收。

（二）进口货物海关估定完税价格

进口货物的价格不符合成交价格条件的，或者成交价格不能确定

的，海关经了解有关情况，并与纳税义务人进行价格磋商后，依次以下列价格估定该货物的完税价格：

（1）与该货物同时或者大约同时向中华人民共和国境内销售的相同货物的成交价格。

（2）与该货物同时或者大约同时向中华人民共和国境内销售的类似货物的成交价格。

（3）与该货物进口的同时或者大约同时，将该进口货物、相同或者类似进口货物在第一级销售环节销售给无特殊关系买方最大销售总量的单位价格，但应当扣除下列项目：

①同等级或者同种类货物在中华人民共和国境内第一级销售环节销售时通常的利润和一般费用以及通常支付的佣金；

②进口货物运抵境内输入地点起卸后的运输及其相关费用、保险费；

③进口关税及国内税收。

（4）按照下列各项总和计算的价格：生产该货物所使用的料件成本和加工费用，向中华人民共和国境内销售同等级或者同种类货物通常的利润和一般费用，该货物运抵境内输入地点起卸前的运输及其相关费用、保险费。

（5）以合理方法估定的价格。

二、特殊进口货物的完税价格

对于几种特殊的进口货物，其完税价格的具体规定为：

（1）以租赁方式进口的货物，以海关审查确定的该货物的租金作为完税价格。纳税义务人要求一次性缴纳税款的，纳税义务人可以选择按照进口货物海关估价方法估定完税价格，或者按照海关审查确定的租金总额作为完税价格。

（2）运往境外加工的货物，出境时已向海关报明并在海关规定的期限内复运进境的，应当以境外加工费和料件费以及复运进境的运输及其相关费用和保险费审查确定完税价格。

（3）运往境外修理的机械器具、运输工具或者其他货物，出境时已向海关报明并在海关规定的期限内复运进境的，应当以境外修理费和料件费审查确定完税价格。

三、出口货物的完税价格

（一）以成交价格为基础的完税价格

出口货物的完税价格由海关以该货物向境外销售的成交价格为基础审查确定，并应包括货物运至我国境内输出地点装载前的运输及其相关费用、保险费，但应当扣除其中包含的出口关税税额。

出口货物的成交价格是指该货物出口时卖方为出口该货物应当向买方直接收取和间接收取的价款总额。

（二）出口货物海关估价方法

出口货物的成交价格不能确定时，完税价格由海关依次使用下列方法估定：

（1）同时或大约同时向同一国家或地区出口的相同货物的成交价格；

（2）同时或大约同时向同一国家或地区出口的类似货物的成交价格；

（3）根据境内生产相同或类似货物的成本、利润和一般费用、境内发生的运输及其相关费用、保险费计算所得的价格；

（4）按照合理方法估定的价格。

四、关税应纳税额的计算

关税应纳税额的计算，其关键首先是正确确定进出口货物和物品的完税价格，其次是正确确定适用税率。在完税价格和税率正确确定的情况下，关税应纳税额的计算是很简单的了。

（一）从价计征关税的计算公式

应纳税额＝完税价格×关税税率

（二）从量计征关税的计算公式

应纳税额＝货物数量×单位关税税额

（三）复合计征应纳税额的计算

$$\text{应纳税额}=\text{进（出）口货物数量}\times\text{单位税额}+\text{进（出）口关税完税价格}\times\text{关税比例税率}$$

（四）滑准税应纳税额的计算

应纳税额＝进（出）口关税完税价格×滑准税税率

五、进境物品进口税

进境物品的关税以及进口环节海关代征税合并为进口税，由海关依法征收。由于其中包含在进口环节由海关代征的增值税、消费税，因而也是对个人非贸易性入境物品征收的进口关税和进口工商税收的总称。

（一）进境物品进口税的征税范围

进口物品进口税是海关对入境旅客行李物品和个人邮递物品征收的。

进口物品进口税的课税对象包括入境旅客、运输工具、服务人员携带的应税行李物品、个人邮递物品、馈赠物品以及以其他方式入境的个人物品等项物品，简称进口物品。

海关总署规定数额以内的个人自用进境物品，免征进口税。超过海关总署规定数额但仍在合理数量以内的个人自用进境物品，由进境物品的纳税义务人在进境物品放行前按照规定缴纳进口税。超过合理、自用数量的进境物品应当按照进口货物依法办理相关手续。

（二）进境物品进口税的纳税人

进境物品的纳税义务人是指，携带物品进境的入境人员、进境邮递物品的收件人以及以其他方式进口物品的收件人。进境物品的纳税义务人可以自行办理纳税手续，也可以委托他人办理纳税手续。接受委托的人应当遵守本章对纳税义务人的各项规定。

应税个人自用物品不包括汽车、摩托车及其配件、附件。对进口应税个人自用汽车、摩托车及其配件、附件，以及超过海关规定自用合理数量部分的应税物品应按货物进口程序办理报关验放手续。

（三）进境物品进口税的税目与税率

海关应当按照《进境物品进口税税率表》及海关总署制定的《中华人民共和国进境物品归类表》《中华人民共和国进境物品完税价格表》对进境物品进行归类、确定完税价格和确定适用税率。

（四）进境物品进口税应纳税额的计算

进口税从价计征，进口税的计算公式为：

进口税税额＝完税价格×进口税税率

进境物品适用海关填发税款缴款书之日实施的税率和完税价格。纳税义务人应当在海关放行应税个人自用物品之前缴纳税款。

（五）进境物品进口税税款追征和退税

进口税的减征、免征、补征、追征、退还以及对暂准进境物品征收进口税参照本条例对货物征收进口关税的有关规定执行。

第四节　关税的减免税

关税减免是对某些纳税人和征税对象给予鼓励和照顾的一种特殊调节手段。因此，关税减免是贯彻国家关税政策的一项重要措施。关税减免分为法定减免税、特定减免税和临时减免税。

一、法定减免税

我国《海关法》和《进出口关税条例》明确规定，下列进出口货物，予以减免关税：

（1）关税税额在人民币50元以下的一票货物，可免征关税。自2016年7月13日起，反倾销税、反补贴税、保障措施关税、报复性关税的起征点均为每票货物50元。

（2）无商业价值的广告品和货样，可免征关税。

（3）外国政府、国际组织无偿赠送的物资，可免征关税。

（4）在海关放行前损失的货物。

（5）进出境运输工具装载的途中必需的燃料、物料和饮食用品可予免税。

（6）经海关批准暂时进境或者暂时出境的下列货物，在进境或者出境时纳税义务人向海关缴纳相当于应纳税款的保证金或者提供其他担保的，可以暂不缴纳关税，并应当自进境或者出境之日起6个月内复运出境或者复运进境；经纳税义务人申请，海关可以根据海关总署的规定延长复运出境或者复运进境的期限：①在展览会、交易会、会议及类似活动中展示或者使用的货物；②文化、体育交流活动中使用的表演、比赛用品；③进行新闻报道或者摄制电影、电视节目使用的仪器、设备及用品；④开展科研、教学、医疗活动使用的仪器、设备及用品；⑤在上述四项所列活动中使用的交通工具及特种车辆；⑥货样；⑦供安装、调试、检测设备时使用的仪器、工具；⑧盛装货物的容器；⑨其他用于非商业目的的货物。

（7）在海关放行前遭受损坏的货物，可以根据海关认定的受损程度减征关税。

（8）因品质或者规格原因，出口货物自出口之日起1年内原状复运进境的，不征收进口关税。

（9）因品质或者规格原因，进口货物自进口之日起1年内原状复运出境的，不征收出口关税。

（10）法律规定减征、免征的其他货物。

二、特定减免税

特定减免税也称政策性减免税。在法定减免税之外，国家按照国际通行规则和我国实际情况，制定发布的有关进出口货物减免关税的政策，称为特定减免税或政策性减免税。特定减免税的货物一般有地区、企业和用途的限制，海关需要进行后续管理，也需要进行减免税统计。

（一）科教用品

（1）对境外捐赠人无偿捐赠的直接用于各类职业学校、高中、初中、小学、幼儿园教育的教学仪器、图书、资料和一般学习用品，免征进口关税和进口环节增值税。

（2）对教育部承认学历的大专以上全日制高等院校以及财政部会同国务院有关部门批准的其他学校，不以营利为目的，在合理数量范围内的进口国内不能生产的科学研究和教学用品，直接用于科学研究或教学的，免征进口关税和进口环节增值税、消费税。

（二）残疾人专用品

为支持残疾人的康复工作，国务院制定了《残疾人专用品免征进口税收暂行规定》，对规定的残疾人个人专用品，免征进口关税和进口环节增值税、消费税；对康复、福利机构、假肢厂和荣誉军人康复医院进口国内不能生产的残疾人专用品，免征进口关税和进口环节增值税。

（三）慈善捐赠物资

为促进公益事业的健康发展，经国务院批准，自2016年4月1日起实施的《慈善捐赠物资免征进口税收暂行办法》规定，对境外捐赠人无偿向受赠人捐赠的直接用于慈善事业的物资，免征进口关税和进口环节增值税。

慈善事业是指非营利的慈善救助等社会慈善和福利事业，包括以捐赠财产方式自愿开展的下列慈善活动：①扶贫济困，扶助老幼病残等困难群体；②促进教育、科学、文化、卫生、体育等事业的发展；③防治污染和其他公害，保护和改善环境；④符合社会公共利益的其他慈善活动。

境外捐赠人是指中华人民共和国关境外的自然人、法人或者其他组织。

受赠人是指：①国务院有关部门和各省、自治区、直辖市人民政府；②中国红十字会总会、中华全国妇女联合会、中国残疾人联合会、中华慈善总会、中国初级卫生保健基金会、中国宋庆龄基金会和中国癌症基金会；③经民政部或省级民政部门登记注册且被评定为5A级的以人道救助和发展慈善事业为宗旨的社会团体或基金会。民政部或省级民政部门负责出具证明有关社会团体或基金会符合本办法规定的受赠人条件的文件。

（四）加工贸易产品

1.加工装配和补偿贸易

加工装配即来料加工、来样加工及来件装配，是指由境外客商提供全部或部分原辅料、零配件和包装物料，必要时提供设备，由我方按客商要求进行加工装配，成品交外商销售，我方收取工缴费。客商提供的作价设备价款，我方用工缴费偿还。补偿贸易是指由境外客商提供或国内单位利用国外出口信贷进口生产技术或设备，由我方生产，以返销产品方式分期偿还对方技术、设备价款或贷款本息的交易方式。因有利于较快地提高出口产品生产技术、改善我国产品质量和品种、扩大出口、增加我国外汇收入，国家给予一定的关税优惠：进境料件不予征税，准许在境内保税加工为成品后返销出口；进口外商的不作价设备和作价设备，分别比照外商投资项目和国内投资项目的免税规定执行；剩余料件或增产的产品，经批准转内销时，价值在进口料件总值2%以内，且总价值在3 000元以下的，可予免税。

2.进料加工

经批准有权经营进出口业务的企业使用进料加工专项外汇进口料件，并在一年内加工或装配成品外销出口的业务，称为进料加工业务。其关税优惠为：对专为加工出口商品而进口的料件，海关按实际加工复出口的数量，免征进口税；加工的成品出口，免征出口税，但内销料件及成品照章征税；对加工过程中产生的副产品、次品、边角料，海关根据其使用价值分析估价征税或者酌情减免税；剩余料件或增产的产品，经批准转内销时，价值在进口料件总值2%以内，且总价值在5 000元以下的，可予免税。

（五）边境贸易进口物资

为了鼓励我国边境地区积极发展与我国毗邻国家间的边境贸易与经济合作，国家制定了有关扶持、鼓励边境贸易和边境地区发展对外经济合作的政策措施。边境贸易有边民互市贸易和边境小额贸易两种形式。边民互市贸易指边境地区边民在边境线20千米以内、经政府批准的开放点或指定的集市上进行的商品交换活动。边民通过互市贸易进口的商品，每人每日价值在3 000元以下的，免征进口关税和进口环节增值税。边境小额贸易是指沿陆地边境线经国家批准对外开放的边境县（旗）、边境城市辖区内经批准有边境小额贸易经营权的企业，通过国家指定的陆地边境口岸，与毗邻国家边境地区的企业或其他贸易机构之间进行的贸易活动。边境小额贸易企业通过指定边境口岸进口原产于毗邻国家的商品，除烟、酒、高档化妆品及国家规定必须照章征税的其他商品外，进口关税和进口环节增值税减半征收。

（六）保税区进出口货物

为了创造完善的投资、运营环境，开展为出口贸易服务的加工整理、包装、运输、仓储、商品展出和转口贸易，国家在境内设立了保税区，即与外界隔离的全封闭方式，在海关监控管理下进行存放和加工保税货物的特定区域。保税区的主要关税优惠政策有：进口供保税区使用的机器、设备、基建物资、生产用车辆，为加工出口产品进口的原材料、零部件、元器件、包装物料，供储存的转口货物以及在保税区内加工运输出境的产品免征进口关税和进口环节增值税；保税区内企业进口专为生产加工出口产品所需的原材料、零部件、包装物料，以及转口货物予以保税；从保税区运往境外的货物，一般免征出口关税。

（七）出口加工区进出口货物

为加强与完善加工贸易管理，严格控制加工贸易产品内销，保护国内相关产业，并为出口加工企业提供更宽松的经营环境，带动国产原材料、零配件的出口，国家设立了出口加工区。出口加工区的主要关税优惠政策有：从境外进入区内生产性的基础设施建设项目所需的机器、设备和建设生产厂房、仓储设施所需的基建物资，区内企业生产所需的机器、设备、模具及其维修用零配件，区内企业和行政管理机构自用合理数量的办公用品，予以免征进口关税和进口环节增值税；区内企业为加工出口产品所需的原材料、零部件、元器件、包装物料及消耗性材料，予以保税；对加工区运往区外的货物，海关按照对进口货物的有关规定办理报关手续，并按照制成品征税；对从区外进入加工区的货物视同出口，可按规定办理出口退税。

（八）进口设备

为进一步扩大利用外资，引进国外先进技术和设备，促进产业结构的调整和技术进步，保持国民经济持续、快速、健康发展，国务院决定自1998年1月1日起，对国家鼓励发展的国内投资项目和外商投资项目进口设备，在规定范围内免征进口关税和进口环节增值税。具体规定为：对符合《外商投资产业指导目录》鼓励类和限制乙类，并转让技术的外商投资项目，在投资总额内进口的自用设备，以及外国政府贷款和国际金融组织贷款项目进口的自用设备、加工贸易外商提供的不作价进口设备，除《外商投资项目不予免税的进口商品目录》所列商品外，免征进口关税和进口环节增值税；对符合《当前国家重点鼓励发展的产业、产品和技术目录》的国内投资项目，在投资总额内进口的自用设备，除《国内投资项目不予免税的进口商品目录》所列商品外，免征进口关税和进口环节增值税；对符合上述规定的项目，按照合同随设备进口的技术及配套件、备件，也免征进口关税和进口环节增值税。

（九）特定行业或用途的减免税政策

为鼓励、支持部分行业或特定产品的发展，国家制定了部分特定行业或用途的减免税政策，这类政策一般对可减免税的商品列有具体清单。如为支持我国海洋和陆上特定地区石油、天然气开采作业，对相关项目进口国内不能生产或性能不能满足要求的，直接用于开采作业的设备、仪器、零附件、专用工具，免征进口关税和进口环节增值税等。

三、临时减免税

临时减免税是指以上法定和特定减免税以外的其他减免税，即由国务院根据《海关法》对某个单位、某类商品、某个项目或某批进出口货物的特殊情况，给予特别照顾，一案一批，专文下达的减免税。一般有单位、品种、期限、金额或数量等限制，不能比照执行。

第五节　关税的申报缴纳

一、申报制度

申报制度的具体内容包括以下7项：

（1）进口货物的纳税义务人应当自运输工具申报进境之日起14日内，出口货物的纳税义务人除海关特准的外，应当在货物运抵海关监管区后、装货的24小时以前，向货物的进出境地海关申报。进出口货物转关运输的，按照海关总署的规定执行。

进口货物到达前，纳税义务人经海关核准可以先行申报。具体办法由海关总署另行规定。

（2）纳税义务人应当依法如实向海关申报，并按照海关的规定提供有关确定完税价格、进行商品归类、确定原产地以及采取反倾销、反补贴或者保障措施等所需的资料；必要时，海关可以要求纳税义务人补充申报。

（3）纳税义务人应当按照《进出口税则》规定的目录条文和归类总规则、类注、章注、子目注释以及其他归类注释，对其申报的进出口货物进行商品归类，并归入相应的税则号列；海关应当依法审核确定该货物的商品归类。

（4）海关可以要求纳税义务人提供确定商品归类所需的有关资料；必要时，海关可以组织化验、检验，并将海关认定的化验、检验结果作为商品归类的依据。

（5）海关为审查申报价格的真实性和准确性，可以查阅、复制与进出口货物有关的合同、发票、账册、结付汇凭证、单据、业务函电、录音录像制品和其他反映买卖双方关系及交易活动的资料。海关对纳税义务人申报的价格有怀疑并且所涉关税数额较大的，经直属海关关长或者其授权的隶属海关关长批准，凭海关总署统一格式的协助查询账户通知书及有关工作人员的工作证件，可以查询纳税义务人在银行或者其他金融机构开立的单位账户的资金往来情况，并向银行业监督管理机构通报有关情况。

（6）海关对纳税义务人申报的价格有怀疑的，应当将怀疑的理由书面告知纳税义务人，要求其在规定的期限内书面做出说明、提供有关资料。

纳税义务人在规定的期限内未作说明、未提供有关资料的，或者海关仍有理由怀疑申报价格的真实性和准确性的，海关可以不接受纳税义务人申报的价格，并按照《进出口关税条例》第三章的规定估定完税价格，即按照本教材本章第四节的规定估定完税价格。

（7）海关审查确定进出口货物的完税价格后，纳税义务人可以以书面形式要求海关就如何确定其进出口货物的完税价格做出书面说明，海关应当向纳税义务人做出书面说明。

二、纳税期限

关税是在货物实际进出境时即在纳税人按进出口货物通关规定向海关申报后，海关放行前一次性缴纳。

纳税义务人应当自海关填发税款缴款书之日起15日内向指定银行缴纳税款。逾期缴纳税款的，海关应当自缴款期限届满之日起至缴清税款之日止，按日加收滞纳税款万分之五的滞纳金。纳税义务人应当自海关填发滞纳金缴款书之日起15日内向指定银行缴纳滞纳金。滞纳金缴款书的格式与税款缴款书相同。海关征收关税、滞纳金等，应当制发缴款凭证。缴款期限届满日遇星期六、星期日等休息日或者法定节假日的，应当顺延至休息日或者法定节假日之后的第一个工作日。国务院临时调整休息日与工作日的，海关应当按照调整后的情况计算缴款期限。关税、进口环节海关代征税、滞纳金等，应当按人民币计征，采用四舍五入法计算至分。滞纳金的起征点为50元。

三、汇总征税模式

2015年7月27日起，海关总署面向全国海关推广汇总征税业务。在该业务模式下，海关对符合条件的进出口纳税义务人在一定时期内多次进出口货物应纳税款实施汇总征税。这是海关总署深化税收征管改革、提高贸易便利化、促进外贸稳增长的又一创新之举。

适用“汇总征税”政策的企业应是进出口报关单上的经营单位；满

足海关税费电子支付系统用户；企业类别为一般认证及以上；上一自然年的月均纳税次数不低于4次；企业申报符合规范要求，遵守海关税收征管法律法规，纳税及时，为海关征税提供必要的信息。这里需要注意的有两点：一是申请开通汇总征税的企业必须是报关单上的经营单位；二是企业类别为一般信用企业及以上，并满足其他几项条件的经营单位即可向海关申请汇总征税。

同时，在以下四种情况下，海关有权取消企业汇总征税资格：一是企业违反海关《汇总征税操作规程》列明的有关管理规定；二是企业在一个自然年度内两次以上未按照规定及时缴纳税款；三是在对企业汇总征税报关单复审复核中，发现其存在涉税问题，且涉税金额较大或存在重大征管问题；四是海关发现企业存在较大税收风险。

与以往相比，汇总征税模式改变了海关传统的税收征管模式，即在有效监管的前提下，由原来的“逐票审核、先税后放”变为现行的“先放后税，汇总缴税”。在传统缴税模式下，每一票进口货物都需要在规定时间内依次分别向海关缴纳税款。对于进口业务量大、征缴税款多的企业来说，缴纳税款业务占用公司的流动资金量非常大。而在汇总征税模式下，企业可申请使用一定额度的保函金额，当其每月以汇总征税方式向海关申报的税款总金额在保函可用额度内时，该企业即可每月结算并统一向海关支付税款。这不仅能够大幅缩短企业通关时间，提高通关效率，更有效缩减了进出口企业资金压力，降低通关成本。

同时，汇总征税模式还在三方面有着创新。一是属地管理，简化手续。企业就近向属地直属海关的关税职能部门提出申请，手续简化、便捷办理。海关评估通过后，企业即可在全国口岸海关汇总征税。二是一份保函，全国通用。企业向属地直属海关提交保证金或者银行保函备案，即可在申请的多个直属海关范围内通用，体现通关一体化改革目标，手续简便、高效，扩展了担保资金的适用区域，提高保函使用效率。三是担保额度循环使用。汇总征税作业系统可实现担保额度的智能化管理，根据企业税款缴纳情况循环使用。企业进口申报时，总担保账户自动扣减应缴税额；缴税后，担保额度自动恢复。企业无须重复办理海关担保手续，担保资金使用效率成倍提高，运营成本降低。

四、缓征和退还

（一）缓征

纳税义务人因不可抗力或者在国家税收政策调整的情形下，不能按期缴纳税款的，经海关总署批准，可以延期缴纳税款，但是最长不得超过6个月。

（二）退还

海关发现多征税款的，应当立即通知纳税义务人办理退还手续。

纳税义务人发现多缴税款的，自缴纳税款之日起1年内，可以以书面形式要求海关退还多缴的税款并加算银行同期活期存款利息；海关应当自受理退税申请之日起30日内查实并通知纳税义务人办理退还手续。纳税义务人应当自收到通知之日起3个月内办理有关退税手续。

有下列情形之一的，纳税义务人自缴纳税款之日起1年内，可以申请退还关税，并应当以书面形式向海关说明理由，提供原缴款凭证及相关资料：

（1）已征进口关税的货物，因品质或者规格原因，原状退货复运出境的；

（2）已征出口关税的货物，因品质或者规格原因，原状退货复运进境，并已重新缴纳因出口而退还的国内环节有关税收的；

（3）已征出口关税的货物，因故未装运出口，申报退关的。

五、补征和追征

有关补征和追征的具体规定为：

（1）进出口货物的纳税义务人在规定的纳税期限内有明显的转移、藏匿其应税货物以及其他财产迹象的，海关可以责令纳税义务人提供担保；纳税义务人不能提供担保的，海关可以按照《海关法》第六十一条的规定采取税收保全措施。

（2）纳税义务人、担保人自缴纳税款期限届满之日起超过3个月仍未缴纳税款的，海关可以按照《海关法》第六十条的规定采取强制措施。

（3）进出口货物放行后，海关发现少征或者漏征税款的，应当自缴纳税款或者货物放行之日起1年内，向纳税义务人补征税款。因纳税义务人违反规定造成少征或者漏征税款的，海关可以自缴纳税款或者货物放行之日起3年内追征税款，并从缴纳税款或者货物放行之日起按日加收少征或者漏征税款万分之五的滞纳金。

(4) 需由海关监管使用的减免税进口货物，在监管年限内转让或者移作他用需要补税的，海关应当根据该货物进口时间折旧估价，补征进口关税。

课后练习

一、思考题

1.进出口货物原产地如何判断?

2.进出口货物完税价格如何确定?

二、分析应用题

1.某企业采取进料加工方式，进口原材料国外成交价200万元，发生运费2万元，保险费0.8万元，70%加工出口，30%加工内销，售价100万元。原材料的进口关税税率为10%，计算该业务应纳关税税额。

2.某企业把一项设备运往境外修理复运进境，设备价120万元，发生修理费10万元，材料费12万元，运输费2万元，保险费0.8万元。该项设备的进口关税税率为15%，计算该业务应纳关税税额。

第六章

企业所得税

学习目标

企业所得税是我国的主体税种之一，在企业的税收活动中占有相当重要的地位，是企业会计活动涉及较多的税种。作为我国税法体系中的重点税种，企业所得税的税收制度比较复杂，掌握政策的难度大，财务会计专门知识要求比较高，尤其是在企业收入的确认、成本费用的税前扣除、资产的税务处理以及年终所得税汇算清缴等环节，必须要注意税法与会计的差异。通过本章的学习，要求同学们在熟悉企业所得税征收制度基本内容的基础上，能够熟练掌握企业所得税纳税调整以及应纳税额计算的基本步骤和方法，掌握企业所得税纳税申报的基本流程。

第一节　企业所得税概述

一、企业所得税的概念

企业所得税是对我国境内的企业和其他取得收入的组织的生产、经营所得和其他所得征收的一种税。它是国家参与企业纯收入分配，规范国家与企业分配关系的重要手段。

所得税制度1799年始于英国。在18世纪末以前，英国实行的是以消费税为主体的间接税制度，税收占财政收入的比重不大。18世纪末期，英法战争爆发，英国政府急需大笔经费来维持战争，仅靠消费税等筹集战争经费已缓不济急，于是英国首相W.皮特在1798年创设了一种新税——“三部合成捐”，即为所得税雏形。但由于办法欠周，漏税甚多，翌年就废除而采用新的所得税，从而奠定了英国所得税的基础。18世纪末19世纪初，日本、美国、加拿大等国也先后开征了具有公司所得税性质的税收。但在这之后的20多年时间里，公司所得税并没有引起世界各国的广泛关注，直到第二次世界大战前后，各国才开始重视公司所得税问题，并先后开征了独立的公司所得税。目前，企业（公司）所得税已经成为世界各国普遍开征的一种税。所得税制经历了100多年时间后，得到普遍推行，并成为举足轻重的税种，虽有其深刻的政治、经济原因，但更主要的是其适应性强，征收合理，计算方便。它不仅能适应国家筹集资金的需要，还能适应不同行业、不同经营方式以及多种经济结构形式的发展以及经济全球化的需要。因此，所得税制度是有发展前途的税收制度。

我国所得税制度的创建受欧美国家和日本的影响，始于20世纪初。清末宣统年间（大约为1910年），曾经起草过《所得税章程》，其中既包括对企业所得征税的内容，也包括对个人所得征税的内容，但是未能公布施行。1936年7月21日，国民政府公布了《所得税暂行条例》，按照不同的征税项目，分别自同年10月1日和次年1月1日起开征。至此，中国历史上第一次开征了所得税。1943年，国民政府公布了《所得税法》，这是中国历史上第一部所得税法。

中华人民共和国成立后，1950年政务院公布了《工商业税暂行条例》，规定对私营企业、集体企业和个体工商户的生产、经营所得征收工商所得税，不包括国营企业。1958年，随着我国对资本主义工商业的社会主义改造基本完成，私营企业、城乡个体工商户已不存在，因此，我国对工商税制进行了重大改革，所得税成为一个独立的税种，称为“工商所得税”，规定凡是从事工商业经营活动，有利润所得的经济单位和个人都要缴纳工商所得税，但实际上主要是对集体企业征收，国营企业上缴利润，不缴纳所得税。从20世纪70年代末起，我国开始改革开放，税制建设进入了一个新的发展时期，税收收入逐步成为政府财政收入最主要的来源，同时税收成为国家宏观经济调控的重要手段。从20世纪80年代至今的40多年时间里，我国的企业所得税制度有了很大的发展，大体可以分为三个阶段：

第一个阶段是20世纪80年代初期。在这一时期的税制改革中，建立了涉外企业所得税制度。1980年9月10日，第五届全国人民代表大会第三次会议通过了《中华人民共和国中外合资经营企业所得税法》，并于同日公布施行，这是中华人民共和国成立以后制定的第一部企业所得税法。1981年12月13日，第五届全国人民代表大会第四次会议通过了《中华人民共和国外国企业所得税法》，自1982年1月1日起施行。涉外所得税制度作为对外开放的一项重要措施先行出台，标志着我国所得税制度改革开始起步。

第二个阶段是20世纪80年代中期至80年代后期。在这一时期的税制改革中，企业所得税制度改革全面展开。1984年9月18日，国务院发布了《中华人民共和国国营企业所得税条例（草案）》和《国营企业调节税征收办法》，自同年10月1日起施行。1985年4月，为了适应集体企业的发展状况和经济体制改革的要求，国务院发布了《中华人民共和国集体企业所得税暂行条例》，对全国城乡集体企业取得的生产经营所得和其他所得，统一征收集体企业所得税。1988年6月，为了加强对私营企业的生产经营和收入分配的监督、管理，国务院颁布了《中华人民共和国私营企业所得税暂行条例》，开始征收私营企业所得税。国营企业所得税制度的出台，标志着我国所得税制度改革全面展开。

第三个阶段是20世纪90年代初期至今。在这一时期的税制改革中，企业所得税制度的改革适应了我国改革开放深入发展的大趋势，体现了统一税法、简化税制、公平税负、促进竞争的原则。在具体实施步骤上，企业所得税的改革分为三步走，先分别完成外资企业所得税的统一和内资企业所得税的统一，最终完成外资企业所得税与内资企业所得税的统一。1991年4月9日，第七届全国人民代表大会第四次会议将《中华人民共和国中外合资经营企业所得税法》与《中华人民共和国外国企业所得税法》合并，制定了《中华人民共和国外商投资企业和外国企业所得税法》，自同年7月1日起施行。1993年12月13日，国务院将国营企业所得税、国营企业调节税、集体企业所得税和私营企业所得税合并，制定了《中华人民共和国企业所得税暂行条例》，自1994年1月1日起施行。2007年3月16日，第十届全国人民代表大会第五次全体会议通过了《中华人民共和国企业所得税法》（以下简称《企业所得税法》），同年11月28日，国务院第197次常务会议通过了《中华人民共和国企业所得税法实施条例》（以下简称《企业所得税法实施条例》），并于2008年1月1日起正式实施。《企业所得税法》的颁布实施成为我国企业所得税发展史上的一个新的、具有伟大历史意义的里程碑，标志着我国的所得税制度改革向着法治化、科学化、规范化、合理化的方向迈出了重要的步伐。

二、企业所得税的特点

与我国的其他税种相比，企业所得税具有以下特点：

（一）征税范围广

我国于20世纪50年代至80年代中期实行的工商所得税，其征税范围主要是非国有的集体所有制企业及其他企业；20世纪80年代中后期按所有制成分分别设置税种，各税种的征税范围只限于相应的经济成分的企业；现行企业所得税的征税范围包括了我国境内所有的不同经济性质和类别的企业以及有经营所得的其他组织来源于中国境内或境外的所得。

（二）税负公平

现行企业所得税不区分所有制形式，不区分地区、行业和层次，均实行统一的比例税率，突出简便原则和中性原则，是能够较好体现公平税负和税收中性的一个良性税种。

（三）税基约束力强

企业所得税的税基是应纳税所得额，即纳税人每一纳税年度的收入总额减去不征税收入、免税收入、法定扣除项目和以前年度亏损后的余额。为了保护税基，《企业所得税法》明确了收入总额、不征税收入、免税收入和扣除项目金额的确定以及资产的税务处理等内容，使得应纳税所得额的计算相对独立于企业的会计核算，体现了税法的强制性与统一性。

（四）纳税人与负税人一致

企业所得税属于直接税，税负一般不易转嫁，而是由纳税人自己负担。因此，企业所得税在调节收入分配、调节经济等方面具有较明显的作用。

（五）税收收入及时、均衡

因为企业所得税是按企业一定期间的纯收益或者净所得来征税，所以在计税时间上一般以一个纳税年度为准，我国采用公历年度标准计征企业所得税。为了保证税款入库的均衡性，企业所得税实行按年计征、分期预缴的管理办法，即要求企业分月或者分季度预缴、年终汇算清缴、多退少补。

三、企业所得税的作用

《企业所得税法》的实施是我国所得税制的一次重大改革。统一后的《企业所得税法》在保留原内资、外资企业所得税法合理内核的基础上，剔除了与经济发展和体制改革不相适应的因素，总结了20年左右我国所得税立法与执法的经验教训，并进一步向国际惯例靠拢，对我国社会主义市场经济的建立和发展，影响积极而深远。

（一）促进企业改善经营管理活动，提升企业的盈利能力

由于企业所得税只对企业所得征税，往往采用比例税率，因此对大多数企业来说承担相同的税负水平。相对于累进税率，采用比例税率的企业所得税更有利于促使企业改善经营管理，努力降低成本，提高盈利能力和水平。

（二）调节产业结构，促进经济发展

所得税的调节作用在于公平税负、量能负担。虽然世界各国的法人所得税往往采用比例税率的形式，在一定程度上削弱了所得税的调控功能，但在税制设计中，世界各国通过各项税收优惠的实施，发挥政府在对纳税人投资、产业结构调整、环境治理等方面的调控作用。

（三）为国家建设筹集财政资金

税收的首要职能就是筹集财政资金。随着我国收入向企业和居民分配的倾斜，随着经济的发展和企业盈利水平的提高，企业所得税占全部税收收入的比重越来越高，成为我国税制的主体税种之一。

第二节 企业所得税的征税对象、纳税人和税率

一、征税对象

企业所得税的征税对象，是指企业的生产经营所得、其他所得和清算所得。其中，生产、经营所得是指销售货物、提供劳务取得的所得；其他所得包括转让财产所得、股息红利等权益性投资所得、利息所得、租金所得、特许权使用费所得、接受捐赠所得和其他所得；清算所得是指企业的全部资产可变现价值或者交易价格减除资产净值、清算费用以及相关税费等后的余额。

二、纳税人

企业所得税的纳税义务人，是指在中华人民共和国境内的企业和其他取得收入的组织，具体包括国有企业、集体企业、私营企业、联营企业、股份制企业、中外合资经营企业、中外合作经营企业、外国企业、外资企业、事业单位、社会团体、民办非企业单位和从事经营活动的其他组织，但不包括个人独资企业和合伙企业。

（一）纳税人的分类

《企业所得税法》对纳税人的身份认定，采用规范的“居民企业”和“非居民企业”标准，并按照国际上通行的做法，以企业登记注册地和企业实际管理机构所在地为具体判断规则。其中，实际管理机构，是指对企业的生产经营、人员、账务、财产等实施实质性全面管理和控制的机构。

1.居民企业

居民企业，是指依法在中国境内成立，或者依照外国（地区）法律成立但实际管理机构在中国境内的企业。

2.非居民企业

非居民企业，是指依照外国（地区）法律成立且实际管理机构不在中国境内，但在中国境内设立机构、场所的，或者在中国境内未设立机构、场所，但有来源于中国境内所得的企业。所称机构、场所，是指在中国境内从事生产经营活动的机构、场所，具体包括：

（1）管理机构、营业机构、办事机构；

（2）工厂、农场、开采自然资源的场所；

（3）提供劳务的场所；

（4）从事建筑、安装、装配、修理、勘探等工程作业的场所；

（5）其他从事生产经营活动的机构、场所。

非居民企业委托营业代理人在中国境内从事生产经营活动的，包括委托单位或者个人经常代其签订合同，或者储存、交付货物等，该营业代理人视为非居民企业在中国境内设立的机构、场所。

（二）纳税义务

纳税义务与税收管辖权密切相关。税收管辖权是一国政府在税收管理方面的主权，是国家主权的重要组成部分。为了有效地行使税收管辖权，最大限度地维护我国的税收利益，《企业所得税法》根据国际通行做法，采用地域管辖权和居民管辖权相结合的双重管辖权标准，对居民企业和非居民企业分别确定了不同的纳税义务。

1.居民企业的纳税义务

居民企业承担全面的纳税义务，应就其来源于我国境内、境外的全部所得纳税。所得包括销售货物所得、提供劳务所得、转让财产所得、股息红利等权益性投资所得、利息所得、租金所得、特许权使用费所得、接受捐赠所得和其他所得。

2.非居民企业的纳税义务

非居民企业承担有限纳税义务，一般只就来源于我国境内的所得纳税。具体地，非居民企业在中国境内设立机构、场所的，应当就其所设机构、场所取得的来源于中国境内的所得，以及发生在中国境外但与其所设机构、场所有实际联系的所得，缴纳企业所得税；非居民企业在中国境内未设立机构、场所的，或者虽设立机构、场所但取得的所得与其所设机构、场所没有实际联系的，应当就其来源于中国境内的所得缴纳企业所得税。

上述所称实际联系，是指非居民企业在中国境内设立的机构、场所拥有的据以取得所得的股权、债权，以及拥有、管理、控制据以取得所得的财产。

（三）所得来源的确定

对于所得来源，按不同类别进行确定：

（1）销售货物所得，按照交易活动发生地确定。

（2）提供劳务所得，按照劳务发生地确定。

（3）转让财产所得：①不动产转让所得按照不动产所在地确定；②动产转让所得按照转让动产的企业或者机构、场所所在地确定；③权益性投资资产转让所得按照被投资企业所在地确定。

（4）股息、红利等权益性投资所得，按照分配所得的企业所在地确定。

（5）利息所得、租金所得、特许权使用费所得，按照负担、支付所得的企业或者机构、场所所在地确定，或者按照负担、支付所得的个人的住所地确定。

（6）其他所得，由国务院财政、税务主管部门确定。

三、税率

我国企业所得税实行比例税率，具体规定是：

（1）基本税率25%，适用于居民企业和在中国境内设有机构、场所且所得与机构、场所有关联的非居民企业。企业所得税基本税率设定为25%，主要是考虑企业税负水平、财政承受能力以及周边国家的税率水平等因素。有关资料介绍，世界上近160个实行企业所得税的国家（地区）的平均税率为28.6%，我国周边18个国家（地区）的平均税率为26.7%。我国现行企业所得税税率处于中等偏下水平。

（2）预提所得税税率20%，适用于在中国境内未设立机构、场所的，或者虽设立机构、场所但取得的所得与其所设机构、场所没有实际联系的非居民企业。实际征税时，可享受减按10%的税率计征企业所得税的优惠。

（3）优惠税率20%和15%。符合条件的小型微利企业适用20%的优惠税率，符合条件的高新技术企业适用15%的优惠税率。

第三节　企业所得税计税依据的确定

企业所得税以应纳税所得额为计税依据。企业每一个纳税年度的收入总额，减除不征税收入、免税收入、各项扣除以及允许弥补的以前年度亏损后的余额为应纳税所得额。其计算公式为：

$$\text{应纳税所得额}=\text{收入总额}-\text{不征税收入}-\text{免税收入}-\text{各项扣除}-\text{允许弥补的以前年度亏损}$$

应纳税所得额是依据税法规定计算的，它与企业会计利润是两个不同的概念，二者既相互联系又相互区别。《企业所得税法》明确规定，在计算应纳税所得额时，企业财务、会计处理办法与税收法律、行政法规的规定不一致的，应当依照税收法律、行政法规的规定计算。因此，对企业按照有关财务会计制度规定计算的利润总额，还要按照税法的规定进行必要调整后，才能作为应纳税所得额计算缴纳企业所得税。

企业应纳税所得额的计算以权责发生制为原则，属于当期的收入和费用，不论款项是否收付，均作为当期的收入和费用；不属于当期的收入和费用，即使款项已经在当期收付，均不作为当期的收入和费用。

企业不能提供完整、准确的收入、支出凭证，不能正确申报应纳税所得额的，主管税务机关可以采取成本加合理利润、费用换算以及其他合理方法核定其应纳税所得额。

一、收入总额

企业的收入总额包括以货币形式和非货币形式从各种来源取得的收入，具体包括：销售货物收入、提供劳务收入、转让财产收入、股息和红利等权益性投资收益，以及利息收入、租金收入、特许权使用费收入、接受捐赠收入、其他收入。

企业以货币形式取得的收入，包括现金、存款、应收账款、应收票据、准备持有至到期的债券投资以及债务的豁免等；以非货币形式取得的收入，包括固定资产、生物资产、无形资产、股权投资、存货、不准备持有至到期的债券投资、劳务以及有关权益等。

取得货币形式收入的，按照取得的实际金额确认收入额；取得非货币形式收入的，应当按照公允价值确认收入额。《企业所得税法》所确认的公允价值是指按照市场价格确定的价值。

（一）一般收入的确认

1.销售货物收入

销售货物收入是指企业销售商品、产品、原材料、包装物以及其他存货取得的收入。

（1）收入时间的确认。

企业销售商品同时满足下列条件的，应确认收入的实现：

①商品销售合同已签订，企业已将商品所有权相关的主要风险和报酬转移给购货方。

②企业对已售出的商品既没有保留通常与所有权相联系的继续管理权，也没有实施有效控制。

③收入的金额能够可靠地计量。

④已发生或将发生的销售方的成本能够可靠地核算。

符合上款收入确认条件，采取下列商品销售方式的，应按以下规定确认收入实现时间：

①销售商品采用托收承付方式的，在办妥托收手续时确认收入。

②销售商品采取预收款方式的，在发出商品时确认收入。

③销售商品需要安装和检验的，在购买方接受商品以及安装和检验完毕时确认收入。如果安装程序比较简单，可在发出商品时确认收入。

④销售商品采用支付手续费方式委托代销的，在收到代销清单时确认收入。

（2）收入金额的确认。

①企业应当按照从购货方已收或应收的合同或协议价款确定销售货物收入金额。

②销售货物涉及现金折扣的，应按照扣除现金折扣前的金额确定销售货物收入金额，现金折扣在实际发生时计入当期损益。

③销售货物涉及商业折扣的，应按照扣除商业折扣后的金额确定销售货物收入金额。

④采用售后回购方式销售货物的，销售的货物按售价确认收入，回购的货物作为购进货物处理。有证据表明不符合销售收入确认条件的，

如以销售货物方式进行融资，收到的款项应确认为负债，回购价格大于原售价的，差额应在回购期间确认为利息费用。

⑤企业已经确认销售货物收入的售出货物发生销售折让和销售退回的，应当在发生时冲减当期销售货物收入。

2.提供劳务收入

提供劳务收入是指企业从事建筑安装、修理修配、交通运输、仓储租赁、金融保险、邮电通信、咨询经纪、文化体育、科学研究、技术服务、教育培训、餐饮住宿、中介代理、卫生保健、社区服务、旅游、娱乐、加工以及其他劳务服务活动取得的收入。

企业在各个纳税期末，提供劳务交易的结果能够可靠估计的，应采用完工进度（完工百分比）法确认提供劳务收入。

（1）收入时间的确认。

提供劳务交易的结果能够可靠估计，是指同时满足下列条件：

①收入的金额能够可靠地计量。

②交易的完工进度能够可靠地确定。

③交易中已发生和将发生的成本能够可靠地核算。

企业提供劳务完工进度的确定，可选用下列方法：

①已完工作的测量。

②已提供劳务占劳务总量的比例。

③发生成本占总成本的比例。

（2）收入金额的确认。

企业应按照从接受劳务方已收或应收的合同或协议价款确定劳务收入总额，根据纳税期末提供劳务收入总额乘以完工进度扣除以前纳税年度累计已确认提供劳务收入后的金额，确认为当期劳务收入；同时，按照提供劳务估计总成本乘以完工进度扣除以前纳税期间累计已确认劳务成本后的金额，结转为当期劳务成本。

3.转让财产收入

转让财产收入是指企业转让固定资产、生物资产、无形资产、股权、债权等财产取得的收入。

（1）收入时间的确认。

企业转让财产同时满足以下条件时，应当确认转让财产收入：

①企业获得已实现经济利益或潜在的经济利益的控制权。

②与交易相关的经济利益能够流入企业。

③相关的收入和成本能够合理地计量。

（2）收入金额的确认。

企业应当按照从财产受让方已收或应收的合同或协议价款确定转让财产收入金额。

4.股息、红利等权益性投资收益

股息、红利等权益性投资收益是指企业因权益性投资从被投资方取得的收入。

（1）收入时间的确认。

股息、红利等权益性投资收益，除国务院财政、税务主管部门另有规定外，应当按照被投资企业做出利润分配决定的日期确认收入实现，而不论企业是否实际收到股息、红利等收益款项。

（2）收入金额的确认。

企业应当按照从被投资企业分配的股息、红利和其他利润分配收益全额确认收入；企业如用其他方式变相进行利润分配的，应将权益性投资的全部收益款项作为股息、红利收益。

5.利息收入

利息收入是指企业将资金提供给他人使用但不构成权益性投资，或者因他人占用本企业资金取得的收入，包括存款利息、贷款利息、债券利息、欠款利息等收入。

利息收入应当按照合同约定的债务人应付利息的日期确认收入的实现。

利息收入金额应当按照有关借款合同或协议约定的金额确定。对于企业持有到期的长期债券或发放长期贷款取得的利息收入，可按照实际利率法确认收入的实现。

6.租金收入

租金收入是指企业提供固定资产、包装物或者其他有形资产的使用权取得的收入。

租金收入按照合同约定的承租人应付租金的日期确认收入的实现；企业租金收入金额，应当按照有关租赁合同或协议约定的金额全额确定。

7.特许权使用费收入

特许权使用费收入是指企业提供专利权、非专利技术、商标权、著作权以及其他特许权的使用权取得的收入。

特许权使用费收入按照合同约定的特许权使用人应付特许权使用费的日期确认收入的实现；企业特许权使用费收入金额，应当按照有关使用合同或协议约定的金额全额确定。

8.接受捐赠收入

接受捐赠收入是指企业接受的来自其他企业、组织或者个人无偿给予的货币性资产、非货币性资产。

接受捐赠收入按照实际收到捐赠资产的日期确认收入的实现；企业接受捐赠收入金额按照捐赠资产的公允价值确定。

9.其他收入

其他收入是指企业取得的除以上收入外的其他收入，包括企业资产溢余收入、逾期未退包装物押金收入、确实无法偿付的应付款项、已做坏账损失处理后又收回的应收款项、债务重组收入、补贴收入、违约金收入、汇兑收益等。

（1）收入时间的确认。

企业的其他收入同时满足下列条件的，应当确认收入：

①相关的经济利益能够流入企业。

②收入的金额能够合理地计量。

（2）收入金额的确认。

企业其他收入金额，按照实际收入额或相关资产的公允价值确定。

（二）特殊收入的确认

（1）以分期收款方式销售货物的，按照合同约定的收款日期确认收入的实现。

（2）企业受托加工制造大型机械设备、船舶、飞机，以及从事建筑、安装、装配工程业务或者提供其他劳务等，持续时间超过12个月的，按照纳税年度内完工进度或者完成的工作量确认收入的实现。

（3）采取产品分成方式取得收入的，按照企业分得产品的日期确认收入的实现，其收入额按照产品的公允价值确定。

（4）企业发生非货币性资产交换，以及将货物、财产、劳务用于捐赠、偿债、赞助、集资、广告、样品、职工福利或者利润分配等用途的，应当视同销售货物、转让财产或者提供劳务，但国务院财政、税务主管部门另有规定的除外。

《企业所得税法》采用的是法人所得税的模式，因而缩小了视同销售的范围，对于货物在同一法人实体内部之间转移，比如用于在建工程、管理部门、分公司等，不再作为销售处理。

（三）处置资产收入的确认

自2008年1月1日起，企业处置资产的所得税处理按以下规定执行：

（1）企业发生下列情形的处置资产，除将资产转移至境外的以外，由于资产所有权属在形式和实质上均不发生改变，可作为内部处置资产，不视同销售确认收入，相关资产的计税基础延续计算：

①将资产用于生产、制造、加工另一产品。

②改变资产形状、结构或性能。

③改变资产用途（如自建商品房转为自用或经营）。

④将资产在总机构及其分支机构之间转移。

⑤上述两种或两种以上情形的混合。

⑥其他不改变资产所有权属的用途。

（2）企业将资产移送他人的下列情形，因资产所有权属已发生改变而不属于内部处置资产，应按规定视同销售确认收入：

①用于市场推广或销售。

②用于交际应酬。

③用于职工奖励或福利。

④用于股息分配。

⑤用于对外捐赠。

⑥其他改变资产所有权属的用途。

上述移送他人使用的资产，除另有规定外，应按照被移送资产的公允价值确定销售收入。

二、不征税收入和免税收入

（一）不征税收入

1.财政拨款

财政拨款，是指各级人民政府对纳入预算管理的事业单位、社会团体等组织拨付的财政资金，但国务院和国务院财政、税务主管部门另有规定的除外。

2.行政事业性收费、政府性基金

依法收取并纳入财政管理的行政事业性收费、政府性基金。行政事业性收费，是指企业依照法律、法规等有关规定，按照国务院规定程序批准，在实施社会公共管理，以及在向公民、法人或者其他组织提供特定公共服务过程中，向特定对象收取并纳入财政管理的费用；政府性基金，是指企业依照法律、行政法规等有关规定，代政府收取的具有专项用途的财政资金。具体规定如下：

（1）企业按照规定缴纳的、由国务院或财政部批准设立的政府性基金以及由国务院和省、自治区、直辖市人民政府及其财政、价格主管部门批准设立的行政事业性收费，准予在计算应纳税所得额时扣除。

企业缴纳的不符合上述审批管理权限设立的基金、收费，不得在计算应纳税所得额时扣除。

（2）企业收取的各种基金、收费，应计入企业当年的收入总额。

（3）对企业依照法律、法规及国务院有关规定收取并上缴财政的政府性基金和行政事业性收费，准予作为不征税收入，于上缴财政的当年在计算应纳税所得额时从收入总额中减除；未上缴财政的部分，不得从收入总额中减除。

3.其他不征税收入

国务院规定的其他不征税收入，是指企业取得的，由国务院财政、税务主管部门报国务院批准的有专门用途的财政性资金。

财政性资金，是指企业取得的来源于政府及其有关部门的财政补助、补贴、贷款贴息，以及其他各类财政专项资金，包括直接减免的增值税和即征即退、先征后退、先征后返的各种税收，但不包括企业按规定取得的出口退税款。

（1）企业取得的各类财政性资金，除属于国家投资和资金使用后要求归还本金的以外，均应计入企业当年收入总额。国家投资是指国家以投资者身份投入企业并按有关规定相应增加企业实收资本（股本）的直接投资。

（2）企业取得的由国务院财政、税务主管部门规定专项用途并经国务院批准的财政性资金，准予作为不征税收入，在计算应纳税所得额时从收入总额中减除。

（3）纳入预算管理的事业单位、社会团体等组织按照核定的预算和经费报领关系收到的由财政部门或上级单位拨入的财政补助收入，准予作为不征税收入，在计算应纳税所得额时从收入总额中减除，但国务院和国务院财政、税务主管部门另有规定的除外。

（二）免税收入

1.国债利息收入

国债利息收入，是指企业持有国务院财政部门发行的国债取得的利息收入。

2.权益性收益

符合条件的居民企业之间的股息、红利等权益性收益，是指居民企业直接投资于其他居民企业取得的投资收益，不包括连续持有居民企业公开发行并上市流通的股票不足12个月取得的投资收益。

3.权益性投资收益

在中国境内设立机构、场所的非居民企业从居民企业取得的与该机构、场所有实际联系的股息、红利等权益性投资收益，该收益不包括连续持有居民企业公开发行并上市流通的股票不足12个月取得的投资收益。

4.非营利组织的收入

符合条件的非营利组织的收入，不包括非营利组织从事营利性活动取得的收入，但国务院财政、税务主管部门另有规定的除外。

（1）符合条件的非营利组织是指：

①依法履行非营利组织登记手续。

②从事公益性或者非营利性活动。

③取得的收入除用于与该组织有关的、合理的支出外，全部用于登记核定或者章程规定的公益性或者非营利性事业。

④财产及其孳生息不用于分配。

⑤按照登记核定或者章程规定，该组织注销后的剩余财产用于公益性或者非营利性目的，或者由登记管理机关转赠给与该组织性质、宗旨相同的组织，并向社会公告。

⑥投入人对投入该组织的财产不保留或者享有任何财产权利。

⑦工作人员工资福利开支控制在规定的比例内，不变相分配该组织的财产。

⑧国务院财政、税务主管部门规定的其他条件。

（2）非营利组织的下列收入为免税收入：

①接受其他单位或者个人捐赠的收入。

②除《企业所得税法》第七条规定的财政拨款以外的其他政府补助收入，但不包括因政府购买服务而取得的收入。

③按照省级以上民政、财政部门规定收取的会费。

④不征税收入和免税收入孳生的银行存款利息收入。

⑤财政部、国家税务总局规定的其他收入。

三、法定扣除项目

（一）税前扣除的一般原则

《企业所得税法》明确规定，在计算企业所得税前准予扣除的项目和金额应真实、合法。所谓真实是指能够提供准许使用的有效证明，证明有关支出确属已经实际发生；合法是指符合国家税收法规，若其他法规与税收规定不一致的，以税收法规规定为准。除税收法规另有规定外，税前扣除一般应遵循以下原则：

（1）权责发生制原则。企业应在费用发生时而不是实际支付时确认扣除。

（2）配比原则。企业发生的费用应当与收入配比扣除。除特殊规定外，企业发生的费用不得提前或滞后申报扣除。

（3）相关性原则。企业可扣除的费用从性质和根源上必须与取得应税收入直接相关。

（4）确定性原则。企业可扣除的费用不论何时支付，其金额必须是确定的。

（5）合理性原则。企业可扣除费用的计算和分配方法应符合一般的经营常规和会计惯例。

（6）正确区分收益性支出和资本性支出原则。收益性支出在发生当期直接扣除；资本性支出应当分期扣除或者计入有关资产成本，不得在发生当期直接扣除。

（二）法定扣除项目的范围

企业实际发生的与取得收入有关的、合理的支出，包括成本、费用、税金、损失和其他支出，准予在计算应纳税所得额时扣除。但是，除《企业所得税法》及其实施条例另有规定外，企业发生的成本、费用、税金、损失和其他支出，不得重复扣除；企业的不征税收入用于支出所形成的费用或者财产，不得扣除或者计算对应的折旧、摊销扣除。

1.成本

成本，是指企业在生产经营活动中所发生的销售成本、销货成本、业务支出以及其他耗费。

企业发生的成本必须是企业销售商品、提供劳务、转让固定资产和无形资产等生产经营活动中发生的，在非生产经营活动中发生的支出或者耗费，不得作为企业生产经营成本予以认定。销售成本，是生产性企业在生产产品过程中，耗费产品所需的原材料、直接人工以及耗费在产品的辅助材料、物料等；销货成本，是商品流通企业销售货物的成本，由企业所销货物的购买价加上可直接归属于销售货物所发生的支出组成；业务支出，是服务业企业提供服务过程中发生的支出，包括直接耗费的原材料、服务人员的工资薪金等直接可归属于服务的其他支出；其他耗费，企业在生产产品、销售商品、提供劳务等过程中耗费的其他直接相关支出，如果没有列入费用的范畴，都允许作为其他耗费列入成本的范围，在计算企业所得税前扣除。

2.费用

费用，是指企业在生产经营活动中发生的销售费用、管理费用和财务费用。已经计入成本的有关费用除外。

企业发生的费用必须是企业在生产产品、提供劳务、销售商品等经营活动中发生的支出或者耗费，在非生产经营活动中发生的支出，不得作为企业的生产经营费用予以认定。

销售费用，是指应由企业负担的为销售商品而发生的费用，包括广告费、运输费、装卸费、包装费、展览费、保险费、销售佣金（能直接认定的进口佣金调整商品进价成本）、代销手续费、经营性租赁费及销售部门发生的差旅费、工资、福利费等费用。

管理费用，是指企业的行政管理部门为管理组织经营活动提供各项支援性服务而发生的费用。

财务费用，是指企业筹集经营性资金而发生的费用，包括利息净支出、汇兑净损失、金融机构手续费以及其他非资本化支出。

3.税金

税金，是指企业发生的除企业所得税和允许抵扣的增值税以外的企业缴纳的各项税金及附加费。

企业发生的与取得收入有关的实际缴纳的税金及附加费包括消费税、关税、资源税、城市维护建设税、土地增值税、房产税、车船税、城镇土地使用税、车辆购置税、印花税、教育费附加等。

4.损失

损失，是指企业在生产经营活动中发生的固定资产和存货的盘亏、毁损、报废损失，转让财产损失，呆账损失，坏账损失，自然灾害等不可抗力因素造成的损失以及其他损失。

企业发生的损失，减除责任人赔偿和保险赔款后的余额，依照国务院财政、税务主管部门的规定扣除。

企业已经作为损失处理的资产，在以后纳税年度又全部收回或者部分收回时，应当计入当期收入。

5.其他支出

其他支出，是指除成本、费用、税金、损失外，企业在生产经营活动中发生的与生产经营活动有关的、合理的支出。

（三）法定扣除项目的标准

企业在计算应纳税所得额时，下列项目可按照实际发生额或规定的标准扣除。

1.工资、薪金支出

企业发生的合理的工资、薪金支出，准予扣除。

工资、薪金支出，是指企业每一纳税年度支付给本企业任职或者与其有雇用关系的员工的所有现金或非现金形式的劳动报酬，包括基本工资、奖金、津贴、补贴、年终加薪、加班工资，以及与任职或者是受雇有关的其他支出。

合理的工资、薪金，是指企业按照股东大会、董事会、薪酬委员会或相关管理机构制定的工资薪金制度规定实际发放给员工的工资、薪金。税务机关在对工资、薪金进行合理性确认时，可按以下原则掌握：

（1）企业制定了较为规范的员工工资、薪金制度。

（2）企业所制定的工资、薪金制度符合行业及地区水平。

（3）企业在一定时期所发放的工资、薪金是相对固定的，工资、薪金的调整是有序进行的。

（4）企业对实际发放的工资、薪金，已依法履行了代扣代缴个人所得税义务。

（5）有关工资、薪金的安排，不以减少或逃避税款为目的。

2. 职工福利费、工会经费、职工教育经费

企业实际发生的职工福利费、工会经费、职工教育经费，未超过标准的按实际数扣除，超过标准的只能按标准扣除。

（1）企业发生的职工福利费支出，不超过工资、薪金总额14%的部分准予扣除。

（2）企业拨缴的工会经费，不超过工资、薪金总额2%的部分准予扣除。

（3）除国务院财政、税务主管部门另有规定外，企业发生的职工教育经费支出，不超过工资、薪金总额8%的部分准予扣除，超过部分准予结转以后纳税年度扣除。

软件生产企业的职工培训费可以全额扣除，扣除职工培训费后的职工教育经费的余额应在工资、薪金总额8%以内扣除。

上述计算职工福利费、工会经费、职工教育经费的“工资、薪金总额”，是指企业按照税法规定实际发放的工资、薪金总和，不包括企业的职工福利费、职工教育经费、工会经费以及基本养老保险费、基本医疗保险费、失业保险费、工伤保险费、生育保险费等社会保险费和住房公积金。属于国有性质的企业，其工资、薪金，不得超过政府有关部门给予的限定数额；超过部分，不得计入企业工资、薪金总额，也不得在计算企业应纳税所得额时扣除。

3.保险费

（1）企业依照国务院有关主管部门或者省级人民政府规定的范围和标准为职工缴纳的基本养老保险费、基本医疗保险费、失业保险费、工伤保险费、生育保险费等基本社会保险费和住房公积金，准予扣除。

企业为投资者或者职工支付的补充养老保险费、补充医疗保险费，在国务院财政、税务主管部门规定的范围和标准（分别不超过职工工资总额5%）内，准予扣除。

（2）企业为投资者或者职工支付的商业保险费，除依照国家有关规定为特殊工种职工支付的人身安全保险费和符合国务院财政、税务主管部门规定可以扣除的其他商业保险费外，不得扣除。

企业职工因公出差乘坐交通工具发生的人身意外保险费支出，准予企业在计算应纳税所得额时扣除。

（3）企业参加财产保险，按照规定缴纳的保险费，准予扣除。

企业参加雇主责任险、公众责任险等责任保险，按照规定缴纳的保险费，准予扣除。

4.利息费用

企业在生产、经营活动中发生的利息费用，按下列规定扣除：

（1）非金融企业向金融企业借款的利息支出、金融企业的各项存款利息支出和同业拆借利息支出、企业经批准发行债券的利息支出可据实扣除。

（2）非金融企业向非金融企业借款的利息支出，不超过按照金融企业同期同类贷款利率计算的数额的部分可据实扣除，超过部分不得扣除。

其中，金融机构，是指各类银行、保险公司及经中国人民银行批准从事金融业务的非银行金融机构；非金融机构，是指除上述金融机构以外的所有企业、事业单位以及社会团体等企业或组织。

鉴于目前我国对金融企业利率要求的具体情况，企业在按照合同要求首次支付利息并进行税前扣除时，应提供金融企业的同期同类贷款利率情况说明，以证明其利息支出的合理性。

（3）企业从其关联方接受的债权性投资与权益性投资的比例超过规定标准而发生的利息支出，不得在计算应纳税所得额时扣除。

企业实际支付给关联方的利息支出，除特殊规定外，其接受关联方债权性投资与权益性投资比例为：金融企业5∶1；其他企业2∶1。

5.借款费用

（1）企业在生产经营活动中发生的合理的不需要资本化的借款费用，准予扣除。

（2）企业为购置、建造固定资产、无形资产和经过12个月以上的建造才能达到预定可销售状态的存货发生借款的，在有关资产购置、建造期间发生的合理的借款费用，应予以资本化，作为资本性支出计入有关资产的成本；有关资产交付使用后发生的借款费用，准予在企业所得税前据实扣除。

（3）企业通过发行债券、取得贷款、吸收保户储金等方式融资而发生的合理的费用支出，符合资本化条件的，应计入相关资产成本；不符合资本化条件的，应作为财务费用，准予在企业所得税前据实扣除。

6.汇兑损失

企业在货币交易中，以及纳税年度终了时将人民币以外的货币性资产、负债按照期末即期人民币汇率中间价折算为人民币时产生的汇兑损失，除已经计入有关资产成本以及与向所有者进行利润分配相关的部分外，准予扣除。

7.业务招待费

企业发生的与生产经营活动有关的业务招待费支出，按照发生额的60%扣除，但最高不得超过当年销售（营业）收入的5‰。

对从事股权投资业务的企业（包括集团公司总部、创业投资企业等），其从被投资企业所分配的股息、红利以及股权转让收入，可以按规定的比例计算业务招待费扣除限额。

企业在筹建期间，发生的与筹办活动有关的业务招待费支出，可按实际发生额的60%计入企业筹办费，并按有关规定在税前扣除。

8.广告费和业务宣传费

企业发生的符合条件的广告费和业务宣传费支出，除国务院财政、税务主管部门另有规定外，不超过当年销售（营业）收入15%的部分，准予扣除；超过部分，准予结转以后纳税年度扣除。

企业在筹建期间，发生的广告费和业务宣传费，可按实际发生额计入企业筹办费，可按上述规定在税前扣除。

烟草企业的烟草广告费和业务宣传费支出，一律不得在计算应纳税所得额时扣除。

9.环境保护专项资金

企业依照法律、行政法规有关规定提取的用于环境保护、生态恢复等方面的专项资金，准予扣除。上述专项资金提取后改变用途的，不得扣除。

10.租赁费

企业根据生产经营活动的需要租入固定资产支付的租赁费，按照以下方法扣除：

（1）以经营租赁方式租入固定资产发生的租赁费支出，按照租赁期限均匀扣除。

（2）以融资租赁方式租入固定资产发生的租赁费支出，按照规定构成融资租入固定资产价值的部分应当提取折旧费用，分期扣除。

11.劳动保护费

企业发生的合理的劳动保护支出，准予扣除。

劳动保护支出，是指企业依据劳动保护法的有关规定，确因工作需要为雇员配备的工作服、手套、安全保护用品等。非因工作需要和国家规定以外的，带有普遍福利性质的支出，除在福利费中支付的以外，一律视为工资、薪金支出。

自2011年7月1日起，企业根据其工作性质和特点，由企业统一制作并要求员工工作时统一着装所发生的工作服饰费用，可以作为企业合理的支出给予税前扣除。

12.公益性捐赠支出

公益性捐赠，是指企业通过公益性社会团体或者县级（含县级）以上人民政府及其部门，用于《中华人民共和国公益事业捐赠法》规定的公益事业的捐赠。

企业发生的公益性捐赠支出，不超过年度利润总额12%的部分，准予扣除；超过的部分，准予以后3年内在计算应纳税所得额时结转扣除。

企业发生的公益性捐赠支出未在当年税前扣除的部分，准予向以后年度结转扣除，但结转年限自捐赠发生年度的次年起计算最长不得超过3年。企业在对公益性捐赠支出计算扣除时，应先扣除以前年度结转的捐赠支出，再扣除当年发生的捐赠支出。

（1）年度利润总额，是指企业按照国家统一会计制度的规定计算的年度会计利润。

（2）公益性捐赠支出，是指《中华人民共和国公益事业捐赠法》规定的向公益事业的捐赠支出，具体范围包括：

①救助灾害、救济贫困、扶助残疾人等困难的社会群体和个人的活动。

②教育、科学、文化、卫生、体育事业。

③环境保护、社会公共设施建设。

④促进社会发展和进步的其他社会公共和福利事业。

企事业单位、社会团体以及其他组织捐赠住房作为廉租住房的视同公益性捐赠，按上述规定执行。

（3）公益性社会团体，是指同时符合下列条件的基金会、慈善组织等社会团体：

①依法登记，具有法人资格。

②以发展公益事业为宗旨，且不以营利为目的。

③全部资产及其增值为该法人所有。

④收益和营运结余主要用于符合该法人设立目的的事业。

⑤终止后的剩余财产不归任何个人或者营利组织。

⑥不经营与其设立目的无关的业务。

⑦有健全的财务会计制度。

⑧捐赠者不以任何形式参与社会团体财产的分配。

⑨国务院财政、税务主管部门会同国务院民政部门等登记管理部门规定的其他条件。

13.有关资产的费用

企业转让各类固定资产发生的费用以及企业按规定计算的固定资产折旧费、无形资产的摊销费等，准予扣除。

14.总机构分摊的费用

非居民企业在中国境内设立的机构、场所，就其中国境外总机构发生的与该机构、场所生产经营有关的费用，能够提供总机构出具的费用汇集范围、定额、分配依据和方法等证明文件，并合理分摊的，准予扣除。

15.资产损失

企业当期发生的固定资产和流动资产盘亏、毁损净损失，由其提供清查盘存资料经主管税务机关审核后，准予扣除；企业因存货盘亏、毁损、报废等原因不得从销项税金中抵扣的进项税金，应视同企业财产损失，准予与存货损失一起在计算企业所得税前扣除。

16.其他允许扣除的项目

依照有关法律、行政法规和国家有关税法规定准予扣除的其他项目有会员费、合理的会议费、差旅费、违约金、诉讼费用等。

四、不得扣除的项目

在计算应纳税所得额时，下列支出不得扣除：

（1）向投资者支付的股息、红利等权益性投资收益款项。

（2）企业所得税税款。

（3）税收滞纳金，是指纳税人违反税收法规，被税务机关处以的滞纳金。

（4）罚金、罚款和被没收财物的损失，是指纳税人违反国家有关法律、法规规定，被有关部门处以的罚款，以及被司法机关处以的罚金和被没收财物。

（5）超过规定标准的捐赠支出。

（6）赞助支出，是指企业发生的与生产经营活动无关的各种非广告性质支出。

（7）未经核定的准备金支出，是指不符合国务院财政、税务主管部门规定的各项资产减值准备、风险准备等准备金支出。

（8）企业之间支付的管理费、企业内营业机构之间支付的租金和特许权使用费，以及非银行企业内营业机构之间支付的利息，不得扣除。

（9）与取得收入无关的其他支出。

五、资产的税务处理

企业的各项资产，包括固定资产、生产性生物资产、无形资产、长期待摊费用、投资资产、存货等，以历史成本为计税基础。

历史成本，是指企业取得该项资产时实际发生的支出。《企业所得税法》规定，企业持有各项资产期间的资产增值或减值，除国务院财政、税务主管部门规定可以确认损益外，不得调整该资产的计税基础。

（一）固定资产的税务处理

固定资产，是指企业为生产产品、提供劳务、出租或者经营管理而持有的、使用时间超过12个月的非货币性资产，包括房屋、建筑物、机器、机械、运输工具以及其他与生产经营活动有关的设备、器具、工具等。

1.固定资产的计税基础

固定资产按以下方法确定计税基础：

（1）外购的固定资产，以购买价款和支付的相关税费以及直接归属于使该资产达到预定用途发生的其他支出为计税基础。

（2）自行建造的固定资产，以竣工结算前发生的支出为计税基础。

（3）融资租入的固定资产，以租赁合同约定的付款总额和承租人在签订租赁合同过程中发生的相关费用为计税基础；租赁合同未约定付款总额的，以该资产的公允价值和承租人在签订租赁合同过程中发生的相关费用为计税基础。

（4）盘盈的固定资产，以同类固定资产的重置完全价值为计税基础。

（5）通过捐赠、投资、非货币性资产交换、债务重组等方式取得的固定资产，以该资产的公允价值和支付的相关税费为计税基础。

（6）改建的固定资产，除已足额提取折旧的固定资产和租入的固定资产以外的其他固定资产，以改建过程中发生的改建支出增加计税基础。

2.固定资产折旧的范围

在计算应纳税所得额时，企业按照规定计算的固定资产折旧，准予扣除。但下列固定资产不得计算折旧扣除：

（1）房屋、建筑物以外未投入使用的固定资产。

（2）以经营租赁方式租入的固定资产。

（3）以融资租赁方式租出的固定资产。

（4）已足额提取折旧仍继续使用的固定资产。

（5）与经营活动无关的固定资产。

（6）单独估价作为固定资产入账的土地。

（7）其他不得计算折旧扣除的固定资产。

3.固定资产折旧的计提方法

固定资产按照直线法计算的折旧，准予扣除；符合规定条件的固定资产按照加速折旧法计算的折旧，也准予扣除。企业应当自固定资产投入使用月份的次月起计算折旧；停止使用的固定资产，应当自停止使用月份的次月起停止计算折旧。

企业应当根据固定资产的性质和使用情况，合理确定固定资产的预计净残值。固定资产的预计净残值一经确定，不得变更。

4.固定资产折旧的年限

除国务院财政、税务主管部门另有规定外，固定资产计算折旧的最低年限规定如下：

（1）房屋、建筑物，为20年。

（2）飞机、火车、轮船、机器、机械和其他生产设备，为10年。

（3）与生产经营活动有关的器具、工具、家具等，为5年。

（4）飞机、火车、轮船以外的运输工具，为4年。

（5）电子设备，为3年。

从事开采石油、天然气等矿产资源的企业，在开始商业性生产前发生的费用和有关固定资产的折耗、折旧方法，由国务院财政、税务主管部门另行规定。

（二）生产性生物资产的税务处理

生产性生物资产，是指为产出农产品、提供劳务或出租等目的而持有的生物资产，包括经济林、薪炭林、产畜和役畜等。

1.生产性生物资产的计税基础

生产性生物资产按照以下方法确定计税基础：

（1）外购的生产性生物资产，以购买价款和支付的相关税费为计税基础。

（2）通过捐赠、投资、非货币性资产交换、债务重组等方式取得的生产性生物资产，以该资产的公允价值和支付的相关税费为计税基础。

2.生产性生物资产的折旧方法

生产性生物资产按照直线法计算的折旧，准予扣除。企业应当自生产性生物资产投入使用月份的次月起计算折旧；停止使用的生产性生物资产，应当自停止使用月份的次月起停止计算折旧。

企业应当根据生产性生物资产的性质和使用情况，合理地确定生产性生物资产的预计净残值。生产性生物资产的预计净残值一经确定，不得变更。

3.生产性生物资产的折旧年限

生产性生物资产计算折旧的最低年限规定如下：

（1）林木类生产性生物资产，为10年。

（2）畜类生产性生物资产，为3年。

（三）无形资产的税务处理

无形资产，是指企业为生产产品、提供劳务、出租或经营管理而持有的、没有实物形态的非货币性长期资产，包括专利权、商标权、著作权、土地使用权、非专利技术、商誉等。

1.无形资产的计税基础

无形资产按照以下方法确定计税基础：

（1）外购的无形资产，以购买价款和支付的相关税费以及直接归属于使该资产达到预定用途发生的其他支出为计税基础。

（2）自行开发的无形资产，以开发过程中该资产符合资本化条件后至达到预定用途前发生的支出为计税基础。

（3）通过捐赠、投资、非货币性资产交换、债务重组等方式取得的无形资产，以该资产的公允价值和支付的相关税费为计税基础。

2.无形资产摊销的范围

在计算应纳税所得额时，企业按照规定计算的无形资产摊销费用，准予扣除。但下列无形资产不得计算摊销费用扣除：

（1）自行开发的支出已在计算应纳税所得额时扣除的无形资产。

（2）自创商誉。

（3）与经营活动无关的无形资产。

（4）其他不得计算摊销费用扣除的无形资产。

3.无形资产的摊销方法及摊销年限

无形资产按照直线法计算的摊销费用，准予扣除。无形资产的摊销年限不得低于10年；作为投资或者受让的无形资产，有关法律规定或者合同约定了使用年限的，可以按照规定或者约定的使用年限分期摊销；外购商誉的支出，在企业整体转让或者清算时，准予扣除。

（四）长期待摊费用的税务处理

长期待摊费用，是指企业发生的摊销期限在一个纳税年度以上的费用。

1.长期待摊费用的范围

企业发生的下列支出为长期待摊费用：

（1）已足额提取折旧的固定资产的改建支出。

（2）租入固定资产的改建支出。

（3）固定资产的大修理支出。

（4）其他应当作为长期待摊费用的支出。

固定资产的改建支出，是指改变房屋或者建筑物结构、延长使用年限等发生的支出。

固定资产的大修理支出，是指同时符合下列条件的支出：

① 修理支出达到取得固定资产时的计税基础50%以上；

② 修理后固定资产的使用年限延长2年以上。

2.长期待摊费用的摊销方法及摊销期限

（1）固定资产的改建支出，除已足额提取折旧的固定资产和租入固定资产的改建支出外，应当增加该固定资产原值，其中延长固定资产使用年限的，还应当适当延长折旧年限，并相应调整计算折旧。

（2）已足额提取折旧的固定资产的改建支出，作为长期待摊费用，应当按照固定资产预计尚可使用年限分期摊销。

（3）租入固定资产的改建支出，作为长期待摊费用，应当按照合同约定的剩余租赁期限分期摊销。

（4）固定资产的大修理支出，作为长期待摊费用，应当按照固定资产尚可使用年限分期摊销。

（5）其他应当作为长期待摊费用的支出，自支出发生月份的次月起，分期摊销，摊销年限不得低于3年。

（五）投资资产的税务处理

投资资产，是指企业对外进行权益性投资和债权性投资而形成的资产。

1.投资资产的成本

投资资产按以下方法确定投资成本：

（1）通过支付现金方式取得的投资资产，以购买价款为成本。

（2）通过支付现金以外的方式取得的投资资产，以该资产的公允价值和支付的相关税费为成本。

2.投资成本的扣除方法

企业对外投资期间，投资资产的成本在计算应纳税所得额时，不得扣除；但企业在转让或者处置投资资产时，投资资产的成本，准予扣除。

（六）存货的税务处理

存货，是指企业持有以备出售的产品或者商品、处在生产过程中的在产品、在生产或者提供劳务过程中耗用的材料和物料等。

1.存货的计税基础

存货按照以下方法确定成本：

（1）通过支付现金方式取得的存货，以购买价款和支付的相关税费为成本。

（2）通过支付现金以外方式取得的存货，以该存货的公允价值和支付的相关税费为成本。

（3）生产性生物资产收获的农产品，以产出或者采收过程中发生的材料费、人工费和分摊的间接费用等必要支出为成本。

2.存货发出成本的计算方法

企业使用或者销售的存货的成本计算方法，可以在先进先出法、加权平均法、个别计价法中选用一种。计价方法一经选用，不得随意变更。

（七）资产税务处理的其他规定

企业转让上述固定资产、生产性生物资产、无形资产、长期待摊费用、投资资产、存货等资产，在计算企业应纳税所得额时，资产的净值允许扣除。其中，资产的净值是指有关资产、财产的计税基础减除已经按照规定扣除的折旧、折耗、摊销、准备金等后的余额。

除国务院财政、税务主管部门另有规定外，企业在重组过程中，应当在交易发生时确认有关资产的转让所得或者损失，相关资产应当按照交易价格重新确定计税基础。

六、亏损弥补

亏损，是指企业依照《企业所得税法》及其实施条例的规定，将每一纳税年度的收入总额减除不征税收入、免税收入和各项扣除后小于零的数额。

（1）企业发生的年度亏损，可以用下一纳税年度的所得弥补，下一纳税年度的所得不足以弥补的，可以逐年延续弥补，但最长期限不得超过5年。而且，企业在汇总计算缴纳企业所得税时，其境外营业机构的亏损不得抵减境内营业机构的盈利。

企业自开始生产经营的年度，为开始计算企业损益的年度，企业筹办期间不计算为亏损年度。企业从事生产经营之前进行筹办活动期间发生筹办费用支出，不得计算为当期的亏损，企业可以在开始经营之日的当年一次性扣除，也可以按照《企业所得税法》有关长期待摊费用的处理规定处理，但一经选定，不得改变。

（2）自2018年1月1日起，当年具备高新技术企业或科技型中小企业资格的企业，其具备资格年度之前5个年度发生的尚未弥补完的亏损，准予结转以后年度弥补，最长结转年限由5年延长至10年。

高新技术企业按照其取得的高新技术企业证书注明的有效期所属年度，确定其具备资格的年度；科技型中小企业按照其取得的科技型中小企业入库登记编号注明的年度，确定其具备资格的年度。

第四节　企业所得税的税收优惠

税收优惠，是指国家运用税收政策，在税收法律、行政法规中规定对某一部分特定企业和课税对象给予减轻或免除税收负担的一种措施。企业所得税的税收优惠，包括促进技术创新和科技进步、鼓励基础设施建设、鼓励农业发展及环境保护与节能、支持安全生产、促进公益事业和照顾弱势群体，以及自然灾害专项减免税优惠政策等。优惠方式包括免税、减税、加计扣除、加速折旧、减计收入、税额抵免等。

一、免征与减征优惠

企业的下列所得，可以免征、减征企业所得税。企业如果从事国家限制和禁止发展的项目，不得享受企业所得税优惠。

（一）从事农、林、牧、渔业项目的所得

1. 免征企业所得税

企业从事下列项目的所得，免征企业所得税：

（1）蔬菜、谷物、薯类、油料、豆类、棉花、麻类、糖料、水果、坚果的种植；

（2）农作物新品种的选育；

（3）中药材的种植；

（4）林木的培育和种植；

（5）牲畜、家禽的饲养；

（6）林产品的采集；

（7）灌溉、农产品初加工、兽医、农技推广、农机作业和维修等农、林、牧、渔服务业项目；

（8）远洋捕捞；

（9）以“公司+农户”经营模式从事农、林、牧、渔业项目生产的企业。

2. 减半征收企业所得税

企业从事下列项目的所得，减半征收企业所得税：

（1）花卉、茶以及其他饮料作物和香料作物的种植；

（2）海水养殖、内陆养殖。

（二）从事国家重点扶持的公共基础设施项目投资经营的所得

国家重点扶持的公共基础设施项目，是指《公共基础设施项目企业所得税优惠目录》规定的港口码头、机场、铁路、公路、城市公共交通、电力、水利等项目。

企业从事国家重点扶持的公共基础设施项目投资经营的所得，自项目取得第一笔生产经营收入所属纳税年度起，第一年至第三年免征企业所得税，第四年至第六年减半征收企业所得税。

企业承包经营、承包建设和内部自建自用本条规定的项目，不得享受本条规定的企业所得税优惠。

（三）从事符合条件的环境保护、节能节水项目的所得

企业从事环境保护、节能节水项目的所得，自项目取得第一笔生产经营收入所属纳税年度起，第一年至第三年免征企业所得税，第四年至第六年减半征收企业所得税。

符合条件的环境保护、节能节水项目，包括公共污水处理、公共垃圾处理、沼气综合开发利用、节能减排技术改造、海水淡化等。项目的具体条件和范围由国务院财政、税务主管部门商国务院有关部门制定，报国务院批准后公布施行。

以上规定享受减免税优惠的项目，在减免税期限内转让的，受让方自受让之日起，可以在剩余期限内享受规定的减免税优惠；减免税期限届满后转让的，受让方不得就该项目重复享受减免税优惠。

（四）符合条件的技术转让所得

居民企业在一个纳税年度内，转让技术所有权所得不超过500万元的部分，免征企业所得税；超过500万元的部分，减半征收企业所得税。

技术转让的范围，包括居民企业转让专利技术、计算机软件著作权、集成电路布图设计权、植物新品种、生物医药新品种，以及财政部和国家税务总局确定的其他技术。

技术转让应签订技术转让合同。其中，境内的技术转让须经省级以上（含省级）科技部门认定登记；跨境的技术转让须经省级以上（含省级）商务部门认定登记；涉及财政经费支持产生技术的转让，需省级以上（含省级）科技部门审批。

居民企业技术出口应由有关部门按照商务部、科技部发布的《中国禁止出口限制出口技术目录》（商务部、科技部令〔2008〕12号）进行审查。居民企业取得禁止出口和限制出口技术转让所得，不享受技术转让减免企业所得税优惠政策。

居民企业从直接或间接持有股权之和达到100%的关联方取得的技术转让所得，不享受技术转让减免企业所得税优惠政策。

享受技术转让所得减免企业所得税优惠的企业，应单独计算技术转

让所得，并合理分摊企业的期间费用；没有单独计算的，不得享受技术转让所得企业所得税优惠。

二、高新技术企业优惠

（一）高新技术企业认定

国家需要重点扶持的高新技术企业，是指拥有核心自主知识产权，并同时符合下列条件的居民企业：

（1）企业申请认定时须注册成立1年以上。

（2）企业通过自主研发、受让、受赠、并购等方式，获得对其主要产品（服务）在技术上发挥核心支持作用的知识产权的所有权。

（3）对企业主要产品（服务）发挥核心支持作用的技术属于《国家重点支持的高新技术领域》规定的范围。

（4）企业从事研发和相关技术创新活动的科技人员占企业当年职工总数的比例不低于10%。

（5）企业近3个会计年度（实际经营期不满3年的按实际经营时间计算）的研究开发费用总额占同期销售收入总额的比例符合如下要求：

①最近一年销售收入小于5 000万元（含）的企业，比例不低于5%；

②最近一年销售收入在5 000万元至2亿元（含）的企业，比例不低于4%；

③最近一年销售收入在2亿元以上的企业，比例不低于3%。

其中，企业在中国境内发生的研究开发费用总额占全部研究开发费用总额的比例不低于60%。

（6）近一年高新技术产品（服务）收入占企业同期总收入的比例不低于60%。

（7）企业创新能力评价应达到相应要求。

（8）企业申请认定前一年内未发生重大安全、重大质量事故或严重环境违法行为。

（二）税收优惠

国家需要重点扶持的高新技术企业，减按15%的税率征收企业所得税。

三、技术先进型服务企业优惠

（一）技术先进型服务企业认定

技术先进型服务企业必须同时符合以下条件：

（1）在中国境内（不包括港、澳、台地区）注册的法人企业。

（2）从事《技术先进型服务业务认定范围（试行）》和《技术先进型服务业务领域范围（服务贸易类）》中的一种或多种技术先进型服务业务，采用先进技术或具备较强的研发能力。

（3）具有大专以上学历的员工占企业职工总数的50%以上。

（4）从事《技术先进型服务业务认定范围（试行）》和《技术先进型服务业务领域范围（服务贸易类）》中的技术先进型服务业务取得的收入占企业当年总收入的50%以上。

（5）从事离岸服务外包业务取得的收入不低于企业当年总收入的35%。

从事离岸服务外包业务取得的收入，是指企业根据境外单位与其签订的委托合同，由本企业或其直接转包的企业为境外单位提供《技术先进型服务业务认定范围（试行）》中所规定的信息技术外包服务（ITO）、技术性业务流程外包服务（BPO）和技术性知识流程外包服务（KPO），而从上述境外单位取得的收入。

（二）税收优惠

自2017年1月1日起，在全国范围内对经认定的技术先进型服务企业，减按15%的税率征收企业所得税；自2018年1月1日起，对经认定的技术先进型服务企业（服务贸易类），减按15%的税率征收企业所得税。

四、小型微利企业优惠

（一）小型微利企业认定

小型微利企业是指从事国家非限制和禁止行业，且同时符合以下3个条件的企业：

（1）年度应纳税所得额不超过300万元；

（2）从业人数不超过300人；

（3）资产总额不超过5 000万元。

上述“从业人数”，包括与企业建立劳动关系的职工人数和企业接受的劳务派遣用工人数。“从业人数”和“资产总额”指标，应按企业全年的季度平均值确定。具体计算公式如下：

季度平均值=（季初值+季末值）÷2

全年季度平均值=全年各季度平均值之和÷4

年度中间开业或者终止经营活动的，以其实际经营期作为一个纳税年度确定上述相关指标。

（二）税收优惠

小型微利企业享受的具体税收优惠为

（1）小型微利企业减按20%的税率征收企业所得税。

（2）自2019年1月1日至2021年12月31日，对小型微利企业年应纳税所得额不超过100万元的部分，减按25%计入应纳税所得额，按20%的税率缴纳企业所得税；对年应纳税所得额超过100万元但不超过300万元的部分，减按50%计入应纳税所得额，按20%的税率缴纳企业所得税。

小型微利企业无论按查账征收方式或核定征收方式缴纳企业所得税，均可享受上述优惠政策。

五、加计扣除优惠

（一）研究开发费

研究开发费，是指企业为开发新技术、新产品、新工艺发生的相关费用。研究开发费未形成无形资产计入当期损益的，在按照规定据实扣除的基础上，按照研究开发费用的50%加计扣除；形成无形资产的，按照无形资产成本的150%摊销。

在2018年1月1日至2020年12月31日期间，企业开展研发活动中实际发生的研发费用，未形成无形资产计入当期损益的，在按规定据实扣除的基础上，再按照实际发生额的75%在税前加计扣除；形成无形资产的，在上述期间按照无形资产成本的175%在税前摊销。

企业实际发生的研究开发费，在年度中间预缴所得税时，允许据实计算扣除，在年度终了进行所得税年度申报和汇算清缴时，再依照规定计算加计扣除。

（二）企业安置残疾人员所支付的工资

企业安置残疾人员所支付的工资费用，在按照支付给残疾职工工资据实扣除的基础上，按照支付给残疾职工工资的100%加计扣除。

残疾人员的范围适用《中华人民共和国残疾人保障法》的有关规定。企业安置国家鼓励安置的其他就业人员所支付的工资的加计扣除办法，由国务院另行规定。

六、创投企业优惠

创业投资企业从事国家需要重点扶持和鼓励的创业投资，可以按投资额的一定比例抵扣应纳税所得额。

创投企业优惠，是指创业投资企业采取股权投资方式直接投资于初创科技型企业满2年的，可以按照其投资额的70%在股权持有满2年的当年抵扣该创业投资企业的应纳税所得额；当年不足抵扣的，可以在以后纳税年度结转抵扣。

七、加速折旧优惠

（一）加速折旧的一般规定

企业的下列固定资产，确需加速折旧的，可以缩短折旧年限或者采取加速折旧的方法：

（1）由于技术进步，产品更新换代较快的固定资产。

（2）常年处于强震动、高腐蚀状态的固定资产。

采取缩短折旧年限方法的，最低折旧年限不得低于规定折旧年限的60%；采取加速折旧方法的，可以采取双倍余额递减法或者年数总和法。

（二）加速折旧的特殊规定

1.财税〔2014〕75号文件

依据财税〔2014〕75号文件，对有关固定资产加速折旧企业所得税政策问题规定如下：

（1）对生物药品制造业，专用设备制造业，铁路、船舶、航空航天和其他运输设备制造业，计算机、通信和其他电子设备制造业，仪器仪表制造业，信息传输、软件和信息技术服务业等6个行业的企业2014年1月1日后新购进的固定资产，可缩短折旧年限或采取加速折旧的方法。

对上述6个行业的小型微利企业2014年1月1日后新购进的研发和生产经营共用的仪器、设备，单位价值不超过100万元的，允许一次性计入当期成本费用在计算应纳税所得额时扣除，不再分年度计算折旧；

单位价值超过100万元的，可缩短折旧年限或采取加速折旧的方法。

（2）对所有行业企业2014年1月1日后新购进的专门用于研发的仪器、设备，单位价值不超过100万元的，允许一次性计入当期成本费用在计算应纳税所得额时扣除，不再分年度计算折旧；单位价值超过100万元的，可缩短折旧年限或采取加速折旧的方法。

（3）对所有行业企业持有的单位价值不超过5 000元的固定资产，允许一次性计入当期成本费用在计算应纳税所得额时扣除，不再分年度计算折旧。

（4）企业按上述第（1）条、第（2）条规定缩短折旧年限的，对其购置的新固定资产，最低折旧年限不得低于《企业所得税法实施条例》规定的折旧年限的60%；企业购置已使用过的固定资产，其最低折旧年限不得低于《企业所得税法实施条例》规定的最低折旧年限减去已使用年限后剩余年限的60%。采取加速折旧方法的，可采取双倍余额递减法或者年数总和法。第（1）～（3）条规定之外的企业固定资产加速折旧所得税处理问题，继续按照《企业所得税法》及其实施条例和现行税收政策规定执行。

2.财税〔2015〕106号文件

依据财税〔2015〕106号文件，对进一步完善固定资产加速折旧企业所得税政策问题规定如下：

（1）对轻工、纺织、机械、汽车等四个领域重点行业的企业2015年1月1日后新购进的固定资产，可由企业选择缩短折旧年限或采取加速折旧的方法。

（2）对上述行业的小型微利企业2015年1月1日后新购进的研发和生产经营共用的仪器、设备，单位价值不超过100万元的，允许一次性计入当期成本费用在计算应纳税所得额时扣除，不再分年度计算折旧；单位价值超过100万元的，可由企业选择缩短折旧年限或采取加速折旧的方法。

（3）企业按上述第（1）条、第（2）条规定缩短折旧年限的，最低折旧年限不得低于《企业所得税法实施条例》规定的折旧年限的60%；采取加速折旧方法的，可采取双倍余额递减法或者年数总和法。

按照《企业所得税法》及其实施条例有关规定，企业根据自身生产经营需要，也可选择不实行加速折旧政策。

3.财税〔2018〕54号文件

依据财税〔2018〕54号文件，对设备、器具扣除企业所得税政策问题规定如下：

（1）企业在2018年1月1日至2020年12月31日期间新购进的设备、器具，单位价值不超过500万元的，允许一次性计入当期成本费用在计算应纳税所得额时扣除，不再分年度计算折旧；单位价值超过500万元的，仍按《企业所得税法实施条例》、财税〔2014〕75号文件、财税〔2015〕106号文件等相关规定执行。

（2）固定资产在投入使用月份的次月所属年度一次性税前扣除。

（3）企业选择享受一次性税前扣除政策的，其资产的税务处理可与会计处理不一致。

（4）企业根据自身生产经营核算需要，可自行选择享受一次性税前扣除政策。未选择享受一次性税前扣除政策的，以后年度不得再变更。

八、减计收入优惠

企业以《资源综合利用企业所得税优惠目录》规定的资源作为主要原材料，生产国家非限制和禁止并符合国家和行业相关标准的产品取得的收入，减按90%计入收入总额。

上述所称原材料占生产产品材料的比例不得低于《资源综合利用企业所得税优惠目录》规定的标准。

九、税额抵免优惠

企业购置并实际使用《环境保护专用设备企业所得税优惠目录》、《节能节水专用设备企业所得税优惠目录》和《安全生产专用设备企业所得税优惠目录》规定的环境保护、节能节水、安全生产等专用设备的，该专用设备的投资额的10%可以从企业当年的应纳税额中抵免；当年不足抵免的，可以在以后5个纳税年度结转抵免。

享受前款规定的企业所得税优惠的企业，应当实际购置并自身实际投入使用前款规定的专用设备；企业购置上述专用设备在5年内转让、出租的，应当停止享受企业所得税优惠，并补缴已经抵免的企业所得税税款。转让的受让方可以按照该专用设备投资额的10%抵免当年企业所得税应纳税额；当年应纳税额不足抵免的，可以在以后5个纳税年度结转抵免。

企业同时从事适用不同企业所得税待遇的项目的，其优惠项目应当单独计算所得，并合理分摊企业的期间费用；没有单独计算的，不得享受企业所得税优惠。

十、民族自治地方优惠

民族自治地方的自治机关对本民族自治地方的企业应缴纳的企业所得税中属于地方分享的部分，可以决定减征或者免征。自治州、自治县决定减征或者免征的，须报省、自治区、直辖市人民政府批准。

《企业所得税法》所称民族自治地方，是指依照《中华人民共和国民族区域自治法》的规定，实行民族区域自治的自治区、自治州、自治县。

对民族自治地方内国家限制和禁止行业的企业，不得减征或者免征企业所得税。

十一、西部大开发优惠

（一）适用范围

西部地区包括内蒙古自治区、广西壮族自治区、重庆市、四川省、贵州省、云南省、西藏自治区、陕西省、甘肃省、青海省、宁夏回族自治区、新疆维吾尔自治区和新疆生产建设兵团。湖南省湘西土家族苗族自治州、湖北省恩施土家族苗族自治州、吉林省延边朝鲜族自治州和江西省赣州市，可以比照西部地区的企业所得税政策执行。

（二）具体内容

自2021年1月1日至2030年12月31日，对设在西部地区的鼓励类产业企业减按15%的税率征收企业所得税。

鼓励类产业企业是指以《西部地区鼓励类产业目录》中规定的产业项目为主营业务，且其主营业务收入占企业收入总额60%以上的企业。

十二、非居民企业优惠

非居民企业减按10%的税率征收企业所得税。这里的非居民企业，是指在中国境内未设立机构、场所的，或者虽设立机构、场所但取得的所得与其所设机构、场所没有实际联系的企业。该类非居民企业取得下列所得免征企业所得税：

（1）外国政府向中国政府提供贷款取得的利息所得。

（2）国际金融组织向中国政府和居民企业提供优惠贷款取得的利息所得。

（3）经国务院批准的其他所得。

第五节　企业所得税应纳税额的计算

一、应纳企业所得税额的计算

企业应纳所得税额等于应纳税所得额乘以适用税率，基本计算公式为：

应纳企业所得税额=应纳税所得额×适用税率-减免税额-抵免税额

公式中的减免税额和抵免税额，是指依照《企业所得税法》和国务院的税收优惠规定减征、免征和抵免的应纳税额。

应纳税所得额的计算一般有两种方法：

（一）直接计算法

在直接计算法下，企业每一纳税年度的收入总额减除不征税收入、免税收入、各项扣除以及允许弥补的以前年度亏损后的余额为应纳税所得额。计算公式为：

应纳税所得额=收入总额-不征税收入-免税收入-各项扣除金额-允许弥补的以前年度亏损

（二）间接计算法

在间接计算法下，在会计利润总额的基础上加或减按照税法规定调整的项目金额后，即为应纳税所得额。计算公式为：

应纳税所得额=会计利润总额±纳税调整项目金额

公式中的“纳税调整项目金额”包括两方面的内容：一是企业的财务会计处理和税法规定不一致的应予以调整的金额；二是企业按税法规定准予扣除的税收金额。

【例6-1】某居民企业（非小微企业），某年度其利润表列示的利润总额为64.89万元，当年发生的经营业务如下：

（1）取得主营业务收入2 000万元，其他业务收入500万元。

（2）发生营业成本1 900万元。

（3）税金及附加93.5万元，增值税150万元。

（4）发生销售费用155万元，其中：广告宣传费60万元；经营性租赁费5万元（当年8月1日租入生产经营用设备一台，租赁期10个月，当月一次性支付全部租金）；其他销售费用90万元。

（5）管理费用224.51万元，其中：业务招待费14.5万元；支付给境内关联企业的管理费55万元；技术开发费70万元；其他管理费用85.01万元。

（6）信用减值损失3.6万元。

（7）财务费用58万元（其中：当年5月1日至10月31日向其他企业借款400万元，利息16万元，金融机构同期同类贷款年利率为5%）。

（8）投资收益18万元，其中：国债利息收入12万元；投资甲公司损失19.5万元；投资乙公司收益25.5万元（长期股权投资采用权益法核算）。

（9）营业外收入1.5万元。

（10）营业外支出20万元，其中：财产损失5.2万元；通过公益性社会团体向贫困山区捐款10.8万元；支付税收滞纳金4万元。

（11）计入成本、费用中的实发工资总额200万元；拨缴职工工会经费5万元；发生职工福利费31万元；发生职工教育经费18万元。

（12）当年购置环境保护专用设备100万元，购置完毕即投入使用。

要求：计算该企业当年实际应缴纳的企业所得税（小数点后保留两位小数）。

解：

（1）企业会计利润总额的计算

经营性租入固定资产的租赁费应按受益期均匀扣除，该企业多列支的租赁费属于会计差错，在计算所得税前应进行账项调整，调增利润总额2.5万元（5−5÷10×5），利润总额67.39万元（64.89+2.5）。

（2）纳税调整项目的计算

①销售（营业）收入=2 000+500=2 500（万元）

②广告宣传费扣除限额=2 500×15%=375（万元）>实际发生的广告宣传费60万元，可据实全额扣除。

③业务招待费扣除限额=2 500×5‰=12.5（万元）>扣除额=14.5×60%

=8.7（万元），允许扣除8.7万元，调增应税所得=14.5−8.7=5.8（万元）。

④支付给境内关联企业的管理费和信用减值损失不能在税前扣除，调增应税所得=3.6+55=58.6（万元）。

⑤技术开发费可加计50%的扣除（在2018年1月1日至2020年12月31日期间，可加计75%的扣除），调减应税所得=70×50%=35（万元）。

⑥利息支出扣除限额=400×5%÷12×6=10（万元）< 实际发生的利息支出16万元，调增应税所得=16−10=6（万元）。

⑦国库券利息收入免缴企业所得税；权益性投资收益，应当按照被投资企业做出利润分配决定的日期确认收入实现，按权益法核算的投资损益税法不予确认。调减应税所得=12+25.5=37.5（万元），调增应税所得=19.5（万元）。

⑧公益性捐赠的扣除限额=（64.89+2.5）×12%=8.09（万元）< 实际发生的公益性捐赠支出10.8万元，调增应税所得=10.8−8.09=2.71（万元）；税收滞纳金不得在税前扣除，调增应税所得4万元。

⑨“三项经费”扣除：

职工福利费扣除限额=200×14%=28（万元）<实际发生的福利费支出31万元，调增应税所得=31−28=3（万元）；

职工工会经费扣除限额=200×2%=4（万元）<实际拨缴的工会经费5万元，调增应税所得=5−4=1（万元）；

职工教育经费扣除限额=200×8%=16（万元）<实际发生的职工教育经费支出18万元，调增应税所得=18−16=2（万元）。

⑩投资抵免的税额=100×10%=10（万元）

（3）应纳税所得额的计算

应纳税所得额=64.89+2.5+5.8+58.6−35+6−37.5+19.5+2.71+4+3+1+2
=97.5（万元）

（4）应纳所得税额的计算

当年应纳企业所得税额=97.5×25%−10=14.38（万元）

【例6−2】某小微企业某纳税年度会计报表和损益类有关账户数据如下：

（1）主营业务（产品销售）收入3 200万元，其他业务（加工修理）收入800万元，权益性投资分得股利180万元（长期股权投资采用成本法核算）。

（2）主营业务成本2 250万元，其他业务成本420万元。

（3）税金及附加280万元。

（4）销售费用450万元（包含广告宣传费200万元，上年有结转抵扣的广告宣传费12万元）；管理费用360万元（包含业务招待费85万元）；财务费用250万元（包含向非金融企业借款1 000万元支付利息100万元，金融企业同期同类贷款利率为5.2%）。

（5）营业外收入90万元，营业外支出60万元（其中：通过省级人民政府向灾区捐赠自制产品一批，成本10万元，公允价值18万元，增值税2.34万元）。

准予扣除的成本费用中包括全年的工资费用800万元（其中，支付残疾人工资30万元），当年实际发生职工福利费支出150万元，职工教育经费支出80万元，拨缴工会经费16万元（取得工会组织的专用收据）。

要求：计算该企业当年实际应缴纳的企业所得税（小数点后保留两位小数）。

解：

（1）会计利润总额的计算

利润总额=3 200+800+180+90−2 250−420−280−450−360−250−60=200（万元）

（2）纳税调整项目的计算

①将自产产品用于对外捐赠视同为销售，调增应税所得=18−10=8（万元）。

②销售（营业）收入=3 200+800+18=4 018（万元）

③符合条件的权益性投资收益免税，调减应税所得180万元。

④广告宣传费扣除限额=4 018×15%=602.7（万元）>实际发生的广告宣传费200万元，可据实全额扣除；上年结转的广告宣传费可在当年继续抵扣，调减应税所得12万元。

⑤业务招待费扣除限额=4 018×5‰=20.09（万元）<扣除额=85×60%=51（万元），允许按限额扣除20.09万元，调增应税所得=85−20.09=64.91（万元）。

⑥利息支出扣除限额=1 000×5.2%=52（万元）<实际发生的利息支出100万元，调增应税所得=100−52=48（万元）。

⑦公益性捐赠扣除限额=200×12%=24（万元）>实际捐赠13.06万

元，可全额扣除。

⑧“三项经费”扣除：

职工福利费扣除限额=800×14%=112（万元）<实际发生的福利费支出150万元，调增应税所得=150-112=38（万元）；

职工教育经费扣除限额=800×8%=64（万元）<实际发生的职工教育经费支出80万元，调增应税所得=80-64=16（万元）；

职工工会经费扣除限额=800×2%=16（万元）=实际拨缴的工会经费16万元，不需调整。

⑨支付残疾人工资可加计100%的扣除，调减30万元。

（3）应纳税所得额的计算

应纳税所得额=200+8-180-12+64.91+48+38+16-30=152.91（万元）

（4）应纳所得税额的计算

该企业可享受小微企业减按50%计入应纳税所得额，按20%的税率缴纳企业所得税的税收优惠。

当年应纳企业所得税额=152.91×50%×20%=15.29（万元）

二、境外所得抵扣税额的计算

企业取得的下列所得已在境外缴纳的所得税税额，可以从其当期应纳税额中抵免，抵免限额为该项所得依照《企业所得税法》规定计算的应纳税额；超过抵免限额的部分，可以在以后5个年度内，用每年度抵免限额抵免当年应抵税额后的余额进行抵补：

（1）居民企业来源于中国境外的应税所得。

（2）非居民企业在中国境内设立机构、场所，取得发生在中国境外但与该机构、场所有实际联系的应税所得。

居民企业从其直接或者间接控制的外国企业分得的来源于中国境外的股息、红利等权益性投资收益，外国企业在境外实际缴纳的所得税税额中属于该项所得负担的部分，可以作为该居民企业的可抵免境外所得税税额，在企业所得税税法规定的抵免限额内抵免。

直接控制，是指居民企业直接持有外国企业20%以上股份；间接控制，是指居民企业以间接持股方式持有外国企业20%以上股份。具体认定办法由国务院财政、税务主管部门另行制定。

已在境外缴纳的所得税税额，是指企业来源于中国境外的所得依照中国境外税收法律以及相关规定应当缴纳并已经实际缴纳的企业所得税性质的税款。企业依照税法的规定抵免企业所得税税额时，应当提供中国境外税务机关出具的税款所属年度的有关纳税凭证。

抵免限额，是指企业来源于中国境外的所得，依照《企业所得税法》及其实施条例的规定计算的应纳税额。除国务院财政、税务主管部门另有规定外，抵免限额应当分国（地区）不分项计算。计算公式为：

$$\text{抵免限额}=\text{中国境内、境外所得依照《企业所得税法》及其实施条例计算的应纳税总额}\times\text{来源于某国(地区)的应纳税所得额}\div\text{中国境内、境外应纳税所得总额}$$

前述5个年度，是指从企业取得的来源于中国境外的所得，已经在中国境外缴纳的企业所得税性质的税额超过抵免限额的当年的次年起连续5个纳税年度。

【例6-3】某居民企业分别在A、B两国设有分支机构（我国已分别与A国和B国缔结了避免双重征税协定）。某纳税年度其境内应纳税所得额为1 000万元，来源于A国分支机构的应纳税所得额为70万元，来源于B国分支机构的应纳税所得额为30万元，该企业已在A、B两国分别缴纳了14万元和9万元的企业所得税，并取得了由当地税务机关出具的有关纳税凭证。假设该企业按照A、B两国税法规定计算出的应纳税所得额与按照我国税法计算出的结果一致。

要求：计算该企业当年应纳的企业所得税税额。

解：

（1）按照我国税法规定计算该企业境内外所得的应纳税额

应纳税额=（1 000+70+30）×25%=275（万元）

（2）计算扣除限额

A国扣除限额=275×［70÷（1 000+70+30）］=17.5（万元）＞14（万元）

在A国允许抵免税额14万元。

B国扣除限额=275×［30÷（1 000+70+30）］=7.5（万元）＜9（万元）

在B国允许抵免税额7.5万元，超过扣除限额的部分1.5万元当年不能扣除。

（3）计算应纳税总额

汇总时应纳的企业所得税税额=275−14−7.5=253.5（万元）

二、核定征收应纳税额的计算

（一）核定征收企业所得税的范围

按税法规定，居民企业具有下列情形之一的，核定征收企业所得税：

（1）依照法律、行政法规的规定可以不设置账簿的。

（2）依照法律、行政法规的规定应当设置但未设置账簿的。

（3）擅自销毁账簿或者拒不提供纳税资料的。

（4）虽设置账簿，但账目混乱或成本资料、收入凭证、费用凭证残缺不全，难以查账的。

（5）发生纳税义务，未按照规定的期限办理纳税申报，经税务机关责令限期申报，逾期仍不申报的。

（6）申报的计税依据明显偏低，又无正当理由的。

特殊行业、特殊类型的纳税人和一定规模以上的纳税人不适用核定征收办法。上述特定纳税人由国家税务总局另行规定。

根据国家税务总局公告2012年第27号，自2012年1月1日起，专门从事股权（股票）投资业务的企业，不得核定征收企业所得税。

（二）核定征收的办法

税务机关应根据纳税人的具体情况，对核定征收企业所得税的纳税人，核定应税所得率或者核定应纳所得税额。

1.核定应税所得率

（1）核定应税所得率的情形。

具有下列情形之一的，应核定应税所得率：

①能正确核算（查实）收入总额，但不能正确核算（查实）成本费用总额的。

②能正确核算（查实）成本费用总额，但不能正确核算（查实）收入总额的。

③通过合理方法，能计算和推定纳税人收入总额或成本费用总额的。

（2）应纳税所得额和应纳所得税额的计算。

采用应税所得率方式核定征收企业所得税的，应纳所得税额的计算公式如下：

①应纳税所得额=应税收入额×应税所得率

②应纳税所得额=成本（费用）支出额÷（1-应税所得率）×应税所得率

应纳所得税额=应纳税所得额×适用税率

税法规定，实行应税所得率方式核定征收企业所得税的纳税人，经营多业的，无论其经营项目是否单独核算，均由税务机关根据其主营项目确定适用的应税所得率。

主营项目应为纳税人所有经营项目中，收入总额或者成本（费用）支出额或者耗用原材料、燃料、动力数量所占比重最大的项目。

（3）应税所得率的确定。

应税所得率按表6-1规定的幅度标准确定。

表6-1 **应税所得率幅度标准**

行　业	应税所得率（%）
农、林、牧、渔业	3～10
制造业	5～15
批发和零售贸易业	4～15
交通运输业	7～15
建筑业	8～20
饮食业	8～25
娱乐业	15～30
其他行业	10～30

纳税人的生产经营范围、主营业务发生重大变化，或者应纳税所得额或应纳税额增减变化达到20%的，应及时向税务机关申报调整已确定的应纳税额或应税所得率。

2.核定应纳所得税额

不符合核定应税所得率的纳税人，由税务机关采用以下方法核定其应纳所得税额：

（1）参照当地同类行业或者类似行业中经营规模和收入水平相近的纳税人的税负水平核定。

（2）按照应税收入额或成本费用支出额定率核定。

（3）按照耗用的原材料、燃料、动力等推算或测算核定。

（4）按照其他合理方法核定。

采用上述所列一种方法不足以正确核定应纳税所得额或应纳税额的，可以同时采用两种以上的方法核定。采用两种以上方法测算的应纳税额不一致的，应纳税额从高核定。

（三）核定征收企业所得税的管理

（1）主管税务机关应及时向纳税人送达“企业所得税核定征收鉴定表”，及时完成对其核定征收企业所得税的鉴定工作。

（2）税务机关应在每年6月底前对上年度实行核定征收企业所得税的纳税人进行重新鉴定。重新鉴定工作完成前，纳税人可暂按上年度的核定征收方式预缴企业所得税；重新鉴定工作完成后，按重新鉴定的结果进行调整。

（3）主管税务机关应当分类逐户公示核定的应纳所得税额或应税所得率。纳税人对税务机关确定的企业所得税征收方式、核定的应纳所得税额或应税所得率有异议的，应当提供合法、有效的相关证据，税务机关经核实认定后调整有异议的事项。

（4）纳税人实行核定方式征收企业所得税的，其纳税申报办法按国家税务总局有关规定执行。

三、代扣代缴企业所得税的计算

《企业所得税法》规定，对非居民企业在中国境内未设立机构、场所的，或者虽设立机构、场所但取得的所得与其所设机构、场所没有实际联系的所得应缴纳的所得税，实行源泉扣缴，以支付人为扣缴义务人。

（一）应纳税所得额的确定

对于在中国境内未设立机构、场所的，或者虽设立机构、场所但取得的所得与其所设机构、场所没有实际联系的非居民企业的所得，按照下列方法计算应纳税所得额：

（1）股息、红利等权益性投资收益和利息、租金、特许权使用费所得，以收入全额为应纳税所得额。

（2）转让财产所得，以收入全额减除财产净值后的余额为应纳税所得额。

（3）其他所得，参照前两项规定的方法计算应纳税所得额。

上述财产净值，是指财产的计税基础减除已经按规定扣除的折旧、折耗、摊销、准备金等后的余额；收入全额，是指企业从支付人收取的全部价款和价外费用；提供专利权、专有技术所收取的特许权使用费，包括特许权使用费收入，以及与其相关的图纸资料费、技术服务费和人员培训费等费用。

（二）应纳税额的计算

应纳税额=应纳税所得额×适用税率

（三）征收管理办法

代扣代缴企业所得税的具体征收管理办法为：

（1）扣缴义务人在每次向非居民企业支付或者到期应支付所得时，应从支付或者到期应支付的款项中扣缴企业所得税。到期应支付的款项，是指支付人按照权责发生制原则应当计入相关成本、费用的应付款项。

（2）扣缴义务人每次代扣代缴税款时，应当向其主管税务机关报送“中华人民共和国扣缴企业所得税报告表”及相关资料，并自代扣之日起7日内缴入国库。

（3）扣缴义务人对外支付或者到期应支付的款项为人民币以外货币的，在申报扣缴企业所得税时，应按扣缴当日国家公布的人民币汇率中间价，折合成人民币计算应纳税所得额。

（4）扣缴义务人与非居民企业签订应税所得有关的业务合同时，凡合同中约定由扣缴义务人负担应纳税款的，应将非居民企业取得的不含税所得换算为含税所得后计算征税。

（5）应当扣缴的所得税，扣缴义务人未依法扣缴或者无法履行扣缴义务的，由企业在所得发生地缴纳。企业未依法缴纳的，税务机关可以从该企业在中国境内其他收入项目的支付人应付的款项中追缴企业的应纳税款。

税务机关在追缴该企业应纳税款时，应当将追缴理由、追缴数额、缴纳期限和缴纳方式等告知该企业。

第六节　企业所得税的特别纳税调整

一、关联交易的特别纳税调整

（一）调整范围

企业与其关联方之间的业务往来，不符合独立交易原则而减少企业或者其关联方应纳税收入或者所得额的，税务机关有权按照合理方法调整。企业与其关联方共同开发、受让无形资产，或者共同提供、接受劳务发生的成本，在计算应纳税所得额时应当按照独立交易原则进行分摊。

上述所称独立交易原则，是指没有关联关系的交易各方，按照公平成交价格和营业常规进行业务往来遵循的原则。

1.关联方

关联方，是指与企业有下列关联关系之一的企业、其他组织或者个人：

（1）在资金、经营、购销等方面存在直接或者间接的控制关系。

（2）直接或者间接地同为第三者控制。

（3）在利益上具有相关联的其他关系。

2.关联企业之间关联业务的税务处理

（1）企业与其关联方共同开发、受让无形资产，或者共同提供、接受劳务发生的成本，在计算应纳税所得额时应当按照独立交易原则进行分摊。

（2）企业可以向税务机关提出与其关联方之间业务往来的定价原则和计算方法，税务机关与企业协商、确认后，达成预约定价安排。

预约定价安排，是指企业就其未来年度关联交易的定价原则和计算方法，向税务机关提出申请，与税务机关按照独立交易原则协商、确认后达成的协议。

（3）企业从其关联方接受的债权性投资与权益性投资的比例超过规定标准而发生的利息支出，不得在计算应纳税所得额时扣除。

（4）母公司为其子公司提供各种服务而发生的费用，应按照独立企业之间公平交易原则确定服务的价格，作为企业正常的劳务费用进行税务处理。母子公司未按照独立企业之间的业务往来收取价款的，税务机关有权予以调整。

（5）母公司以管理费形式向子公司提取费用，子公司因此支付给母公司的管理费，不得在税前扣除。

（二）调整方法

税法规定，对关联企业所得不实的，按照以下方法调整：

（1）可比非受控价格法，是指按照没有关联关系的交易各方进行相同或者类似业务往来的价格进行定价的方法。

（2）再销售价格法，是指按照从关联方购进商品再销售给没有关联关系的交易方的价格，减除相同或者类似业务的销售毛利进行定价的方法。

（3）成本加成法，是指按照成本加合理的费用和利润进行定价的方法。

（4）交易净利润法，是指按照没有关联关系的交易各方进行相同或者类似业务往来取得的净利润水平确定利润的方法。

（5）利润分割法，是指将企业与其关联方的合并利润或者亏损在各方之间采用合理标准进行分配的方法。

（6）其他符合独立交易原则的方法。

（三）关联申报

企业向税务机关报送年度企业所得税纳税申报表时，应当就其与关联方之间的业务往来，附送年度关联业务往来报告表。

（四）提供资料

税务机关在进行关联业务调查时，企业及其关联方，以及与关联业务调查有关的其他企业，应当按照规定提供相关资料。

与关联业务调查有关的其他企业，是指与被调查企业在生产经营内容和方式上相类似的企业。

相关资料包括：

（1）与关联业务往来有关的价格、费用的制定标准、计算方法和说明等同期资料；

（2）关联业务往来所涉及的财产、财产使用权、劳务等的再销售

（或转让）价格或者最终销售（或转让）价格的相关资料；

（3）与关联业务调查有关的其他企业应当提供的与被调查企业可比的产品价格、定价方式以及利润水平等资料；

（4）其他与关联业务往来有关的资料。

企业应当在税务机关规定的期限内提供与关联业务往来有关的价格、费用的制定标准、计算方法和说明等资料。关联方以及与关联业务调查有关的其他企业应当在税务机关与其约定的期限内提供相关资料。

（五）核定征收

企业不提供与其关联方之间业务往来资料，或者提供虚假、不完整资料，未能真实反映其关联业务往来情况的，税务机关有权依法核定其应纳税所得额。具体核定方法有：

（1）参照同类或者类似企业的利润率水平核定。

（2）按照企业成本加合理的费用和利润的方法核定。

（3）按照关联企业集团整体利润的合理比例核定。

（4）按照其他合理方法核定。

企业对税务机关按照前款规定的方法核定的应纳税所得额有异议的，应当提供相关证据，经税务机关认定后，调整核定的应纳税所得额。

二、受控外国企业反避税规则

受控外国企业反避税规则（CFC 规则）是防止受控外国企业避税的一种税收管理制度。其宗旨在于对由居民企业控制的、设在低税国的外国企业保留利润不作分配或作不合理的分配，由此而延迟缴纳居民国税收的避税行为进行控制管理。

我国《企业所得税法》规定，由居民企业，或者由居民企业和中国居民控制的设立在实际税负明显低于25%税率水平的国家（地区）的企业，并非由于合理的经营需要而对利润不作分配或者减少分配的，上述利润中应归属于该居民企业的部分，应当计入该居民企业的当期收入。

需要说明的是：

（1）“控制”，是指居民企业或者中国居民直接或者间接单一持有外国企业10%以上有表决权股份，且由其共同持有该外国企业50%以上股份；居民企业，或者居民企业和中国居民持股比例没有达到上述规定的标准，但在股份、资金、经营、购销等方面对该外国企业构成实质控制。

（2）“实际税负明显低于25%税率水平”，是指低于法定税率25%的50%，即指实际税负低于12.5%。

三、防资本弱化

资本弱化，是指企业通过加大借贷款（债权性筹资）而减少股份资本（权益性筹资）比例的方式增加税前扣除，以降低企业税负的一种行为。资本弱化的主要结果是增加利息扣除，减少计税所得，要防止企业通过资本弱化进行避税，重点在于对企业的利息扣除进行限定。

我国《企业所得税法》规定，企业从其关联方接受的债权性投资与权益性投资的比例超过规定标准而发生的利息支出，不得在计算应纳税所得额时扣除。

四、加收利息

企业实施其他不具有合理商业目的的安排而减少其应纳税收入或者所得额的，税务机关有权按照合理方法调整。不具有合理商业目的，是指以减少、免除或者推迟缴纳税款为主要目的。

税务机关依照规定进行特别纳税调整后，除了应当补征税款外，还应照国务院规定加收利息。加收的利息不得在计算应纳税所得额时扣除。具体规定如下：

（1）税务机关根据税收法律、行政法规的规定，对企业做出特别纳税调整的，应当对补征的税款，自税款所属纳税年度的次年6月1日起至补缴税款之日止的期间，按日加收利息。

（2）利息应当按照税款所属纳税年度中国人民银行公布的与补税期间同期的人民币贷款基准利率加5个百分点计算。

企业依照《企业所得税法》的规定，在报送年度企业所得税纳税申报表时，附送了年度关联业务往来报告表的，可以只按规定的人民币贷款基准利率计算利息。

五、纳税调整的追溯期

企业与其关联方之间的业务往来，不符合独立交易原则，或者企业实施其他不具有合理商业目的安排的，税务机关有权在该业务发生的纳税年度起10年内，进行纳税调整。

第七节　企业所得税的申报缴纳

一、纳税申报

企业所得税按年计征，分月或者分季度预缴，年终汇算清缴，多退少补。

企业所得税的纳税年度是指公历年度，即公历1月1日至12月31日。企业在一个纳税年度中间开业，或者由于合并、关闭等原因，使该纳税年度的实际经营期不足12个月的，应当以其实际经营期为一个纳税年度；企业清算时，应当以清算期间作为一个纳税年度。

企业所得税以人民币计算，所得以人民币以外的货币计算的，应当折合成人民币计算并缴纳税款。

（一）预缴企业所得税

企业分月或者分季度预缴企业所得税的，应当自月份或季度终了后15日内，向税务机关报送预缴企业所得税纳税申报表、财务会计报告和其他有关资料，并预缴税款。

企业预缴所得税时，可以按照月度或者季度的实际利润额预缴，或者按照上一纳税年度应纳税所得额的月度或者季度平均额预缴，或者经税务机关认可的其他方法预缴。预缴方法一经确定，该纳税年度内不得随意变更。

（二）年终汇算清缴企业所得税

企业年终汇算清缴企业所得税的，应当自年度终了后5个月内，向税务机关报送年度企业所得税纳税申报表，并汇算清缴，结清应补应退税款。

企业在年度中间终止经营活动的，应当自实际经营终止之日起60日内，向税务机关办理当期企业所得税汇算清缴。

企业应当在办理注销登记前，就其清算所得向税务机关申报并依法缴纳企业所得税。

企业在纳税年度内无论盈利或亏损，都应当按照规定的期限，向当地主管税务机关报送预缴企业所得税纳税申报表、年度企业所得税纳税申报表、财务会计报告和税务机关规定应当报送的其他有关资料。

二、纳税地点

对于企业所得税的纳税地点，具体规定如下：

（1）除税收法律、行政法规另有规定外，居民企业以企业登记注册地为纳税地点；但登记注册地在境外的，以实际管理机构所在地为纳税地点。

（2）居民企业在中国境内设立不具有法人资格的营业机构的，应当汇总计算并缴纳企业所得税。企业汇总计算并缴纳企业所得税时，应当统一核算应纳税所得额，具体办法由国务院财政、税务主管部门制定。

（3）非居民企业在中国境内设立机构、场所的，应当就其所设机构、场所取得的来源于中国境内的所得，以及发生在中国境外但与其所设机构、场所有实际联系的所得，以机构、场所所在地为纳税地点。非居民企业在中国境内设立两个或者两个以上机构、场所，符合国务院税务主管部门规定条件的，可以选择由其主要机构、场所汇总缴纳企业所得税。

（4）非居民企业在中国境内未设立机构、场所的，或者虽设立机构、场所但取得的所得与其所设机构、场所没有实际联系的所得，以扣缴义务人所在地为纳税地点。

（5）除国务院另有规定外，企业之间不得合并缴纳企业所得税。

三、跨地区经营汇总纳税企业所得税征收管理

（一）基本原则与适用范围

为加强跨地区经营汇总纳税企业所得税的征收管理，根据《企业所得税法》及其实施条例、《税收征收管理法》及其实施细则和《财政部 国家税务总局 中国人民银行关于印发〈跨省市总分机构企业所得税分配及预算管理办法〉的通知》（财预〔2012〕40号）等的有关规定，国家税务总局制定了《跨地区经营汇总纳税企业所得税征收管理办法》（国家税务总局2012年第57号公告），主要为：

（1）居民企业在中国境内跨地区（指跨省、自治区、直辖市和计划单列市，下同）设立不具有法人资格的营业机构、场所（以下称分支机构）的，该居民企业为汇总纳税企业（以下称企业），除另有规定外，

适用本办法。

（2）企业实行“统一计算、分级管理、就地预缴、汇总清算、财政调库”的企业所得税征收管理办法。

（3）总机构和具有主体生产经营职能的二级分支机构，就地分期预缴企业所得税。二级分支机构及其下属机构均由二级分支机构集中就地预缴企业所得税；三级及以下分支机构不就地预缴企业所得税，其经营收入、职工工资和资产总额统一计入二级分支机构。

（4）企业计算分期预缴的所得税时，其实际利润额、应纳税额及分摊因素数额，均不包括其在中国境外设立的营业机构。

（5）总机构和分支机构处于不同税率地区的，先由总机构统一计算全部应纳税所得额，然后依照前述办法规定的比例和三因素及其权重，计算划分不同税率地区机构的应纳税所得额后，再分别按总机构和分支机构所在地的适用税率计算应纳税额。

（二）税款预缴和汇算清缴

（1）企业应根据当期实际利润额，按照本办法规定的预缴分摊方法计算总机构和分支机构的企业所得税预缴额，分别由总机构和分支机构分月或者分季就地预缴。

在规定期限内按实际利润额预缴有困难的，经总机构所在地主管税务机关认可，可以按照上一年度应纳税所得额的1／12或1／4，由总机构、分支机构就地预缴企业所得税。

（2）总机构和分支机构应分期预缴的企业所得税，50%在各分支机构间分摊预缴，50%由总机构预缴。总机构预缴的部分，其中25%就地入库，25%预缴入中央国库，按照财预〔2008〕10号文件的有关规定进行分配。

（3）总机构在年度终了后5个月内，应依照法律、法规和其他有关规定进行汇总纳税企业的所得税年度汇算清缴。各分支机构不进行企业所得税汇算清缴。

当年应补缴的所得税款，由总机构缴入中央国库。当年多缴的所得税款，由总机构所在地主管税务机关开具“税收收入退还书”等凭证，按规定程序从中央国库办理退库。

（三）分支机构分摊税款比例

总机构应按照以前年度（1—6月份按上上年度，7—12月份按上年度）分支机构的经营收入、职工工资和资产总额三个因素计算各分支机构应分摊所得税款的比例，三因素的权重依次为0.35、0.35、0.30，计算公式如下：

某分支机构分摊比例=0.35×（该分支机构营业收入÷各分支机构营业收入之和）+0.35×（该分支机构工资总额÷各分支机构工资总额之和）+0.30×（该分支机构资产总额÷各分支机构资产总额之和）

（四）征收管理

（1）总机构和分支机构均应依法办理税务登记，接受所在地税务机关的监督和管理。

（2）分支机构应将其总机构、上级分支机构、下属分支机构信息报主管税务机关备案。

（3）总机构及其分支机构除按纳税申报规定向主管税务机关报送相关资料外，还应报送“中华人民共和国企业所得税汇总纳税分支机构分配表”、财务会计决算报告和职工工资总额情况表。

（4）分支机构的各项财产损失，应由分支机构所在地主管税务机关审核并出具证明后，再由总机构向所在地主管税务机关申报扣除。

（5）各分支机构主管税务机关应根据总机构主管税务机关反馈的“中华人民共和国企业所得税汇总纳税分支机构分配表”，对其主管分支机构应分摊入库的所得税税款和计算分摊税款比例的三项指标进行查验核对。发现计算分摊税款比例的三项指标有问题的，应及时将相关情况通报总机构主管税务机关。分支机构未按税款分配数额预缴所得税造成少缴税款的，主管税务机关应按照《税收征收管理法》及其实施细则的有关规定对其处罚，并将处罚结果通知总机构主管税务机关。

课后练习

一、思考题

1.小微企业可享受哪些税收优惠？其意义何在？

2.亏损弥补制度有什么意义？

3.什么是境外税收抵免？其目的是什么？

4.固定资产加速折旧政策的出发点是什么？

5.高新技术产业所得税优惠政策有哪些？

二、分析应用题

1.甲公司是一家有限责任公司，为增值税一般纳税人，其经营业务范围主要包括生产和销售液晶显示器和高清彩电，某纳税年度相关经营情况如下：

（1）销售液晶显示器取得不含税收入4 500万元，成本2 800万元；

（2）销售高清彩电取得不含税收入5 000万元，成本3 000万元；

（3）出租设备取得租金收入300万元，取得国债利息收入50万元；

（4）税金及附加90万元；

（5）销售费用1 500万元，其中广告费900万元；

（6）管理费用900万元，其中业务招待费90万元；

（7）财务费用75万元，其中含向非金融企业借款500万元所支付的年利息40万元（当年金融企业贷款的年利率为6%）；

（8）计入成本、费用中的实发工资600万元；发生的工会经费15万元、职工福利费82万元、职工教育经费18万元；

（9）营业外支出200万元，其中包括通过公益性社会团体向贫困山区的捐款160万元。

要求：根据上述资料，分别计算甲公司当年的会计利润、应纳税所得额和应纳的企业所得税税额。

2.某外商投资企业设立在某城市市区，主要从事高档化妆品生产销售，某年发生以下业务：

（1）外购原材料一批，用于生产高档化妆品，取得增值税专用发票，注明价款2 000万元，税额340万元，发票已通过认证。

（2）销售自产的高档化妆品30万件，取得不含税收入5 500万元。

（3）产品销售成本2 000万元，销售费用800万元，财务费用100万元，管理费用900万元（含业务招待费200万元）。

（4）5月份原料仓库发生火灾，损失外购的原材料成本40万元，取得保险公司赔款10万元和责任人赔款8万元。

（5）取得国债利息收入2万元。

要求：根据上述资料，分别计算该企业当年应缴纳的增值税、消费税、城建税、教育费附加和企业所得税。

3.某企业某纳税年度相关生产经营业务如下：

（1）当年主营业务收入700万元，国债利息收入10万元，取得对境内非上市公司的权益性投资收益46.8万元；

（2）全年营业成本为320万元；

（3）税金及附加23.1万元；

（4）全年发生财务费用50万元，其中10万元为在建工程的资本化利息支出；

（5）管理费用共计90万元，其中业务招待费25万元；

（6）销售费用共计40万元，其中广告费28万元；

（7）营业外支出共计列支公益性捐款30万元，向关联企业支付管理费用10万元。

要求：分析计算该企业当年应缴纳的企业所得税。

4.某企业某年度境内应纳税所得额为100万元，适用25%的企业所得税税率。另外，该企业分别在A、B两国设有分支机构（我国与A、B两国已经缔结避免双重征税协定），在A国的分支机构的应纳税所得额为50万元，A国企业所得税税率为20%；在B国的分支机构的应纳税所得额为30万元，B国企业所得税税率为30%。假设该企业在A、B两国所得按我国税法计算的应纳税所得额和按A、B两国税法计算的应纳税所得额一致，两个分支机构在A、B两国分别缴纳了10万元和9万元的企业所得税。

要求：计算该企业汇总纳税时应向我国税务机关申报缴纳的企业所得税。

第七章

个人所得税

学习目标

个人所得税是对个人的所得征收的一种税。它不仅是国家财政收入的重要来源，而且是调节社会成员收入分配、促进社会和谐的重要手段。我国现行的个人所得税制为并立型分类综合所得税制。通过本章的学习，要求掌握个人所得税的纳税人、征税范围和税率；掌握个人所得税应纳税额的计算；熟悉减免税的相关规定以及征收管理办法的主要内容；了解个人所得税的概念、特点和作用。

第一节　个人所得税概述

一、个人所得税的产生、发展及概念

（一）个人所得税的产生与发展

个人所得税最早于1799年在英国开征，经过200多年的发展已成为世界各国普遍开征的一个税种。

中华人民共和国成立后，1950年政务院颁布的《全国税政实施要

则》中列举了对个人所得征税的税种，主要有薪给报酬所得税和证券存款利息所得税，并对个体工商户的生产经营所得征收所得税，但薪给报酬所得税实际上并没有开征。在改革开放以后，1980年9月10日，第五届全国人大第三次会议通过并颁布了《中华人民共和国个人所得税法》(以下简称《个人所得税法》)，自公布之日起实施。同年12月14日，经国务院批准，财政部公布了《中华人民共和国个人所得税法施行细则》(以下简称《个人所得税法施行细则》)，以《个人所得税法》的公布实施日期为施行日期，而实际征收是在1981年。这是中华人民共和国第一部个人所得税法。这个税法对在中国境内居住个人的所得和不在中国境内居住而由个人从中国取得的所得都要征税，它对于合理维护我国在国际经济交往中的正当税收管辖权和税收利益、鼓励外籍人士来华工作或从事其他正常经济活动、解决个人收入的涉税问题，有着积极的重大意义。该法在当时不仅适用于在中国的外籍人员，也适用于中国公民。但由于《个人所得税法》对费用扣除标准是参照外籍人员在中国的收入水平确定的，在较长时间内，中国公民达到该水平的人数并不多，因而纳税人很少。为适应经济发展，国务院于1986年1月颁布了《中华人民共和国城乡个体工商业户所得税暂行条例》，征税范围是从事工业、商业、服务业、建筑安装业、交通运输业和其他行业的城乡个体工商户的经营所得和其他所得。为调节公民个人收入，防止个人之间收入差距悬殊，国务院又于同年9月颁布了《中华人民共和国个人收入调节税暂行条例》，将应税所得分为工资、薪金收入，承包、转包收入，劳务报酬收入，财产租赁收入，专利权的转让、专利实施许可、非专利技术提供和转让收入，投稿、翻译收入，利息、股息、红利收入和其他收入等8项。随着时间的推移和社会经济的迅速发展，我国对个人所得征税的三个税收法律、法规并存的状况显得极不规范，在实施过程中逐步暴露出了一系列问题和矛盾。为适应建立社会主义市场经济体制和进一步改革开放的要求，需要一部既适用于境内人士，又适用于个体工商户及其他人员的统一的个人所得税法。因此，1993年10月31日第八届全国人民代表大会常务委员会第四次会议重新修正了《个人所得税法》，不再区分个人的性质，凡取得收入的个人，无论是居民个人还是非居民个人，都适用。修正后的《个人所得税法》自1994年1月1日起施行，同时取消了个人收入调节税和城乡个体工商业户所得税两个暂行条例。此后，为适应经济形势的发展，《个人所得税法》又经历了数次修正。

我国现行个人所得税的基本规范是2018年8月31日第十三届全国人民代表大会常务委员会第五次会议第七次修正的《中华人民共和国个人所得税法》以及2018年12月18日国务院公布修改后的《中华人民共和国个人所得税法实施条例》，自2019年1月1日起实施。

（二）个人所得税的概念

个人所得税是以个人（自然人）取得的各项所得为征税对象所征收的一种税。个人所得税税制模式可分为：分类所得税制、综合所得税制和分类综合所得税制三种类型，其中分类综合所得税制又可以分为交叉型和并立型两种。

1.分类所得税制

分类所得税制亦称个别所得税制，是将个人各种来源不同、性质各异的所得进行分类，只对税法规定的几种所得（如薪金、股息、营业利润或偶然所得），分别扣除不同的费用，以不同的税率课税，不将个人在特定时期的不同类别的所得合并计算征税。换言之，纳税人的所得以各自独立的方式计算纳税，互不干扰。

分类所得税制的理论依据在于纳税人不同的收入体现了不同的性质，要贯彻区别对待的原则，对不同性质的所得项目采取不同的税率，以不同的方式课征。劳动所得（如工资薪金所得）要付出辛勤劳动，应课以较轻的税；投资所得（如营业利润、利息、租金、股息等收益）靠运用资财而得，为体现税收的调节作用，应课以较重的税。从理论上讲，最理想的对个人所得的分类课税制度是由以各类所得作为课税对象的一整套互相并列的各个独立税种所组成的税收法律体系。

分类所得税制的特征是只对税法上明确规定的所得分别课税，而不是将个人的总所得合并课税。分类所得税制能够广泛采用源泉课征方法，征管简便，节省征收费用，而且可按所得的性质采取差别税率，有利于实现特定的政策目标。但它不能按纳税人全面的、真实的纳税能力征税，不符合量能负担原则，不能重课大额所得，且存在税负不公平的现象，起不到调节社会收入分配的作用。比起“综合所得税制”来说，分类所得税制更为原始一些，而且对实际执行中遇到的一系列所得的概念性区分问题缺乏较好的解决方法。

2.综合所得税制

综合所得税制亦称一般所得税制，是将纳税人一定时期内的各种所得（包括以现金、财产或劳务等各种形式取得的收入），不管其所得来源如何，综合起来作为一个所得总体来对待，再减去最低生活费用及抚养费，对其余额以累进税率课征。

综合所得税制的指导思想是：个人所得税既然是一种对人税，就不应该对个人所得进行分类，而应综合个人全年各种所得作为应纳税所得额。综合所得税制的特点是将来源于各种渠道的所有形式的所得汇总课税，不分类别，统一扣除，再以减除各项法定的费用扣除额和生计扣除额后的净额，按统一的税率课征。

综合所得税制的特点是：税基宽，不像分类所得税制那样仅限于税法规定的所得项目。相反，除了税法规定的免税项目以外，均属于其课税范围，能够有效反映纳税人的综合负税能力，并能充分考虑个人经济情况和家庭负担等，给予减免照顾，对总的净所得采取累进税率，可以达到调节纳税人之间收入分配差距的目的，能够较好地体现量能负担的公平原则。

在综合所得税制下，虽然各类所得也有扣缴或预缴纳税的规定，但这只是一种预扣、预缴，是保证税收收入较为均衡入库的方法，而纳税人全年的纳税义务，必须于纳税年度终了后，综合全年各项所得总额，减去法定减免及特定扣除项目后，按累进税率来确定其应纳税额。综合所得税制所依据的课税基础比较符合纳税人的负担能力。

在综合所得税制下，因为课税所得范围广泛，而扣缴办法适用范围有限，所以要按个人全年总所得计算课税，就必须由纳税人自行申报。如无纳税人的自行申报以及计算机网络的交叉稽核，就不可能征收。因此，综合所得税制的顺利实施要求征纳双方均有较高的文化素质，特别是纳税人要有较强的纳税意识，同时还要有健全的法制和先进的税收征管手段。

3.分类综合所得税制

分类综合所得税制是将个人不同来源的所得，首先按性质分为不同项目，对不同项目的所得先进行费用扣除，并对其余额从源泉扣缴，然后再将全部或部分所得项目加总，扣除宽免额，运用累进税率征税。这种税制是由分类所得税制和综合所得税制合并应用而成的，故亦称为混合所得税制。它兼有分类所得税制和综合所得税制的优点和缺点。

在各国具体的税务实践中，分类综合所得税制又可分为交叉型分类综合所得税制和并立型分类综合所得税制两种类型。

（1）交叉型分类综合所得税制。

交叉型分类综合所得税制就是对各类所得项目，按其性质和国家政策需要，区分劳动所得和非劳动所得分别订立计税规则，分别按不同的比例税率实行源泉扣缴，然后到年终综合全部所得，适用超额累进税率征税，分类课税时已纳税款准予抵扣。对于低收入的纳税人可以不要求其年终进行纳税申报，只要求高收入的纳税人年终进行纳税申报和汇算清缴。该类型的税制更趋向于综合税制模式。

其特点是对同一所得进行两次独立课税。交叉型分类综合所得税制既实行差别课税，又采用累进税率课征全面所得，综合了前面两种税制的优点，能够实行源泉扣缴和预缴，实现税收收入的均衡入库，防止漏税；全部所得又要由纳税人合并申报，对扣缴义务人的如实扣缴和扣缴税款的全额入库有一定的促进作用。税务机关由此可以对纳税人与扣缴人进行交叉稽核，等于对个人所得税加上了“双保险”，且符合量能负担的原则。

（2）并立型分类综合所得税制。

并立型分类综合所得税制就是对各类所得项目，按其性质和国家政策需要，对部分项目所得分别按不同的比例税率实行源泉扣缴，其余项目所得到年终综合起来，适用超额累进税率征税，源泉扣缴部分所得已纳税款不准抵扣。其特点是针对不同所得按不同的方式进行一次课税。该类型的税制更趋向于分类税制模式。其优点在于对个人所得税制转型国家来说比较易于操作，其缺点类似于分类所得税制，主要是纳税人之间的税收负担难以达到公平。

二、个人所得税的特点

我国现行的个人所得税主要有以下特点：

（一）实行并立型分类综合所得税制

我国现行个人所得税采用的是并立型分类综合所得税制，将个人的各种所得分为9项。对居民个人取得工资薪金所得、劳务报酬所得、稿酬所得和特许权使用费所得实行综合征收，按纳税年度合并计算个人所得税；对非居民个人取得这四项所得，按月或者按次分项计算个人所得税。对纳税人取得其他5类所得实行分类课征制度，分别计算个人所得税。

（二）两种税率形式并用

我国现行个人所得税根据各类个人所得的不同性质和特点，将超额累进税率和比例税率运用于个人所得税制。对综合征收的所得和经营所得采用不同的超额累进税率。对其他所得采用比例税率，实行等比负担。

（三）多种费用扣除方式并用

我国本着费用扣除从宽从简的原则，对居民个人的综合所得，采取每年减除60 000元以及专项扣除、专项附加扣除和依法确定的其他扣除的费用扣除方法。对非居民个人的工资、薪金所得，每月定额减除5 000元的费用。对经营所得，可以减除成本、费用以及损失。对财产租赁所得，每次收入不超过4 000元的，定额扣除800元；每次收入超过4 000元的，定率扣除20%；对财产转让所得，可减除财产原值和合理费用。利息、股息、红利所得和偶然所得，不减除任何费用。

（四）代扣代缴和自行申报方式并用

个人所得税的征收方法有支付单位源泉扣缴和纳税人自行申报两种方法。根据《个人所得税法》的规定，向个人支付应税所得的单位和个人，为个人所得税的扣缴义务人，应履行个人所得税的代扣代缴义务。对于取得综合所得需要办理汇算清缴、没有扣缴义务人等情形的，由纳税人依法办理纳税申报。

第二节　个人所得税的纳税人、征税对象和税率

一、纳税人

根据《个人所得税法》，个人所得税以所得人为纳税人，以支付所

得的单位或者个人为扣缴义务人。依据国际惯例，个人所得税的纳税人按照住所和居住时间两个标准划分为居民纳税人和非居民纳税人。

（一）居民纳税人

根据《个人所得税法》，在中国境内有住所，或者无住所而一个纳税年度内在中国境内居住累计满183天的个人，为居民个人。居民个人从中国境内和境外取得的所得，依照规定缴纳个人所得税。

根据《个人所得税法》实施条例，在中国境内有住所，是指因户籍、家庭、经济利益关系而在中国境内习惯性居住；所称从中国境内和境外取得的所得，分别是指来源于中国境内的所得和来源于中国境外的所得。

“习惯性住所”是指因户籍、家庭、经济利益关系而在中国境内习惯性居住，不是指实际居住地或在某一特定时期内的居住地。

（二）非居民纳税人

根据《个人所得税法》，在中国境内无住所又不居住，或者无住所而一个纳税年度内在中国境内居住累计不满183天的个人，为非居民个人。非居民个人从中国境内取得的所得，依照规定缴纳个人所得税。

住所和居住时间标准是两个并列标准，个人只要符合或达到其中任何一个标准即为居民纳税人，两个标准都不符合的即为个人所得税的非居民纳税人。

二、征税对象

（一）应税所得

根据《个人所得税法》和《个人所得税法实施条例》，个人所得税的征税对象是个人取得的应税所得，税法列举了9项：

1.工资、薪金所得

工资、薪金所得，是指个人因任职或者受雇取得的工资、薪金、奖金、年终加薪、劳动分红、津贴、补贴以及与任职或者受雇有关的其他所得。

2.劳务报酬所得

劳务报酬所得，是指个人从事劳务取得的所得，包括从事设计、装潢、安装、制图、化验、测试、医疗、法律、会计、咨询、讲学、翻译、审稿、书画、雕刻、影视、录音、录像、演出、表演、广告、展览、技术服务、介绍服务、经纪服务、代办服务以及其他劳务取得的所得。

3.稿酬所得

稿酬所得，是指个人因其作品以图书、报刊等形式出版、发表而取得的所得。

4.特许权使用费所得

特许权使用费所得，是指个人提供专利权、商标权、著作权、非专利技术以及其他特许权的使用权取得的所得；提供著作权的使用权取得的所得，不包括稿酬所得。

居民个人取得前述四项所得（以下称综合所得），按纳税年度合并计算个人所得税；非居民个人取得前述四项所得，按月或者按次分项计算个人所得税。

5.经营所得

经营所得，是指：

（1）个体工商户从事生产、经营活动取得的所得，个人独资企业投资人、合伙企业的个人合伙人来源于境内注册的个人独资企业、合伙企业生产、经营的所得；

（2）个人依法从事办学、医疗、咨询以及其他有偿服务活动取得的所得；

（3）个人对企业、事业单位承包经营、承租经营以及转包、转租取得的所得；

（4）个人从事其他生产、经营活动取得的所得。

6.利息、股息、红利所得

利息、股息、红利所得，是指个人拥有债权、股权等而取得的利息、股息、红利所得。

7.财产租赁所得

财产租赁所得，是指个人出租不动产、机器设备、车船以及其他财产取得的所得。

8.财产转让所得

财产转让所得，是指个人转让有价证券、股权、合伙企业中的财产份额、不动产、机器设备、车船以及其他财产取得的所得。

9.偶然所得

偶然所得，是指个人得奖、中奖、中彩以及其他偶然性质的所得。

纳税人取得第5至第9项所得，依法分别计算个人所得税。

个人取得的所得，难以界定应纳税所得项目的，由国务院税务主管部门确定。

（二）所得的形式

个人所得的形式，包括现金、实物、有价证券和其他形式的经济利益；所得为实物的，应当按照取得的凭证上所注明的价格计算应纳税所得额，无凭证的实物或者凭证上所注明的价格明显偏低的，参照市场价格核定应纳税所得额；所得为有价证券的，根据票面价格和市场价格核定应纳税所得额；所得为其他形式的经济利益的，参照市场价格核定应纳税所得额。

各项所得的计算，以人民币为单位。所得为人民币以外的货币的，按照人民币汇率中间价折合成人民币缴纳税款。

（三）所得来源地的确定

居民纳税人承担无限纳税义务，就其来源于中国境内、境外的所得向我国申报纳税；非居民纳税人履行有限纳税义务，就其来源于中国境内的所得向我国申报纳税。确定个人收入的来源地，是确定纳税人要不要履行纳税义务的前提。下列所得不论支付地点是否在中国境内，均为来源于中国境内的所得：

（1）因任职、受雇、履约等而在中国境内提供劳务取得的所得；

（2）将财产出租给承租人在中国境内使用而取得的所得；

（3）许可各种特许权在中国境内使用而取得的所得；

（4）转让中国境内的不动产等财产或者在中国境内转让其他财产取得的所得；

（5）从中国境内企业、事业单位、其他组织以及居民个人取得的利息、股息、红利所得。

根据《个人所得税法实施条例》，在中国境内无住所的个人，在中国境内居住累计满183天的年度连续不满6年的，经向主管税务机关备案，其来源于中国境外且由境外单位或者个人支付的所得，免予缴纳个人所得税；在中国境内居住累计满183天的任一年度中有一次离境超过30天的，其在中国境内居住累计满183天的年度的连续年限重新计算。

三、税率

（一）综合所得

综合所得，适用3%～45%的7级超额累进税率，见表7-1。

表7-1　　个人所得税税率表一（综合所得适用）

级数	全年应纳税所得额	税率（%）	速算扣除数（元）
1	不超过36 000元的	3	0
2	超过36 000至144 000元的部分	10	2 520
3	超过144 000至300 000元的部分	20	16 920
4	超过300 000至420 000元的部分	25	31 920
5	超过420 000至660 000元的部分	30	52 920
6	超过660 000至960 000元的部分	35	85 920
7	超过960 000元的部分	45	181 920

注：(1) 本表所称全年应纳税所得额是指依照《个人所得税法》第六条的规定，居民个人取得综合所得以每一纳税年度收入额减除费用6万元以及专项扣除、专项附加扣除和依法确定的其他扣除后的余额。

(2) 非居民个人取得工资、薪金所得，劳务报酬所得，稿酬所得和特许权使用费所得，依照本表按月换算后计算应纳税额。

（二）经营所得

经营所得，适用5%～35%的5级的超额累进税率，见表7-2。

表7-2　　个人所得税税率表二（经营所得适用）

级数	全年应纳税所得额	税率（%）	速算扣除数（元）
1	不超过30 000元的	5	0
2	超过30 000至90 000元的部分	10	1 500
3	超过90 000至300 000元的部分	20	10 500
4	超过300 000至500 000元的部分	30	40 500
5	超过500 000元的部分	35	65 500

注：表中均为按照税法规定减除有关费用（成本、损失）后的所得额。

（三）其他所得

利息、股息、红利所得，财产租赁所得，财产转让所得和偶然所得，适用比例税率，税率为20%。

第三节　个人所得税的减免税

一、免征个人所得税的项目

下列各项个人所得，免征个人所得税：

（1）省级人民政府、国务院部委和中国人民解放军军以上单位，以及外国组织、国际组织颁发的科学、教育、技术、文化、卫生、体育、环境保护等方面的奖金。

（2）国债和国家发行的金融债券利息。国债利息，是指个人持有中华人民共和国财政部发行的债券而取得的利息；国家发行的金融债券利息，是指个人持有经国务院批准发行的金融债券而取得的利息。

（3）按照国家统一规定发给的补贴、津贴。按照国家统一规定发给的补贴、津贴，是指按照国务院规定发给的政府特殊津贴、院士津贴，以及国务院规定免予缴纳个人所得税的其他补贴、津贴。

（4）福利费、抚恤金、救济金。福利费，是指根据国家有关规定，从企业、事业单位、国家机关、社会组织提留的福利费或者工会经费中支付给个人的生活补助费；救济金，是指各级人民政府民政部门支付给个人的生活困难补助费。

（5）保险赔款。

（6）军人的转业费、复员费、退役金。

（7）按照国家统一规定发给干部、职工的安家费、退职费、基本养老金或者退休费、离休费、离休生活补助费。

（8）依照有关法律规定应予免税的各国驻华使馆、领事馆的外交代表、领事官员和其他人员的所得。该项所得，是指依照《中华人民共和国外交特权与豁免条例》和《中华人民共和国领事特权与豁免条例》规定免税的所得。

（9）中国政府参加的国际公约、签订的协议中规定免税的所得。

（10）国务院规定的其他免税所得。该项免税规定，由国务院报全国人民代表大会常务委员会备案。

二、减征个人所得税的项目

有下列情形之一的，可以减征个人所得税，具体幅度和期限，由省、自治区、直辖市人民政府规定，并报同级人民代表大会常务委员会备案：

（1）残疾、孤老人员和烈属的所得；

（2）因自然灾害遭受重大损失的。

国务院可以规定其他减税情形，报全国人民代表大会常务委员会备案。

第四节　综合所得应纳税额的计算

一、应纳税所得额的计算

依据《个人所得税法》，居民个人的综合所得，以每一纳税年度的收入额减除费用6万元以及专项扣除、专项附加扣除和依法确定的其他扣除后的余额，为应纳税所得额。

（一）收入额的确定

劳务报酬所得、稿酬所得、特许权使用费所得以收入减除20%的费用后的余额为收入额。稿酬所得的收入额减按70%计算。

【例7-1】中国居民张某2019年度取得劳务报酬收入20 000元，稿酬收入15 000元，特许权使用费收入30 000元。则张某2019年此三项综合所得的应税收入额计算过程如下：

劳务报酬收入额=20 000×（1−20%）=16 000（元）

稿酬收入额=15 000×（1−20%）×70%=8 400（元）

特许权使用费收入额=30 000×（1−20%）=24 000（元）

（二）专项扣除

专项扣除，包括居民个人按照国家规定的范围和标准缴纳的基本养老保险、基本医疗保险、失业保险等社会保险费和住房公积金等。

（三）专项附加扣除

专项附加扣除，是指《个人所得税法》规定的子女教育、继续教育、大病医疗、住房贷款利息或者住房租金、赡养老人等6项专项附加扣除。

1.子女教育

（1）扣除标准。

纳税人的子女接受全日制学历教育的相关支出，按照每个子女每月1 000元的标准定额扣除。

学历教育包括义务教育（小学、初中教育）、高中阶段教育（普通高中、中等职业、技工教育）、高等教育（大学专科、大学本科、硕士研究生、博士研究生教育）。

纳税人有年满3岁至小学入学前处于学前教育阶段的子女，按规定即可享受子女教育的专项扣除。

（2）扣除方式。

父母可以选择由其中一方按扣除标准的100%扣除，也可以选择由双方分别按扣除标准的50%扣除，具体扣除方式在一个纳税年度内不能变更。

（3）资料备查。

纳税人子女在中国境外接受教育的，纳税人应当留存境外学校录取通知书、留学签证等相关教育的证明资料备查。

【例7-2】承例7-1，张某有两个小孩，一个5岁，一个1岁，则其子女教育扣除额共为12 000元，因为1岁的小孩没有该项扣除。张某的综合所得收入高于妻子，其选择自己申报这一专项扣除。

如果张某的综合所得收入和妻子的差不多，也可以选择由双方分别扣除6 000元；如果张某的综合所得收入低于妻子，其宜选择由妻子申报扣除这一专项扣除。

2.继续教育

（1）扣除标准。

纳税人在中国境内接受学历（学位）继续教育的支出，在学历（学位）教育期间按照每月400元定额扣除。同一学历（学位）继续教育的扣除期限不能超过48个月。纳税人接受技能人员职业资格继续教育、专业技术人员职业资格继续教育的支出，在取得相关证书的当年，按照3 600元定额扣除。

（2）扣除方式。

个人接受本科及以下学历（学位）继续教育，符合规定扣除条件的，可以选择由其父母扣除，也可以选择由本人扣除。

（3）资料备查。

纳税人接受技能人员职业资格继续教育、专业技术人员职业资格继续教育的，应当留存相关证书等资料备查。

【例 7-3】承例 7-1，张某于2018年考入国内某高校的在职研究生，学制三年。则其2019年的继续教育扣除额为4 800元。

3.大病医疗

（1）扣除标准。

在一个纳税年度内，纳税人发生的与基本医保相关的医药费用支出，扣除医保报销后个人负担（指医保目录范围内的自付部分）累计超过15 000元的部分，由纳税人在办理年度汇算清缴时，在80 000元限额内据实扣除。

（2）扣除方式。

纳税人发生的医药费用支出可以选择由本人或者其配偶扣除；未成年子女发生的医药费用支出可以选择由其父母一方扣除。

纳税人及其配偶、未成年子女发生的医药费用支出，按上述扣除标准的规定分别计算扣除额。

（3）资料备查。

纳税人应当留存医药服务收费及医保报销相关票据原件（或者复印件）等资料备查。医疗保障部门应当向患者提供在医疗保障信息系统记录的本人年度医药费用信息查询服务。

【例 7-4】假定居民纳税人李某2019年因病住院，医药费用支出扣除医保报销后个人负担（指医保目录范围内的自付部分）累计为100 000元，则李某可扣除的大病医疗费用为多少呢？

李某2019年的医药费用支出，扣除医保报销后个人负担累计为100 000元，超过15 000元的数额为85 000元，则李某可扣除的大病医疗费用为80 000元。

如果李某2019年的医药费用支出，扣除医保报销后个人负担累计为90 000元，超过15 000元的数额为75 000元，则李某可扣除的大病医疗费用为75 000元。

4.住房贷款利息

（1）扣除标准。

纳税人本人或者配偶单独或者共同使用商业银行或者住房公积金个人住房贷款为本人或者配偶购买中国境内住房，发生的首套住房贷款利息支出，在实际发生贷款利息的年度，按照每月1 000元的标准定额扣除，扣除期限最长不超过240个月。纳税人只能享受一次首套住房贷款的利息扣除。

所称首套住房贷款，是指购买住房享受首套住房贷款利率的住房贷款。

（2）扣除方式。

经夫妻双方约定，可以选择由其中一方扣除，具体扣除方式在一个纳税年度内不能变更。

夫妻双方婚前分别购买住房发生的首套住房贷款，其贷款利息支出，婚后可以选择其中一套购买的住房，由购买方按扣除标准的100%扣除，也可以由夫妻双方对各自购买的住房分别按扣除标准的50%扣除，具体扣除方式在一个纳税年度内不能变更。

（3）资料备查。

纳税人应当留存住房贷款合同、贷款还款支出凭证备查。

5.住房租金

（1）扣除标准。

纳税人在主要工作城市因没有自有住房而发生的住房租金支出，可以按照以下标准进行定额扣除：

①直辖市、省会（首府）城市、计划单列市以及国务院确定的其他城市，扣除标准为每月1 500元；

②除第①项所列城市以外，市辖区户籍人口超过100万的城市，扣除标准为每月1 100元；市辖区户籍人口不超过100万的城市，扣除标准为每月800元。

纳税人的配偶在纳税人的主要工作城市有自有住房的，视同纳税人在主要工作城市有自有住房。

市辖区户籍人口，以国家统计局公布的数据为准。

（2）扣除方式。

所称主要工作城市，是指纳税人任职受雇的直辖市、计划单列市、副省级城市、地级市（地区、州、盟）全部行政区域范围；纳税人无任职受雇单位的，为受理其综合所得汇算清缴的税务机关所在城市。

夫妻双方主要工作城市相同的，只能由一方扣除住房租金支出。

住房租金支出由签订租赁住房合同的承租人扣除。

纳税人及其配偶在一个纳税年度内不能同时分别享受住房贷款利息和住房租金专项附加扣除。

（3）资料备查。

纳税人应当留存住房租赁合同、协议等有关资料备查。

6.赡养老人

纳税人赡养一位及以上被赡养人的赡养支出，统一按照以下标准定额扣除：

（1）纳税人为独生子女的，按照每月2 000元的标准定额扣除。

（2）纳税人为非独生子女的，由其与兄弟姐妹分摊每月2 000元的扣除额度，每人分摊的额度不能超过每月1 000元。可以由赡养人均摊或者约定分摊，也可以由被赡养人指定分摊。约定或者指定分摊的须签订书面分摊协议，指定分摊优先于约定分摊。具体分摊方式和额度在一个纳税年度内不能变更。

被赡养人是指年满60岁的父母，以及子女均已去世的年满60岁的祖父母、外祖父母。

个人所得税专项附加扣除额一个纳税年度扣除不完的，不能结转以后年度扣除。

【例7-5】承例7-1，张某是独生子，其父母均已年满60岁。则其2019年可扣除的赡养老人的费用为24 000元（2 000×12）。

（四）依法确定的其他扣除

依法确定的其他扣除，包括个人缴付符合国家规定的企业年金、职业年金，个人购买符合国家规定的商业健康保险、税收递延型商业养老保险的支出，以及国务院规定可以扣除的其他项目。

专项扣除、专项附加扣除和依法确定的其他扣除，以居民个人一个纳税年度的应纳税所得额为限额；一个纳税年度扣除不完的，不结转以后年度扣除。

【例7-6】承例7-1、例7-2、例7-3、例7-5，张某2019年度，其取得工资收入总额120 000元（扣除了依法确定的其他扣除），张某2019年没有生过大病，也没有首套房贷款支出和租房利息支出。则其2019年的全年应纳税所得额计算过程如下：

$$\text{综合所得的年应纳税所得额}=120\,000+16\,000+8\,400+24\,000-60\,000-12\,000-4\,800-24\,000=67\,600\text{（元）}$$

二、应纳税额的计算

在应纳税所得额计算出来之后，个人所得税应纳税额的计算公式为：

应纳税额=应纳税所得额×适用税率-速算扣除数

【例7-7】承例7-6，张某2019年度综合所得的应纳税额计算如下：

查个人所得税税率表一（综合所得适用）可知，其适用第2级税率和速算扣除数。

综合所得的应纳税额=67 600×10%-2 520=4 240（元）

三、居民个人预扣预缴方法

扣缴义务人向居民个人支付工资、薪金所得，劳务报酬所得，稿酬所得，特许权使用费所得时，按以下方法预扣预缴个人所得税，并向主管税务机关报送《个人所得税扣缴申报表》。年度预扣预缴税额与年度应纳税额不一致的，由居民个人于次年3月1日至6月30日向主管税务机关办理综合所得年度汇算清缴，税款多退少补。

（一）扣缴义务人向居民个人支付工资、薪金所得

扣缴义务人向居民个人支付工资、薪金所得时，应当按照累计预扣法计算预扣税款，并按月办理全员全额扣缴申报。具体计算公式如下：

$$\text{本期应预扣预缴税额}=\left(\text{累计预扣预缴应纳税所得额}\times\text{预扣率}-\text{速算扣除数}\right)-\text{累计减免税额}-\text{累计已预扣预缴税额}$$

$$\text{累计预扣预缴应纳税所得额}=\text{累计收入}-\text{累计免税收入}-\text{累计减除费用}-\text{累计专项扣除}-\text{累计专项附加扣除}-\text{累计依法确定的其他扣除}$$

其中：累计减除费用，按照5 000元/月乘以纳税人当年截至本月在

本单位的任职受雇月份数计算。

上述公式中，计算居民个人工资、薪金所得预扣预缴税额的预扣率、速算扣除数，按《个人所得税预扣率表一》（表7-3）执行。

表7-3 **个人所得税预扣率表一**

（居民个人工资、薪金所得预扣预缴适用）

级数	累计预扣预缴应纳税所得额	预扣率（%）	速算扣除数（元）
1	不超过36 000元	3	0
2	超过36 000元至144 000元的部分	10	2 520
3	超过144 000元至300 000元的部分	20	16 920
4	超过300 000元至420 000元的部分	25	31 920
5	超过420 000元至660 000元的部分	30	52 920
6	超过660 000元至960 000元的部分	35	85 920
7	超过960 000元的部分	45	181 920

（二）扣缴义务人向居民个人支付劳务报酬所得、稿酬所得、特许权使用费所得

扣缴义务人向居民个人支付劳务报酬所得、稿酬所得、特许权使用费所得，按次或者按月预扣预缴个人所得税。具体预扣预缴方法如下：

（1）劳务报酬所得、稿酬所得、特许权使用费所得以收入减除费用后的余额为收入额。其中，稿酬所得的收入额减按70%计算。

（2）减除费用：劳务报酬所得、稿酬所得、特许权使用费所得每次收入不超过4 000元的，减除费用按800元计算；每次收入4 000元以上的，减除费用按20%计算。

（3）应纳税所得额：劳务报酬所得、稿酬所得、特许权使用费所得，以每次收入额为预扣预缴应纳税所得额。劳务报酬所得适用20%至40%的超额累进预扣率（表7-4），稿酬所得、特许权使用费所得适用20%的比例预扣率。

劳务报酬所得应预扣预缴税额=预扣预缴应纳税所得额×预扣率-速算扣除数

稿酬所得、特许权使用费所得应预扣预缴税额=预扣预缴应纳税所得额×20%

表 7-4　　　　　　　　**个人所得税预扣率表二**

（居民个人劳务报酬所得预扣预缴适用）

级数	预扣预缴应纳税所得额	预扣率（%）	速算扣除数（元）
1	不超过 20 000 元	20	0
2	超过 20 000 元至 50 000 元的部分	30	2 000
3	超过 50 000 元的部分	40	7 000

四、非居民个人扣缴方法

扣缴义务人向非居民个人支付工资、薪金所得，劳务报酬所得，稿酬所得和特许权使用费所得时，应当按以下方法按月或者按次代扣代缴个人所得税：

非居民个人的工资、薪金所得，以每月收入额减除费用 5 000 元后的余额为应纳税所得额；劳务报酬所得、稿酬所得、特许权使用费所得，以每次收入额为应纳税所得额，适用按月换算后的非居民个人月度税率表（表 7-5）计算应纳税额。其中，劳务报酬所得、稿酬所得、特许权使用费所得以收入减除 20% 的费用后的余额为收入额。稿酬所得的收入额减按 70% 计算。

表 7-5　　　　　　　　**个人所得税税率表三**

（非居民个人工资、薪金所得，劳务报酬所得，稿酬所得，特许权使用费所得适用）

级数	应纳税所得额	税率（%）	速算扣除数
1	不超过 3 000 元	3	0
2	超过 3 000 元至 12 000 元的部分	10	210
3	超过 12 000 元至 25 000 元的部分	20	1 410
4	超过 25 000 元至 35 000 元的部分	25	2 660
5	超过 35 000 元至 55 000 元的部分	30	4 410
6	超过 55 000 元至 80 000 元的部分	35	7 160
7	超过 80 000 元的部分	45	15 160

劳务报酬所得、稿酬所得、特许权使用费所得，属于一次性收入的，以取得该项收入为一次；属于同一项目连续性收入的，以一个月内

取得的收入为一次。

非居民个人工资、薪金所得，劳务报酬所得，稿酬所得，特许权使用费所得的应纳税额的计算公式如下：

应纳税额=应纳税所得额×税率-速算扣除数

第五节 分类所得应纳税额的计算

一、经营所得应纳税额的计算

（一）应纳税所得额的计算

经营所得，以每一纳税年度的收入总额减除成本、费用以及损失后的余额，为应纳税所得额。

可减除的成本、费用，是指生产、经营活动中发生的各项直接支出和分配计入成本的间接费用以及销售费用、管理费用、财务费用；可减除的损失，是指生产、经营活动中发生的固定资产和存货的盘亏、毁损、报废损失，转让财产损失，坏账损失，自然灾害等不可抗力因素造成的损失以及其他损失。

取得经营所得的个人，没有综合所得的，计算其每一纳税年度的应纳税所得额时，应当减除费用6万元、专项扣除、专项附加扣除以及依法确定的其他扣除。专项附加扣除在办理汇算清缴时减除。

从事生产、经营活动，未提供完整、准确的纳税资料，不能正确计算应纳税所得额的，由主管税务机关核定应纳税所得额或者应纳税额。

（二）应纳税额的计算

在应纳税所得额计算出来之后，个人所得税应纳税额的计算公式为：

应纳税额=应纳税所得额×适用税率-速算扣除数

【例7-8】假定中国居民赵某2019年从事经营活动取得的经营收入总额为100万元，可以扣除的各项成本、费用以及损失为60万元。同时赵某有综合所得收入10万元。则赵某2019年的经营所得应纳税额计算过程如下：

应纳税所得额=100-60=40（万元）

查个人所得税税率表二（经营所得适用）知，应适用第4级税率和速算扣除数。

应纳所得税额=400 000×30%-40 500=79 500（元）

二、财产租赁所得应纳税额的计算

（一）应纳税所得额的计算

财产租赁所得，每次收入不超过4 000元的，减除费用800元；4 000元以上的，减除20%的费用，其余额为应纳税所得额。

财产租赁所得，以一个月内取得的收入为一次。对一次取得数月、数年的租金收入，也可根据合同和实际所得所属月份分别计算。个人将承租房屋转租取得的租金收入，属于个人所得税应税所得，应按“财产租赁所得”项目计算缴纳个人所得税。取得转租收入的个人向房屋出租方支付的租金，凭房屋租赁合同和合法支付凭据允许在计算个人所得税时，从该项转租收入中扣除。

个人出租财产取得的财产租赁收入，在计算缴纳个人所得税时，应依次扣除以下费用：

（1）财产租赁过程中缴纳的税费。个人出租房屋的个人所得税应税收入不含增值税，计算房屋出租所得可扣除的税费不包括本次出租缴纳的增值税。免征增值税的，确定计税依据时，租金收入不扣减增值税额。

（2）向出租方支付的租金。个人转租房屋的，其向房屋出租方支付的租金及增值税额，在计算转租所得时予以扣除。

（3）由纳税人负担的租赁财产实际开支的修缮费用（允许扣除的修缮费用以每次800元为限，一次扣除不完的，准予在下一次继续扣除，直到扣完为止）。

税法规定的费用扣除标准为：

①每次（月）收入不超过4 000元的：

应纳税所得额=每次（月）收入额-缴纳的税费-修缮费用（800元为限）-800

②每次（月）收入超过4 000元的：

$$\text{应纳税所得额}=\left[\text{每次(月)收入额}-\text{缴纳的税费}-\text{修缮费用(800元为限)}\right]\times(1-20\%)$$

（二）应纳税额的计算

财产租赁所得依其应纳税所得额和20%的比例税率计算应纳税额。其计算公式为：

应纳税额=应纳税所得额×税率

根据《财政部 国家税务总局关于调整住房租赁市场税收政策的通知》（财税〔2000〕125号）的规定，对个人出租房屋取得的所得暂减按10%的税率征收个人所得税。

【例7-9】韦丽2019年将私有住房出租1年，每月取得租金收入4 000元，当年3月发生租房维修费用2 000元，每月缴纳房产税160元。韦丽当年各月房租收入应缴纳的个人所得税计算如下：

由于每月租金4 000元未达到增值税起征点，所以免征增值税、城建税和教育费附加。在计算房产税和个人所得税时，租金收入不得扣除增值税。

韦丽1、2月，6—12月各月应纳税额为：

应纳税所得额=4 000-160-800=3 040（元）

应纳税额=3 040×10%=304（元）

3、4月应纳税额为：

应纳税所得额=4 000-160-800-800=2 240（元）

应纳税额=2 240×10%=224（元）

5月应纳税额为：

应纳税所得额=4 000-160-400-800=2 640（元）

应纳税额=2 640×10%=264（元）

三、财产转让所得应纳税额的计算

（一）应纳税所得额的计算

财产转让所得，以转让财产的收入额减除财产原值和合理费用后的余额，为应纳税所得额。

此处的财产原值，按照下列方法确定：

（1）有价证券，为买入价以及买入时按照规定交纳的有关费用；

（2）建筑物，为建造费或者购进价格以及其他有关费用；

（3）土地使用权，为取得土地使用权所支付的金额、开发土地的费用以及其他有关费用；

（4）机器设备、车船，为购进价格、运输费、安装费以及其他有关费用。

其他财产，参照前款规定的方法确定财产原值。

纳税人未提供完整、准确的财产原值凭证，不能按照上述（1）至（4）项规定的方法确定财产原值的，由主管税务机关核定财产原值。

此处的合理费用，是指卖出财产时按照规定支付的有关税费。

（二）应纳税额的计算

应纳税额=应纳税所得额×适用税率

【例7-10】2019年5月某工厂与钱某签订合同，购买钱某拥有的房屋四合院一座，用作工厂的办公用房，价款为600 000元，支付增值税30 000元。该四合院为钱某从某单位购入，当时支付价款300 000元，支付其他有关税费共计21 400元。钱某出售该房产应缴纳土地增值税、城市维护建设税、印花税、教育费附加等45900元。

要求：计算该公司应代扣的个人所得税。

解：应纳税所得额=600 000-300 000-21 400-45 900=232 700（元）

应纳税额=232 700×20%=46 540（元）

四、利息、股息、红利所得和偶然所得应纳税额的计算

（一）应纳税所得额的计算

利息、股息、红利所得和偶然所得，以每次收入额为应纳税所得额。

利息、股息、红利所得，以支付利息、股息、红利时取得的收入为一次。偶然所得，以每次取得该项收入为一次。

自2015年9月8日起，个人从公开发行和转让市场取得的上市公司股票，持股期限超过1年的，股息红利所得暂免征收个人所得税。个人从公开发行和转让市场取得的上市公司股票，持股期限在1个月以内（含1个月）的，其股息红利所得全额计入应纳税所得额；持股期限在1个月以上至1年（含1年）的，暂减按50%计入应纳税所得额；上述所得统一适用20%的税率计征个人所得税。

前款所称上市公司是指在上海证券交易所、深圳证券交易所挂牌交易的上市公司；持股期限是指个人从公开发行和转让市场取得上市公司股票之日至转让交割该股票之日前一日的持有时间。

个人转让股票时，按照先进先出的原则计算持股期限，即证券账户中先取得的股票视为先转让。

应纳税所得额以个人投资者证券账户为单位计算，持股数量以每日日终结算后个人投资者证券账户的持有记录为准，证券账户取得或转让的股份数为每日日终结算后的净增（减）股份数。

外商投资企业在购买内资企业经营资产过程中向内资企业自然人股东支付的不竞争款项，属于个人因偶然因素取得的一次性所得，按照《个人所得税法》“偶然所得”项目计算缴纳个人所得税，税款由资产购买方企业在向资产出售方企业自然人股东支付不竞争款项时代扣代缴。

不竞争款项是指资产购买方企业与资产出售方企业自然人股东之间在资产购买交易中，通过签订保密和不竞争协议等方式，约定资产出售方企业自然人股东在交易完成后一定期限内，承诺不从事有市场竞争的相关业务，并负有相关技术资料的保密义务，资产购买方企业则在约定期限内，按一定方式向资产出售方企业自然人股东所支付的款项。

（二）应纳税额的计算

应纳税额的计算公式为：

应纳税额=应纳税所得额×适用税率

第六节　个人所得税计算的特殊规定

一、公益性捐赠的扣除问题

《个人所得税法》规定，个人将其所得对教育、扶贫、济困等公益慈善事业进行捐赠，捐赠额未超过纳税人申报的应纳税所得额百分之三十的部分，可以从其应纳税所得额中扣除；国务院规定对公益慈善事业捐赠实行全额税前扣除的，从其规定。

个人将其所得对教育、扶贫、济困等公益慈善事业进行捐赠，是指个人将其所得通过中国境内的公益性社会组织、国家机关向教育、扶贫、济困等公益慈善事业的捐赠；此处的应纳税所得额，是指计算扣除捐赠额之前的应纳税所得额。

应纳税额的计算步骤为：

（1）计算扣除捐赠额之前的应纳税所得额。

（2）计算捐赠扣除限额。

捐赠扣除限额=扣除捐赠额之前的应纳税所得额×30%

（3）确定允许扣除的捐赠额。

如果实际捐赠额小于捐赠扣除限额，按实际捐赠额扣除；如果实际捐赠额大于捐赠扣除限额时，只能按捐赠扣除限额扣除。

（4）计算应纳税额。

如果是从综合所得或经营所得中进行公益性捐赠，按下列公式计算应纳税额：

$$\text{应纳税额}=\left(\text{扣除捐赠额之前的应纳税所得额}-\text{允许扣除的捐赠额}\right)\times\text{适用税率}-\text{速算扣除数}$$

如果是从除经营所得之外的其他所得中进行公益性捐赠，按下列公式计算应纳税额：

应纳税额=（扣除捐赠额之前的应纳税所得额-允许扣除的捐赠额）×适用税率

二、两人以上共同取得同一项目收入的计税

《个人所得税法实施条例》规定，两个以上的个人共同取得同一项目收入的，应当对每个人取得的收入分别按照《个人所得税法》的规定计算纳税。

两人或两人以上共同取得同一项目收入的，应当对每个人取得的收入分别按照税法规定减除费用后计算纳税，即实行“先分收入、后扣费用、再计算纳税”的办法。

三、境外所得已纳税款的抵免

《个人所得税法》规定，居民个人从中国境外取得的所得，可以从其应纳税额中抵免已在境外缴纳的个人所得税税额，但抵免额不得超过该纳税人境外所得依照规定计算的应纳税额。

《个人所得税法实施条例》规定，居民个人从中国境内和境外取得的综合所得、经营所得，应当分别合并计算应纳税额；从中国境内和境外取得的其他所得，应当分别单独计算应纳税额。

已在境外缴纳的个人所得税税额，是指居民个人来源于中国境外的所得，依照该所得来源国家（地区）的法律应当缴纳并且实际已经缴纳的所得税税额。

纳税人境外所得依照《个人所得税法》规定计算的应纳税额，是居民个人抵免已在境外缴纳的综合所得、经营所得以及其他所得的所得税税额的限额（以下简称抵免限额）。除国务院财政、税务主管部门另有规定外，来源于中国境外一个国家（地区）的综合所得抵免限额、经营所得抵免限额以及其他所得抵免限额之和，为来源于该国家（地区）所得的抵免限额。

居民个人在中国境外一个国家（地区）实际已经缴纳的个人所得税税额，低于依照前款规定计算出的来源于该国家（地区）所得的抵免限额的，应当在中国缴纳差额部分的税款；超过来源于该国家（地区）所得的抵免限额的，其超过部分不得在本纳税年度的应纳税额中抵免，但是可以在以后纳税年度来源于该国家（地区）所得的抵免限额的余额中补扣。补扣期限最长不得超过五年。

居民个人申请抵免已在境外缴纳的个人所得税税额，应当提供境外税务机关出具的税款所属年度的有关纳税凭证。

第七节　个人所得税的征收管理

我国个人所得税采取由支付单位源泉扣缴和纳税人自行申报纳税两种征收方法。

一、支付单位源泉扣缴

个人所得税以所得人为纳税人，以支付所得的单位或者个人为扣缴义务人。

纳税人有中国公民身份号码的，以中国公民身份号码为纳税人识别号；纳税人没有中国公民身份号码的，由税务机关赋予其纳税人识别号。扣缴义务人扣缴税款时，纳税人应当向扣缴义务人提供纳税人识别号。

扣缴义务人向个人支付应税款项时，应当依照《个人所得税法》预扣或者代扣税款，扣缴义务人每月或者每次预扣、代扣的税款，应当在次月15日内缴入国库，并向税务机关报送扣缴个人所得税申报表。

前款所称支付，包括现金支付、汇拨支付、转账支付和以有价证券、实物以及其他形式的支付。

扣缴义务人应当按照国家规定办理全员全额扣缴申报，并向纳税人提供其个人所得和已扣缴税款等信息。全员全额扣缴申报，是指扣缴义务人在代扣税款的次月15日内，向主管税务机关报送其支付所得的所有个人的有关信息、支付所得数额、扣除事项和数额、扣缴税款的具体数额和总额以及其他相关涉税信息资料。

扣缴义务人应当按照纳税人提供的信息计算办理扣缴申报，不得擅自更改纳税人提供的信息。

纳税人发现扣缴义务人提供或者扣缴申报的个人信息、所得、扣缴税款等与实际情况不符的，有权要求扣缴义务人修改。扣缴义务人拒绝修改的，纳税人应当报告税务机关，税务机关应当及时处理。

纳税人、扣缴义务人应当按照规定保存与专项附加扣除相关的资料。税务机关可以对纳税人提供的专项附加扣除信息进行抽查，具体办法由国务院税务主管部门另行规定。税务机关发现纳税人提供虚假信息的，应当责令改正并通知扣缴义务人；情节严重的，有关部门应当依法予以处理，纳入信用信息系统并实施联合惩戒。

对扣缴义务人按照所扣缴的税款，付给百分之二的手续费。

二、自行申报缴纳

1.有下列情形之一的，纳税人应当依法办理纳税申报：

（1）取得综合所得需要办理汇算清缴；

（2）取得应税所得没有扣缴义务人；

（3）取得应税所得，扣缴义务人未扣缴税款；

（4）取得境外所得；

（5）因移居境外注销中国户籍；

（6）非居民个人在中国境内从两处以上取得工资、薪金所得；

（7）国务院规定的其他情形。

2.综合所得汇算清缴

居民个人取得综合所得，按年计算个人所得税；有扣缴义务人的，由扣缴义务人按月或者按次预扣预缴税款；需要办理汇算清缴的，应当在取得所得的次年3月1日至6月30日内办理汇算清缴。

居民个人向扣缴义务人提供专项附加扣除信息的，扣缴义务人按月预扣预缴税款时应当按照规定予以扣除，不得拒绝。

取得综合所得需要办理汇算清缴的情形包括：

①从两处以上取得综合所得，且综合所得年收入额减除专项扣除的余额超过6万元；

②取得劳务报酬所得、稿酬所得、特许权使用费所得中一项或者多项所得，且综合所得年收入额减除专项扣除的余额超过6万元；

③纳税年度内预缴税额低于应纳税额；

④纳税人申请退税。

纳税人可以委托扣缴义务人或者其他单位和个人办理汇算清缴。

非居民个人取得工资、薪金所得，劳务报酬所得，稿酬所得和特许权使用费所得，有扣缴义务人的，由扣缴义务人按月或者按次代扣代缴税款，不办理汇算清缴。

3.其他所得及情形的申报纳税

（1）纳税人取得经营所得。

纳税人取得经营所得，按年计算个人所得税，由纳税人在月度或季度终了后15日内，向经营管理所在地主管税务机关办理预缴纳税申报，并报送《个人所得税经营所得纳税申报表（A表）》。在取得所得的次年3月31日前，向经营管理所在地主管税务机关办理汇算清缴，并报送《个人所得税经营所得纳税申报表（B表）》；从两处以上取得经营所得的，选择向其中一处经营管理所在地主管税务机关办理年度汇总申报，并报送《个人所得税经营所得纳税申报表（C表）》。

（2）纳税人取得应税所得没有扣缴义务人的。

纳税人取得利息、股息、红利所得，财产租赁所得，财产转让所得和偶然所得，按月或者按次计算个人所得税，有扣缴义务人的，由扣缴义务人按月或者按次代扣代缴税款。

纳税人取得应税所得没有扣缴义务人的，应当在取得所得的次月15日内向税务机关报送纳税申报表，并缴纳税款。

纳税人取得应税所得，扣缴义务人未扣缴税款的，纳税人应当在取得所得的次年6月30日前，缴纳税款；按相关规定向主管税务机关办理纳税申报，并报送《个人所得税自行纳税申报表（A表）》。税务机关通知限期缴纳的，纳税人应当按照期限缴纳税款。

（3）居民个人从中国境外取得所得的。

居民个人从中国境外取得所得的，应当在取得所得的次年3月1日至6月30日，向中国境内任职、受雇单位所在地主管税务机关办理纳税申报；在中国境内没有任职、受雇单位的，向户籍所在地或中国境内经常居住地主管税务机关办理纳税申报；户籍所在地与中国境内经常居住地不一致的，选择其中一地主管税务机关办理纳税申报；在中国境内没有户籍的，向中国境内经常居住地主管税务机关办理纳税申报。

（4）非居民个人。

非居民个人取得工资、薪金所得，劳务报酬所得，稿酬所得，特许权使用费所得的，扣缴义务人未扣缴税款的，应当在取得所得的次年6月30日前，向扣缴义务人所在地主管税务机关办理纳税申报，并报送《个人所得税自行纳税申报表（A表）》。有两个以上扣缴义务人均未扣缴税款的，选择向其中一处扣缴义务人所在地主管税务机关办理纳税申报。非居民个人在次年6月30日前离境（临时离境除外）的，应当在离境前办理纳税申报。

非居民个人在中国境内从两处以上取得工资、薪金所得的，应当在取得所得的次月15日内，向其中一处任职、受雇单位所在地主管税务机关办理纳税申报，并报送《个人所得税自行纳税申报表（A表）》。

（5）纳税人因移居境外注销中国户籍的。

纳税人因移居境外注销中国户籍的，应当在申请注销中国户籍前，向户籍所在地主管税务机关办理纳税申报，进行税款清算。

①纳税人在注销户籍年度取得综合所得的，应当在注销户籍前，办理当年综合所得的汇算清缴，并报送《个人所得税年度自行纳税申报表》。尚未办理上一年度综合所得汇算清缴的，应当在办理注销户籍纳税申报时一并办理。

②纳税人在注销户籍年度取得经营所得的，应当在注销户籍前，办理当年经营所得的汇算清缴，并报送《个人所得税经营所得纳税申报表（B表）》。从两处以上取得经营所得的，还应当一并报送《个人所得税经营所得纳税申报表（C表）》。尚未办理上一年度经营所得汇算清缴的，应当在办理注销户籍纳税申报时一并办理。

③纳税人在注销户籍当年取得利息、股息、红利所得，财产租赁所

得，财产转让所得和偶然所得的，应当在注销户籍前，申报当年上述所得的完税情况，并报送《个人所得税自行纳税申报表（A表）》。

④纳税人有未缴或者少缴税款的，应当在注销户籍前，结清欠缴或未缴的税款。纳税人存在分期缴税且未缴纳完毕的，应当在注销户籍前，结清尚未缴纳的税款。

⑤纳税人办理注销户籍纳税申报时，需要办理专项附加扣除、依法确定的其他扣除的，应当向税务机关报送《个人所得税专项附加扣除信息表》《商业健康保险税前扣除情况明细表》《个人税收递延型商业养老保险税前扣除情况明细表》等。

4.纳税申报方式

纳税人可以采用远程办税端、邮寄等方式申报，也可以直接到主管税务机关申报。

5.其他有关问题

（1）纳税人办理自行纳税申报时，应当一并报送税务机关要求报送的其他有关资料。首次申报或者个人基础信息发生变化的，还应报送《个人所得税基础信息表（B表）》。

（2）纳税人在办理纳税申报时需要享受税收协定待遇的，按照享受税收协定待遇有关办法办理。

三、退税

纳税人办理汇算清缴退税或者扣缴义务人为纳税人办理汇算清缴退税的，税务机关审核后，按照国库管理的有关规定办理退税。

纳税人申请退税，应当提供其在中国境内开设的银行账户，并在汇算清缴地就地办理税款退库。

纳税人申请退税时提供的汇算清缴信息有错误的，税务机关应当告知其更正；纳税人更正的，税务机关应当及时办理退税。

扣缴义务人未将扣缴的税款解缴入库的，不影响纳税人按照规定申请退税，税务机关应当凭纳税人提供的有关资料办理退税。

四、社会协助办税

（1）公安、人民银行、金融监督管理等相关部门应当协助税务机关确认纳税人的身份、金融账户信息。教育、卫生、医疗保障、民政、人力资源与社会保障、住房城乡建设、公安、人民银行、金融监督管理等相关部门应当向税务机关提供纳税人子女教育、继续教育、大病医疗、住房贷款利息、住房租金、赡养老人等专项附加扣除信息。

（2）个人转让不动产的，税务机关应当根据不动产登记等相关信息核验应缴的个人所得税，登记机构办理转移登记时，应当查验与该不动产转让相关的个人所得税的完税凭证。个人转让股权办理变更登记的，市场主体登记机关应当查验与该股权交易相关的个人所得税的完税凭证。

（3）有关部门依法将纳税人、扣缴义务人遵守《个人所得税法》的情况纳入信用信息系统，并实施联合激励或者惩戒。

课后练习

一、思考题

1. 个人所得税的征税模式有哪些？我国应采用哪种？为什么？

2. 个人所得税的纳税人依据住所标准和居住时间标准将纳税人划分为居民纳税人和非居民纳税人，这样分类是否合理？你有何建议？

3. 个人所得税的减免政策有哪些？

二、分析应用题

1. 李某是中国居民，2019年全年取得的各项所得如下：

（1）1~12月每月工资薪金收入20 000元，每月按规定缴付的社会保险费和住房公积金为3 000元，“专项附加扣除”信息为：子女教育1 000元、住房贷款利息1 000元、赡养老人支出分摊1 000元。

（2）2月从A单位取得劳务报酬收入3 000元。

（3）3月从B单位取得劳务报酬收入60 000元。

（4）5月从出版社取得稿酬收入5 000元。

（5）6月取得投资C公司的分红50 000元。

（6）8月取得体育彩票中奖100 000元。

（7）10月出售房屋（非住房）一间，价格为500 000元（含增值税），该房购进价是300 000元。卖出过程中，缴纳城建税、教育费附加和土地增值税等各项税费30 000元，缴纳房管部门各项费用2 000元，支付其他相关费用3 000元。

（8）12月取得年终奖40 000元。

（9）1~12月出租设备，每月租金收入3 000元（免征增值税及附加）。

要求：(1) 计算李某每月（次）由支付单位预扣预缴、代扣代缴、自行缴纳的个人所得税。(2) 计算李某2019年度汇算清缴应补（退）的个人所得税。

2. 某非居民个人，2019年从中国境内取得以下所得：

（1）3~6月每月取得工资薪金收入10 000元。

（2）4月从甲单位取得劳务报酬收入2 000元。

（3）5月取得稿酬收入30 000元。

（4）6月从乙单位取得专利技术使用费收入6 000元。

（5）6月取得国债利息3 000元，企业债券利息5 000元。

要求：计算该非居民2019年在中国期间应纳的个人所得税。

3. 李刚2019年没有取得综合所得，其经营一家餐馆，为个体工商户，2019年该餐馆经营收入总额700 000元，实际发生的准予扣除的成本、费用及相关支出合计500 000元。李刚个人每月缴纳基本养老保险2 000元，“专项附加扣除”子女教育每月1 000元、赡养老人每月2 000元、住房租金每月1 500元。

要求：计算李刚2019年应纳的个人所得税。

4. 中国公民李某与孙某共同出资设立一家合伙律师事务所，协议约定李某享有70%经营成果。2019年相关业务如下：

（1）2019年合伙企业会计利润500 000元。2019年李某和孙某每人从合伙企业各领取工资50 000元计入了相关成本费用。无其他纳税调整项目。

（2）孙某是某学校教师，每月有固定的工资薪金收入。

（3）李某没有在其他单位任职，专门负责事务所的管理。其每月“专项附加扣除”合计2 500元。

要求：计算该合伙企业2019年应纳的个人所得税。

第八章

资源税

学习目标

资源税是以各种应税自然资源为课税对象、为了调节资源级差收入并体现国有资源有偿使用而征收的一种税。2016年7月1日，为深化财税体制改革，促进资源节约和集约利用，加快生态文明建设，我国全面推进资源税改革，其征税范围、计税依据、税率税额、纳税计算、征收管理均发生了重大变化。通过本章的学习，要求了解我国资源税改革的基本原则和主要目标，熟悉资源税征收制度的基本内容，掌握资源税的征税范围、应纳税额的计算等。

第一节　资源税概述

一、资源税的概念

资源税是在中华人民共和国领域和中华人民共和国管辖的其他海域开发应税资源的单位和个人，就其应税资源产品销售额或销售数量为计税依据而征收的一种税。

自然资源指天然存在的自然物质资源，一般包括土地资源、海洋资源、森林资源、草原资源、水资源、生物资源、矿产资源及阳光、空气等资源。

我国开征资源税的历史非常悠久。早在周朝就有“山泽之赋”，对山上伐木、采矿、狩猎，水上捕鱼、煮盐等，都要征税。战国时期秦国对盐的生产、运销所课征的“盐课”，也属于资源税。明朝的“坑冶之课”，实际上就是矿税，其征收对象包括金、银、铜、铝、朱砂等矿产品。中华人民共和国成立初期，我国就在《全国税政实施要则》中规定对盐的生产、运销征收盐税。1973年，盐税被并入到工商税之中。1984年9月18日，国务院发布《中华人民共和国资源税暂行条例（草案）》，资源税被正式命名，并于1984年10月1日开始在全国范围内征收。但由于只对原油、天然气、煤炭等三种资源课税，金属矿产品、非金属矿产品等其他资源没有纳入征税范围，因而不能充分保障国家对资源的所有权在经济上的体现，也不能充分体现国有资源有偿开采的原则。有鉴于此，1993年年底在进行税制改革时，根据“普遍征收，级差调节”的原则，对资源税进行了调整和改革，扩大了资源税的征税范围，由过去的煤炭、石油、天然气、铁矿石少数几种资源扩大到原油、天然气、煤炭、其他非金属矿原矿、黑色金属矿原矿、有色金属矿原矿，适当地调高了单位税额，并将盐税并入到资源税中作为一个税目。但总的来看，资源税仍只囿于矿藏品，对大部分非矿藏品资源都没有征税。

国务院于1993年12月25日重新修订颁布了《中华人民共和国资源税暂行条例》（以下简称《资源税暂行条例》），财政部同年还发布了《中华人民共和国资源税暂行条例实施细则》（以下简称《资源税暂行条例实施细则》），自1994年1月1日起施行。2011年9月21日，国务院第173次常务会议修订通过了《资源税暂行条例》，2011年10月28日，财政部公布了修改后的《资源税暂行条例实施细则》，两个文件都于2011年11月1日起施行。

此后几年，为促进资源节约集约利用和环境保护，推动转变经济发展方式，规范资源税费制度，财政部、国家税务总局经国务院批准，相继调整原油、天然气、煤炭、部分有色金属的税率标准或计征办法，同时清理了相关收费基金。根据党中央、国务院决策的部署，自2016年7

月1日起全面推进资源税改革，同时在河北省实施水资源税改革试点。

2019年8月26日，第十三届全国人民代表大会常务委员会第十二次会议通过了《中华人民共和国资源税法》（以下简称《资源税法》），自2020年9月1日起施行。

二、资源税的特点

（一）对特定资源产品征税，征税范围较窄

我国现行《资源税法》采取列举方法，仅把能源矿产、金属矿产、非金属矿产、水气矿产和盐等五类资源产品列入征税范围，因而征税范围仍然较窄。

（二）征税目的主要在于调节级差收入

资源税的立法目的主要在于调节资源开采企业因资源开采条件的差异所形成的级差收入，为资源开采企业之间开展公平竞争创造条件。

（三）采用差别幅度税率税额，实行从价定率和从量定额两种方式征收

目前，世界各国征收资源税的方法主要有三种：一是从价定率征收，二是从量定额征收，三是以应税资源的净收入为计税依据依率征收。我国现行《资源税法》规定，资源税以应税产品的销售额和销售量为计税依据，规定了幅度比例税率和幅度定额税率，实行从价定率或者从量定额征收。

第二节　资源税的征税范围、纳税人和税率

一、征税范围

资源税的征税范围包括能源矿产、金属矿产、非金属矿产、水气矿产和盐等五类资源产品。

（一）能源矿产

能源矿产包括以下7项：

（1）原油，指开采的天然原油，不包括人造石油。

（2）天然气、页岩气、天然气水合物。天然气，指专门开采或与原油同时开采的天然气。

（3）煤，包括原煤和以未税原煤（即自采原煤）加工的洗选煤。

原煤是指开采出的毛煤经过简单选矸（矸石直径50mm以上）后的煤炭，以及经过筛选分类后的筛选煤等。

洗选煤是指经过筛选、破碎、水洗、风洗等物理化学工艺，去灰去矸后的煤炭产品，包括精煤、中煤、煤泥等，不包括煤矸石。

（4）煤成（层）气。

（5）铀、钍。

（6）油页岩、油砂、天然沥青、石煤。

（7）地热。

（二）金属矿产

金属矿产包括以下两项：

（1）黑色金属，包括：铁、锰、铬、钒、钛。

（2）有色金属，包括：铜、铅、锌、锡、镍、锑、镁、钴、铋、汞；铝土矿；钨；钼；金、银；轻稀土；中重稀土；等等。

（三）非金属矿产

1.矿物类

矿物类包括：高岭土、石灰岩、磷、石墨、萤石、硫铁矿、自然硫，等等。

2.岩石类

岩石类包括：大理岩、花岗岩、白云岩、砂石，等等。

3.宝石类

宝石类包括：宝石、玉石、宝石级金刚石、玛瑙、黄玉、碧玺。

（四）水气矿产

水气矿产包括：二氧化碳气、硫化氢气、氦气、氡气；矿泉水。

（五）盐

盐包括：钠盐、钾盐、镁盐、锂盐；天然卤水；海盐。

二、纳税人

资源税的纳税义务人是在中华人民共和国领域和中华人民共和国管辖的其他海域开发应税资源的单位和个人。

单位是指国有企业、集体企业、私有企业、股份制企业、其他企业和行政单位、事业单位、军事单位、社会团体及其他单位；个人是指个体经营者和其他个人；其他单位和其他个人包括外商投资企业、外国企业、外籍人员。

三、税率

资源税实行比例税率和定额税率，实行从价定率、从量定额征收，具体规定见表8-1。

表8-1　　**资源税税目税率表**

<table>
<tr><th colspan="3">税目</th><th>征税对象</th><th>税率</th></tr>
<tr><td rowspan="7">能源矿产</td><td colspan="2">原油</td><td>原矿</td><td>6%</td></tr>
<tr><td colspan="2">天然气、页岩气、天然气水合物</td><td>原矿</td><td>6%</td></tr>
<tr><td colspan="2">煤</td><td>原矿或选矿</td><td>2%~10%</td></tr>
<tr><td colspan="2">煤成（层）气</td><td>原矿</td><td>1%~2%</td></tr>
<tr><td colspan="2">铀、钍</td><td>原矿</td><td>4%</td></tr>
<tr><td colspan="2">油页岩、油砂、天然沥青、石煤</td><td>原矿或选矿</td><td>1%~4%</td></tr>
<tr><td colspan="2">地热</td><td>原矿</td><td>1%~20%或者每立方米1~30元</td></tr>
<tr><td rowspan="11">金属矿产</td><td>黑色金属</td><td>铁、锰、铬、钒、钛</td><td>原矿或选矿</td><td>1%~9%</td></tr>
<tr><td rowspan="10">有色金属</td><td>铜、铅、锌、锡、镍、锑、镁、钴、铋、汞</td><td>原矿或选矿</td><td>2%~10%</td></tr>
<tr><td>铝土矿</td><td>原矿或选矿</td><td>2%~9%</td></tr>
<tr><td>钨</td><td>选矿</td><td>6.5%</td></tr>
<tr><td>钼</td><td>选矿</td><td>8%</td></tr>
<tr><td>金、银</td><td>原矿或者选矿</td><td>2%~6%</td></tr>
<tr><td>铂、钯、钌、锇、铱、铑</td><td>原矿或者选矿</td><td>5%~10%</td></tr>
<tr><td>轻稀土</td><td>选矿</td><td>7%~12%</td></tr>
<tr><td>中重稀土</td><td>选矿</td><td>20%</td></tr>
<tr><td>铍、锂、锆、锶、铷、铯、铌、钽、锗、镓、铟、铊、铪、铼、镉、硒、碲</td><td>原矿或者选矿</td><td>2%~10%</td></tr>
</table>

续表

税目			征税对象	税率
非金属矿产	矿物类	高岭土	原矿或者选矿	1%~6%
		石灰岩	原矿或者选矿	1%~6% 或者每吨（或者每立方米）1~10元
		磷	原矿或者选矿	3%~8%
		石墨	原矿或者选矿	3%~12%
		萤石、硫铁矿、自然硫	原矿或选矿	1%~8%
		天然石英砂、脉石英、粉石英、水晶、工业用金刚石、冰洲石、蓝晶石、硅线石（矽线石）、长石、滑石、刚玉、菱镁矿、颜料矿物、天然碱、芒硝、钠硝石、明矾石、砷、硼、碘、溴、膨润土、硅藻土、陶瓷土、耐火粘土、铁矾土、凹凸棒石粘土、海泡石粘土、伊利石粘土、累托石粘土	原矿或选矿	1%~12%
		叶蜡石、硅灰石、透辉石、珍珠岩、云母、沸石、重晶石、毒重石、方解石、蛭石、透闪石、工业用电气石、白垩、石棉、蓝石棉、红柱石、石榴子石、石膏	原矿或选矿	2%~12%
		其他粘土（铸型用粘土、砖瓦用粘土、陶粒用粘土、水泥配料用粘土、水泥配料用红土、水泥配料用黄土、水泥配料用泥岩、保温材料用粘土）	原矿或选矿	1%~5% 或者每吨（或者每立方米）0.1~5元

续表

税目			征税对象	税率
非金属矿产	岩石类	大理岩、花岗岩、白云岩、石英岩、砂岩、辉绿岩、安山岩、闪长岩、板岩、玄武岩、片麻岩、角闪岩、页岩、浮石、凝灰岩、黑曜岩、霞石正长岩、蛇纹岩、麦饭石、泥灰岩、含钾岩石、含钾砂页岩、天然油石、橄榄岩、松脂岩、粗面岩、辉长岩、辉石岩、正长岩、火山灰、火山渣、泥炭	原矿或选矿	1%~10%
		砂石	原矿或选矿	1%~5%或者每吨（或者每立方米）0.1~5元
	宝石类	宝石、玉石、宝石级金刚石、玛瑙、黄玉、碧玺	原矿或选矿	4%~20%
水气矿产	二氧化碳气、硫化氢气、氦气、氡气		原矿	2%~5%
	矿泉水		原矿	1%~2%或者每立方米1~30元
盐	钠盐、钾盐、镁盐、锂盐		选矿	3%~15%
	天然卤水		原矿	3%~15%或者每吨（或者每立方米）1~10元
	海盐			2%~5%

纳税人开采或者生产不同税目应税产品的，应当分别核算不同税目应税产品的销售额或者销售数量；未分别核算或者不能准确提供不同税目应税产品的销售额或者销售数量的，从高适用税率。

各省级人民政府应当按《关于资源税改革具体政策问题的通知》，提出或确定本地区资源税适用税率。测算具体适用税率时，要充分考虑本地区资源禀赋、企业承受能力和清理收费基金等因素，按照改革前后税费平移原则，以近几年企业缴纳资源税、矿产资源补偿费金额（铁矿石开采企业缴纳资源税金额按40%税额标准测算）和矿产品市场价格水平为依据确定。一个矿种原则上设定一档税率，少数资源条件差异较大的矿种可按不同资源条件、不同地区设定两档税率。

资源税扣缴义务人适用的税额（率）标准规定如下：

①独立矿山、联合企业收购未税资源税应税产品的单位，按照本单位应税产品税额（率）标准，依据收购的数量（金额）代扣代缴资源税。

②其他收购单位收购的未税资源税应税产品，按主管税务机关核定的应税产品税额（率）标准，依据收购的数量（金额）代扣代缴资源税。

收购数量（金额）的确定比照课税数量（销售额）的规定执行。

第三节　资源税应纳税额的计算

一、计税依据

资源税的计税依据为应税产品的销售额或销售量。

（一）计税依据的一般规定

1.销售额的认定

销售额是指纳税人销售应税产品向购买方收取的全部价款和价外费用，不包括增值税销项税额和运杂费用。

价外费用包括价外向购买方收取的手续费、补贴、基金、集资费、返还利润、奖励费、违约金、滞纳金、延期付款利息、赔偿金、代收款项、代垫款项、包装费、包装物租金、储备费、优质费以及其他各种性质的价外收费。但下列项目不包括在内：

（1）同时符合以下条件的代垫运输费用：承运部门的运输费用发票开具给购买方的；纳税人将该项发票转交给购买方的。

（2）同时符合以下条件代为收取的政府性基金或者行政事业性收费：由国务院或者财政部批准设立的政府性基金，由国务院或者省级人民政府及其财政、价格主管部门批准设立的行政事业性收费；收取时开具省级以上财政部门印制的财政票据；所收款项全额上缴财政。

运杂费用是指应税产品从坑口或洗选（加工）地到车站、码头或购买方指定地点的运输费用、建设基金以及随运销产生的装卸、仓储、港杂费用。运杂费用应与销售额分别核算，凡未取得相应凭据或不能与销售额分别核算的，应当一并计征资源税。

2.原矿销售额与精矿销售额的换算或折算

为公平原矿与精矿之间的税负，对同一种应税产品，征税对象为精矿的，纳税人销售原矿时，应将原矿销售额换算为精矿销售额缴纳资源税；征税对象为原矿的，纳税人销售自采原矿加工的精矿，应将精矿销售额折算为原矿销售额缴纳资源税。换算比或折算率原则上应通过原矿售价、精矿售价和选矿比计算，也可通过原矿销售额、加工环节平均成本和利润计算。

纳税人销售（或者视同销售）其自采原矿的，可采用成本法或市场法将原矿销售额换算为精矿销售额计算缴纳资源税。

成本法计算公式为：

精矿销售额=原矿销售额+原矿加工为精矿的成本×（1+成本利润率）

市场法计算公式为：

精矿销售额=原矿销售额×换算比

换算比=同类精矿单位价格÷（原矿单位价格×选矿比）

选矿比=加工精矿耗用的原矿数量÷精矿数量

原矿销售额不包括从矿区到车站、码头或用户指定运达地点的运输费用。

金矿以标准金锭为征税对象，纳税人销售金原矿、金精矿的，应比照上述规定将其销售额换算为金锭销售额缴纳资源税。

换算比或折算率应按简便可行、公平合理的原则，由省级财税部门确定，并报财政部、国家税务总局备案。

其具体折算方法为：

精矿销售额=精矿销售量×单位价格

精矿销售额不包括从洗选厂到车站、码头或用户指定运达地点的运输费用。

轻稀土精矿按照一定比例稀土氧化物的交易量和交易价计算确定销售额。

离子型稀土矿按折92%稀土氧化物的交易量和交易价计算确定销售额。

钨精矿按折65%三氧化钨的交易量和交易价计算确定销售额。

钼精矿按折45%钼金属的交易量和交易价计算确定销售额。

3.原煤销售额与洗选煤销售额的换算或折算

洗选煤折算率由省、自治区、直辖市财税部门或其授权地市级财税部门根据煤炭资源区域分布、煤质煤种等情况确定，体现有利于提高煤炭洗选率，促进煤炭清洁利用和环境保护的原则。

洗选煤折算率一经确定，原则上在一个纳税年度内保持相对稳定，但在煤炭市场行情、洗选成本等发生较大变化时可进行调整。

洗选煤折算率计算公式如下：

公式一：

$$\text{洗选煤折算率}=\left(\text{洗选煤平均销售额}-\text{洗选环节平均成本}-\text{洗选环节平均利润}\right)\div\text{洗选煤平均销售额}\times100\%$$

洗选煤平均销售额、洗选环节平均成本、洗选环节平均利润可按照上年当地行业平均水平测算确定。

公式二：

洗选煤折算率=原煤平均销售额÷（洗选煤平均销售额×综合回收率）×100%

原煤平均销售额、洗选煤平均销售额可按照上年当地行业平均水平测算确定。

综合回收率=洗选煤数量÷入洗前原煤数量×100%

4.以外币结算销售额的

纳税人以人民币以外的货币结算销售额的，应当折合成人民币计算。其销售额的人民币折合率可以选择销售额发生的当天或者当月1日的人民币汇率中间价。纳税人应在事先确定采用何种折合率计算方法，确定后1年内不得变更。

5.销售额不合理的

纳税人申报的应税产品销售额明显偏低并且无正当理由的、有视同销售应税产品行为而无销售额的，除财政部、国家税务总局另有规定外，按下列顺序确定销售额：

①按纳税人最近时期同类产品的平均销售价格确定；

②按其他纳税人最近时期同类产品的平均销售价格确定；

③按组成计税价格确定。组成计税价格为：

组成计税价格=成本×（1+成本利润率）÷（1-税率）

公式中的成本，是指应税产品的实际生产成本。公式中的成本利润率由省、自治区、直辖市税务机关确定。

6.销售数量

销售数量包括纳税人开采或者生产应税产品的实际销售数量和视同销售的自用数量。

纳税人不能准确提供应税产品销售数量的，以应税产品的产量或者主管税务机关确定的折算比换算成的数量为计征资源税的销售数量。

（二）计税依据的特殊规定

计税依据的特殊规定是指以下几种情况：

（1）纳税人开采应税产品由其关联单位对外销售的，按其关联单位的销售额征收资源税。

（2）纳税人既有对外销售应税产品，又有将应税产品自用于除连续生产应税产品以外的其他方面的，则自用的这部分应税产品，按纳税人对外销售应税产品的平均价格计算销售额征收资源税。

（3）纳税人将其开采的应税产品直接出口的，按其离岸价格（不含增值税）计算销售额征收资源税。

（4）纳税人将自采原煤与外购原煤（包括煤矸石）进行混合后销售的，应当准确核算外购原煤的数量、单价及运费，在确认计税依据时可以扣减外购相应原煤的购进金额。

计税依据=当期混合原煤销售额-当期用于混合销售的外购原煤的购进金额

外购原煤的购进金额=外购原煤的购进数量×单价

（5）纳税人将自采原煤连续加工的洗选煤与外购洗选煤进行混合后销售的，比照上述有关规定计算缴纳资源税。

（6）纳税人以自采原煤和外购原煤混合加工洗选煤的，应当准确核算外购原煤的数量、单价及运费，在确认计税依据时可以扣减外购相应原煤的购进金额。

计税依据=当期洗选煤销售额×折算率-当期用于混洗混售的外购原煤的购进金额

外购原煤的购进金额=外购原煤的购进数量×单价

（7）纳税人扣减当期外购原煤或者洗选煤购进额的，应当以增值税专用发票、普通发票或者海关报关单作为扣减凭证。

二、应纳税额的计算

资源税采用从价定率和从量定额征收办法，根据应税产品的销售额和课税数量，分别乘以适用税率或者适用的单位税额计算应纳的资源税。其具体计算公式为：

（1）从价定率计征资源税的：

应纳税额=销售额×适用税率

（2）从量定额计征资源税的：

应纳税额=课税数量×单位税额

为便于征管，对开采稠油、高凝油、高含硫天然气、低丰度油气资源及三次采油的陆上油气田企业，根据以前年度符合上述减税规定的原油、天然气销售额占其原油、天然气总销售额的比例，确定资源税综合减征率和实际征收率，计算资源税应纳税额。其计算公式为：

综合减征率=∑（减税项目销售额×减征幅度×6%）÷总销售额

实际征收率=6%-综合减征率

应纳税额=总销售额×实际征收率

【例8-1】某油田2020年8月生产原油20万吨，加热、修井用0.5万吨，当月销售19.5万吨，取得不含增值税收入1 800万元；开采天然气1 000万立方米，当月销售900万立方米，取得含增值税销售额180.8万元。

要求：计算该油田2020年8月应纳的资源税。

解：加热、修井用原油免税。

销售原油应纳资源税=1 800×6%=108（万元）

销售天然气应纳资源税=180.8÷（1+11%）×6%=9.77（万元）

【例8-2】某矿山开采企业2020年4月开采铁矿石10万吨，本月销售提炼的铁精矿2万吨，单价750元/吨；销售铁矿石原矿3万吨，单价200元/吨，选矿比为3.33。

要求：计算该矿山开采企业2020年4月应缴纳的资源税。（该矿山资源税税率：铁精矿5%）

解：换算比=同类精矿单位价格÷（原矿单位价格×选矿比）

$=750\div(200\times3.33)=1.13$

精矿销售额=原矿销售额×换算比=3×200×1.13=678（万元）

应纳资源税=（2×750+678）×5%×40%=43.56（万元）

该矿山开采企业2020年4月应缴纳的资源税为43.56万元。

第四节　资源税的减免税

纳税人的免税、减税项目，应当单独核算销售额或者销售数量；未单独核算或者不能准确提供销售额或者销售数量的，不予免税或者减税。

一、《资源税法》规定的减免税

（一）免征资源税

有下列情形之一的，免征资源税：

（1）开采原油以及在油田范围内运输原油过程中用于加热的原油、天然气；

（2）煤炭开采企业因安全生产需要抽采的煤成（层）气。

（二）减征资源税

有下列情形之一的，减征资源税：

（1）从低丰度油气田开采的原油、天然气，减征20%资源税；

（2）高含硫天然气、三次采油和从深水油气田开采的原油、天然气，减征30%资源税；

（3）稠油、高凝油减征40%资源税；

（4）从衰竭期矿山开采的矿产品，减征30%资源税。

根据国民经济和社会发展需要，国务院对有利于促进资源节约集约利用、保护环境等情形可以规定免征或者减征资源税，报全国人民代表大会常务委员会备案。

二、《资源税法》授权地方减免税

有下列情形之一的，省、自治区、直辖市可以决定免征或者减征资源税：

（1）纳税人开采或者生产应税产品过程中，因意外事故或者自然灾害等原因遭受重大损失；

（2）纳税人开采共伴生矿、低品位矿、尾矿。

前款规定的免征或者减征资源税的具体办法，由省、自治区、直辖市人民政府提出，报同级人民代表大会常务委员会决定，并报全国人民代表大会常务委员会和国务院备案。

第五节　资源税的申报缴纳

一、纳税义务发生时间

关于资源税纳税义务发生时间的确定，具体为：

（1）纳税人销售应税产品的，其纳税义务发生时间为：

①采用分期收款结算方式的，其纳税义务发生时间为销售合同规定的收款日期的当天；

②采用预收货款结算方式的，其纳税义务发生时间为发出应税产品的当天；

③采用其他结算方式的，其纳税义务发生时间为收讫销售款或取得索取销售款凭据的当天。

（2）纳税人自产自用应税产品的，其纳税义务发生时间为移送使用应税产品的当天。

（3）扣缴义务人代扣代缴税款的，其纳税义务发生时间为扣缴义务人支付货款的当天。

二、纳税环节

关于资源税纳税环节的确定，具体为：

（1）资源税在应税产品的销售或自用环节计算缴纳。以自采原矿加工精矿产品的，在原矿移送使用时不缴纳资源税，在精矿销售或自用时缴纳资源税。

（2）纳税人以自采原矿加工金锭的，在金锭销售或自用时缴纳资源税。纳税人销售自采原矿或者自采原矿加工的金精矿、粗金，在原矿或者金精矿、粗金销售时缴纳资源税，在移送使用时不缴纳资源税。

（3）以应税产品投资、分配、抵债、赠予、以物易物等，视同销售，依照《财政部 国家税务总局关于全面推进资源税改革的通知》有关规定计算缴纳资源税。

（4）纳税人将其开采的原矿加工为精矿销售的，在销售环节计算缴纳资源税。

三、纳税期限

纳税期限是纳税人发生纳税义务后缴纳税款的期限。资源税按月或者按季申报缴纳；不能按固定期限计算缴纳的，可以按次申报缴纳。纳税人按月或者按季申报缴纳的，应当自月度或者季度终了之日起15日内，向税务机关办理纳税申报并缴纳税款；按次申报缴纳的，应当自纳税义务发生之日起15日内，向税务机关办理纳税申报并缴纳税款。

四、纳税地点

关于资源税纳税地点的确定，具体为：

（1）凡是缴纳资源税的纳税人，都应当向应税产品的开采或者生产所在地主管税务机关缴纳税款。

（2）如果纳税人在本省、自治区、直辖市范围内开采或者生产应税产品，其纳税地点需要调整的，由所在地省、自治区、直辖市税务机关决定。

（3）如果纳税人应纳税的资源属于跨省开采，其下属生产单位与核算单位不在同一省、自治区、直辖市的，对其开采或者生产的应税产品，一律在开采地或者生产地纳税。实行从量计征的应税产品，其应纳税款一律由独立核算的单位按照每个开采地或者生产地的销售量及适用税率计算划拨；实行从价计征的应税产品，其应纳税款一律由独立核算的单位按照每个开采地或者生产地的销售量、单位销售价格及适用税率计算划拨。

（4）海洋原油、天然气资源税由国家税务总局海洋石油税务管理机构负责征收管理。

课后练习

一、思考题

1.我国的资源税为何要改从量计征为从价计征？

2.资源税计征办法改革后纳税人的税收负担是上升了还是下降了？

二、分析应用题

某油田2月生产原油40万吨，伴采天然气2 000万立方米。当月用于加热、修井的原油4万吨，将其余的原油全部销售，取得销售额（不含增值税）360万元，将伴采的天然气全部销售，取得销售额（含增值税）113万元。请计算该油田应纳的资源税。

第九章

城镇土地使用税、耕地占用税和土地增值税

学习目标

城镇土地使用税是以城镇土地为征税对象，对在城镇范围内拥有土地使用权的单位和个人征收的一种税。耕地占用税是对占用耕地建房或从事其他非农业建设的单位和个人征收的一种税。土地增值税是对有偿转让国有土地使用权、地上建筑物及其附着物并取得收入的单位和个人，就其转让房地产所取得的增值额征收的一种税。通过本章的学习，要求了解城镇土地使用税、耕地占用税和土地增值税的概念、特点和作用，掌握这三个税种的征税范围、纳税人和税率；掌握相关税种应纳税额的计算方法，熟悉减免规定及征收管理办法。

第一节　城镇土地使用税

一、城镇土地使用税概述

城镇土地使用税是以城镇土地为征税对象，对在城镇范围内拥有土

地使用权的单位和个人征收的一种税。

国家对土地征税的历史十分悠久。早在古希腊时代就已对土地征税，以后各国相继对土地征税。我国早在周朝就开始对土地征税，但当时既不称土地税，也不称土地使用税，而称为“彻”，规定“民耕百亩者，彻取十亩以为赋”，意思是说每户平民耕种土地，要以一定的产量缴纳给王室。中华人民共和国成立初期，政务院规定在全国范围内征收地产税。1951年8月将地产税与房产税合并为城市房地产税，在城市中征收。1973年工商税制改革时，将对企业征收的城市房地产税并入工商税之中，对城市的房产管理部门、个人和外侨则继续征收城市房地产税。由于我国的土地属于国家所有，个人和单位对土地只有使用权而无所有权，因此，以房地产所有人为纳税人的城市房地产已名不副实。为此，1984年第二步利改税时，将城市房地产税分立为房产税和城镇土地使用税。1988年9月27日，国务院发布了《中华人民共和国城镇土地使用税暂行条例》（以下简称《城镇土地使用税暂行条例》），于1988年11月1日起对国内企业、单位和个人征收，对外资企业和外籍人员不征收。2006年12月31日，国务院修订并重新颁布《城镇土地使用税暂行条例》，自2007年1月1日起统一对内、外资企业和个人征收。2019年3月，国务院发布的《国务院关于修改部分行政法规的决定》，将《城镇土地使用税暂行条例》第七条中的“地方税务机关”修改为“税务机关”。

开征城镇土地使用税，可以加强对土地的管理，变土地的无偿使用为有偿使用，一方面有利于合理、节约使用土地，提高土地使用效益，另一方面有利于调节不同地区、不同地段之间的土地级差收入，理顺国家与土地使用者之间的分配关系。

二、城镇土地使用税的特点

（一）对占用土地的行为征税

根据我国宪法，城镇土地的所有权归国家，单位和个人对占用的土地只有使用权而无所有权。因此，城镇土地使用税实质上是对占用土地的行为征税。

（二）征税范围有所限定

城镇土地使用税的征税范围限定在城市、县城、建制镇和工矿区，其他地区的土地不属于城镇土地使用税的征税范围。

（三）实行差别幅度税额

为了调节土地级差收入，城镇土地使用税实行地区差别幅度税额，不同城镇适用不同税额，同一城镇的不同地段适用不同税额。

三、城镇土地使用税的征税范围、纳税人和税率

（一）征税范围

城镇土地使用税的征税范围，包括在城市、县城、建制镇和工矿区内的国家所有和集体所有的土地。具体标准如下：

（1）城市是指经国务院批准设立的市，包括市区和郊区的土地；

（2）县城是指县人民政府所在地；

（3）建制镇是指镇人民政府所在地；

（4）工矿区是指工商业比较发达，人口比较集中，符合国务院规定的建制镇标准，但尚未设立建制镇的大中型工矿企业所在地，工矿区须经省、自治区、直辖市人民政府批准。

（二）纳税人

城镇土地使用税的纳税人，是指在城市、县城、建制镇、工矿区范围内使用土地的单位和个人。具体包括以下几类：

（1）拥有土地使用权的单位和个人；

（2）拥有土地使用权的单位和个人不在土地所在地的，以实际使用人或代管人为纳税人；

（3）土地使用权未确定或权属纠纷未解决的，以实际使用人为纳税人；

（4）土地使用权共有的，共有各方都是纳税人，由共有各方分别纳税。

几个单位或几个人共同拥有一块土地的使用权，这块土地的城镇土地使用税的纳税人应是共有的各方，它们应以其实际使用的土地面积占总面积的比例，分别计算缴纳土地使用税。

免税单位无偿使用纳税单位的土地，免征土地使用税；纳税单位无偿使用免税单位的土地，纳税单位应照章缴纳城镇土地使用税。纳税单位与免税单位共同使用、共有土地使用权上的多层建筑物，对纳税单位可按其占用的建筑物面积占建筑总面积的比例计征城镇土地使

用税。

（三）税率

城镇土地使用税实行定额税率，即幅度差别税额，见表9-1。

表9-1　　城镇土地使用税税率表

级 别	人 口	每平方米年税额（元）
大城市	50万人以上	1.5 ~ 30
中等城市	20万 ~ 50万人	1.2 ~ 24
小城市	20万人以下	0.9 ~ 18
县城、建制镇、工矿区	—	0.6 ~ 12

各省、自治区、直辖市政府可根据市政建设情况和经济繁荣程度在上述规定税额幅度内，确定所辖地区的适用税额幅度。经济落后地区的适用税额标准可适当降低，但降低额不得超过上述规定最低税额的30%。经济发达地区的适用税额标准可适当提高，但须报财政部批准。

四、城镇土地使用税的减免税

（一）免征城镇土地使用税

1.国家机关、人民团体、军队自用的土地，免征城镇土地使用税

上述土地是指办公用地和公务用地。生产、经营用地和其他用地不属于免税范围，应按规定征收城镇土地使用税。

2.由国家财政部门拨付事业经费的单位自用的土地，免税

学校、医疗卫生单位、托儿所、幼儿园、敬老院、文化、体育、艺术等实行全额或差额预算管理的单位本身的业务用地，免税。上述单位所属的附属工厂、商店、招待所等不属于单位公务、业务使用的用地，应照章纳税。

3.宗教寺庙、公园、名胜古迹自用的土地，免税

宗教寺庙自用的土地，是指举行宗教仪式等的房屋和宗教人员使用的生活用地。公园、名胜古迹自用的土地，是指供公共参观游览的土地及其管理单位的办公用地。但宗教寺庙、公园、名胜古迹中附设的营业单位，如影剧院、饮食部、茶社、照相馆等所使用的土地，不属于免税范围，应照章纳税。

4.公共用地，免税

市政街道、广场、绿化地带等公共用地，免税。

5.直接用于农、林、牧、渔业的生产用地，免税

这部分土地是指直接从事种植、养殖、饲养的专业用地，不包括农副产品加工场地和生活办公用地。

6.填海土地和改造废地

经批准开山填海整治的土地和改造的废弃土地，从使用的月份起免缴城镇土地使用税5年至10年。具体免税期限由各省、自治区、直辖市税务局在《城镇土地使用税暂行条例》规定的期限内自行确定。

7.免税设施用地，免税

由财政部另行规定免税的能源、交通、水利设施用地和其他用地，免税。

8.企业办的事业性用地，免税

企业办的学校、医院、托儿所、幼儿园，其用地能与企业其他用地明确区分的，免征城镇土地使用税。

9.个人所有的居住房屋及院落用地

个人所有的居住房屋及院落用地，免税。

10.政府性公共机构用于体育活动的房产、土地

国家机关、军队、人民团体、财政补助事业单位、居民委员会、村民委员会拥有的体育场馆，用于体育活动的房产、土地，免征房产税和城镇土地使用税。

11.事业单位用于体育活动的房产、土地

经费自理的事业单位、体育社会团体、体育基金会、体育类民办非企业单位拥有并运营管理的体育场馆，同时符合下列条件的，其用于体育活动的房产、土地，免征房产税和城镇土地使用税：

（1）向社会开放，用于满足公众体育活动需要；

（2）体育场馆取得的收入主要用于场馆的维护、管理和事业发展；

（3）拥有体育场馆的体育社会团体、体育基金会及体育类民办非企业单位，除当年新设立或登记的以外，前一年度登记管理机关的检查结论为“合格”。

12.支持公共交通发展的用地

为支持公共交通发展，经国务院批准，自2016年1月1日至2018年12月31日，对城市公交站场、道路客运站场、城市轨道交通系统运营

用地，免征城镇土地使用税。

城市公交站场、道路客运站场，是指经县级以上（含县级）人民政府交通运输主管部门等批准建设的，为公众及旅客、运输经营者提供站务服务的场所。

城市轨道交通系统，是指依规定批准建设的，采用专用轨道导向运行的城市公共客运交通系统，包括地铁系统、轻轨系统、单轨系统、有轨电车、磁浮系统、自动导向轨道系统、市域快速轨道系统，不包括旅游景区等单位内部为特定人群服务的轨道系统。

（二）减征城镇土地使用税

减征城镇土地使用税的情况包括：

（1）企业拥有并运营管理的大型体育场馆，其用于体育活动的房产、土地，减半征收房产税和城镇土地使用税。

（2）对地下建筑用地暂按应征税款的50%征收城镇土地使用税。

（3）为进一步促进物流业健康发展，经国务院批准，自2015年1月1日起至2016年12月31日止，对物流企业自有的（包括自用和出租）大宗商品仓储设施用地，减按所属土地等级适用税额标准的50%计征城镇土地使用税。

（三）暂免征收城镇土地使用税

暂时免予征收城镇土地使用税的情况包括：

（1）为进一步支持农产品流通体系建设，自2016年1月1日至2018年12月31日，对专门经营农产品的农产品批发市场、农贸市场使用（包括自有和承租，下同）的房产、土地，暂免征收房产税和城镇土地使用税。对同时经营其他产品的农产品批发市场和农贸市场使用的房产、土地，按其他产品与农产品交易场地面积的比例确定征收房产税和城镇土地使用税。

（2）下列石油天然气生产建设用地暂免征收城镇土地使用税：

①地质勘探、钻井、井下作业、油气田地面工程等施工临时用地；

②企业厂区以外的铁路专用线、公路及输油（气、水）管道用地；

③油气长输管线用地。

（3）在城市、县城、建制镇以外工矿区内的消防、防洪排涝、防风、防沙设施用地，暂免征收城镇土地使用税。

五、城镇土地使用税应纳税额的计算

（一）计税依据

城镇土地使用税以纳税人实际占用的土地面积为计税依据，土地面积计量标准为每平方米。纳税人实际占用的土地面积按下列办法确定：

（1）凡由省、自治区、直辖市人民政府确定的单位组织测定土地面积的，以测定的面积为准；

（2）尚未组织测量，但纳税人持有政府部门核发的土地使用证书的，以证书确认的土地面积为准；

（3）尚未核发土地使用证书的，应由纳税人申报土地面积，据以纳税，待核发土地使用证以后再作调整。

（二）应纳税额的计算

城镇土地使用税的应纳税额按纳税人实际占用的土地面积和规定的税额标准计征，其计算公式为：

全年应纳税额=实际占用的应税土地面积（平方米）×适用税额

【例 9-1】某企业位于A城市一级地段，其土地使用证记载占用土地的面积为5 000平方米；该企业的一家分店坐落于三级地段，占地3 000平方米；另有一座仓库位于市郊五级地段，占地面积2 000平方米；自办托儿所位于三级地段，占地1 500平方米。请计算该企业全年应纳的城镇土地使用税（一级地段年税额10元/平方米；三级地段年税额6元/平方米；五级地段年税额4元/平方米）。

解：

（1）企业应纳城镇土地使用税=5 000×10=50 000（元）

（2）分店应纳城镇土地使用税=3 000×6=18 000（元）

（3）仓库应纳城镇土地使用税=2 000×4=8 000（元）

（4）托儿所占地免税。

六、城镇土地使用税的申报缴纳

（一）纳税义务发生时间

城镇土地使用税纳税义务发生时间的规定为：

（1）纳税人购置新建商品房，自房屋交付使用之次月起，缴纳城镇土地使用税。

（2）纳税人购置存量房，自办理房屋权属转移、变更登记手续，房地产权属登记机关签发房屋权属证书之次月起，缴纳城镇土地使用税。

（3）纳税人出租、出借房产，自交付出租、出借房产之次月起，缴纳城镇土地使用税。

（4）房地产开发企业自用、出租、出借本企业建造的商品房，自房屋使用或交付之次月起，缴纳城镇土地使用税。

（5）纳税人新征用的耕地，自批准征用之日起满一年时开始缴纳土地使用税。

（6）纳税人新征用的非耕地，自批准征用次月起缴纳土地使用税。

（二）纳税期限

城镇土地使用税实行按年计算、分期缴纳的征收方法，具体纳税期限由省、自治区、直辖市人民政府确定。

（三）纳税地点

城镇土地使用税由土地所在地的税务机关征收。

纳税人使用的土地不属于同一省、自治区、直辖市管辖的，由纳税人分别向土地所在地的税务机关缴纳；在同一省、自治区、直辖市管辖范围内，纳税人跨地区使用的土地，其纳税地点由各省、自治区、直辖市税务机关确定。

第二节　耕地占用税

一、耕地占用税概述

耕地占用税是对占用耕地或其他非农用地建房或从事其他非农业建设的单位和个人依据实际占用耕地面积并按规定税额标准一次性征收的一种税。耕地是农业发展的基础。我国的国情是地少人多，人均耕地面积很少，低于世界平均水平。为了保护耕地，抑制耕地被乱占滥用的现象，促进农业发展，1987年4月1日，国务院发布《中华人民共和国耕地占用税暂行条例》，从发布之日起征收耕地占用税。2007年12月1日，该条例经国务院修订，自2008年1月1日起实施。

2018年12月29日，第十三届全国人民代表大会常务委员会第七次会议通过并发布《中华人民共和国耕地占用税法》（以下简称《耕地占用税法》)。2019年8月，财政部、国家税务总局、自然资源部、农业农村部、生态环境部制定了《中华人民共和国耕地占用税法实施办法》，两者均自2019年9月1日起实施。

二、耕地占用税的特点

（一）具有财产税与特定行为税的双重属性

耕地占用税是对占用耕地建房或从事其他非农业建设的行为征税，一方面具有土地财产的属性，另一方面又具有特定行为税的特点。

（二）采用地区差别税率

我国不同地区之间人口和耕地资源的分布极不均衡，各地区之间的经济发展水平也有很大差异。为了更好地保护耕地，耕地占用税采用了地区差别定额税率，根据各地区人均耕地数量的多少，分别设计高低不同的税率。

（三）在占用环节一次性征收

耕地占用税在纳税人获准占用耕地时一次性征收。

三、耕地占用税的征税对象、纳税人和税率

（一）征税对象

耕地占用税的征税对象是指用于种植农作物的耕地和占用园地、林地、草地、农田水利用地、养殖水面、渔业水域滩涂以及其他农用地建设建筑物、构筑物或从事其他非农业建设的，征收耕地占用税。但对占用上述农用地建设为农业生产服务的生产设施的，不征收耕地占用税。

（二）纳税人

在中华人民共和国境内占用耕地建设建筑物、构筑物或者从事非农业建设的单位和个人，为耕地占用税纳税人。单位，是指国有企业、集体企业、私营企业、股份制企业、外商投资企业、外国企业以及其他企业和事业单位、社会团体、国家机关、部队以及其他单位；个人，是指个体工商户以及其他个人。

占用耕地建设农田水利设施的，不缴纳耕地占用税。

（三）税率

我国不同地区之间人口和耕地资源的分布极不均衡，各地区之间的经济发展水平也有很大差异。为了更好地保护耕地，耕地占用税在税率的设计上采用了地区差别定额税率，根据各地区人均耕地数量的多少，

分别设计高低不同的税率。人均耕地数量较少的地区，税率相对较高；人均耕地数量较多的地区，税率相对较低。具体规定如下：

1.《耕地占用税法》统一规定的幅度定额税率

（1）人均耕地不超过1亩的地区（以县级行政区域为单位，下同），每平方米为10～50元；

（2）人均耕地超过1亩但不超过2亩的地区，每平方米为8～40元；

（3）人均耕地超过2亩但不超过3亩的地区，每平方米为6～30元；

（4）人均耕地超过3亩的地区，每平方米为5～25元。

2.各省、自治区、直辖市的平均税额

国务院财政、税务主管部门根据人均耕地面积和经济发展情况确定各省、自治区、直辖市的平均税额，见表9-2。

表9-2　　**各省、自治区、直辖市耕地占用税平均税额表**

地　区	每平方米平均税额（元）
上海	45
北京	40
天津	35
江苏、浙江、福建、广东	30
辽宁、湖北、湖南	25
河北、安徽、江西、山东、河南、重庆、四川	22.5
广西、海南、贵州、云南、陕西	20
山西、吉林、黑龙江	17.5
内蒙古、西藏、甘肃、青海、宁夏、新疆	12.5

3.人均耕地低于0.5亩的

在人均耕地低于0.5亩的地区，省、自治区、直辖市可以根据当地经济发展情况，适当提高耕地占用税的适用税额，但提高的部分不得超过《耕地占用税法》第四条第二款确定的适用税额的50%。具体适用税额按照《耕地占用税法》第四条第二款规定的程序确定。

4.占用基本农田的

占用基本农田的，应当按照《耕地占用税法》第四条第二款或者第五条确定的当地适用税额，加按150%征收。

四、耕地占用税的减免税

耕地占用税的减免税规定为：

（1）军事设施占用耕地，免征耕地占用税。

（2）学校、幼儿园、社会福利机构、医疗机构占用耕地，免征耕地占用税。

（3）铁路线路、公路线路、飞机场跑道、停机坪、港口、航道占用耕地，减按每平方米2元的税额征收耕地占用税。

（4）农村居民在规定用地标准以内占用耕地新建自用住宅，按照当地适用税额减半征收耕地占用税。

（5）农村烈士家属、因公牺牲军人遗属、残疾军人以及符合农村最低生活保障条件的农村居民，在规定用地标准以内新建自用住宅，免征耕地占用税。

享受减免税后，纳税人改变原占地用途，而新用途又不在减免税范围的，应当按照当地适用税额补缴耕地占用税。

五、耕地占用税应纳税额的计算

（一）计税依据

耕地占用税以纳税人实际占用耕地的面积为计税依据。耕地面积的计算单位为平方米。

（二）应纳税额的计算

耕地占用税应纳税额的计算公式为：

应纳税额=实际占用耕地的面积（平方米）×适用的单位税额

【例9-2】某县一房地产开发公司经批准占用耕地20 000平方米用于住宅小区建设，其中6 000平方米将按规划建设一所全日制小学。已知该县耕地占用税适用税额为25元/平方米。该房地产开发公司应缴纳多少耕地占用税？

解：因全日制小学所占耕地属于《耕地占用税暂行条例》规定的免税情形之一，故应从计税面积中扣除。因此：

应纳的耕地占用税=（20 000−6 000）×25=350 000（元）

六、耕地占用税的申报缴纳

耕地占用税由耕地所在地的税务机关负责征收。纳税人占用耕地，应当在耕地所在地申报纳税。

耕地占用税的纳税义务发生时间为纳税人收到自然资源主管部门办理占用耕地手续的书面通知的当日。纳税人应当自纳税义务发生之日起30日内申报缴纳耕地占用税。

自然资源主管部门凭耕地占用税完税凭证或者免税凭证和其他有关文件发放建设用地批准书。

纳税人因建设项目施工或者地质勘查临时占用耕地，应当依照《耕地占用税法》的规定缴纳耕地占用税。纳税人在批准临时占用耕地期满之日起一年内依法复垦，恢复种植条件的，全额退还已经缴纳的耕地占用税。

第三节　土地增值税

一、土地增值税概述

土地增值税是对有偿转让国有土地使用权、地上建筑物及其附着物（以下称为转让房地产）并取得收入的单位和个人，就其转让房地产所取得的增值额征收的一种税。

土地增值税是我国为了规范土地、房地产交易秩序，对转让房地产的过高收益进行调节，以抑制投机牟取暴利的行为，维护国家权益，保护正常从事房地产开发的经营者的合法权益，促进房地产市场健康发展，同时也是为了规范国家参与土地增值收益的分配方式，增加国家财政收入。国务院于1993年12月13日颁布了《中华人民共和国土地增值税暂行条例》（以下简称《土地增值税暂行条例》），财政部于1995年1月27日颁布了《中华人民共和国土地增值税暂行条例实施细则》（以下简称《土地增值税暂行条例实施细则》）。《土地增值税暂行条例》于1994年1月1日起施行，《土地增值税暂行条例实施细则》从1995年1月27日起施行，对1994年1月1日至1995年1月27日期间的土地增值税参照《土地增值税暂行条例实施细则》的规定计算征收。

二、土地增值税的特点

（一）以转让房地产取得的增值额为征税对象

我国的土地增值税将土地、房屋的转让收入合并征收，作为征税对象的增值额，是纳税人转让房地产的收入减除税法规定的准予扣除项目金额后的余额。

（二）征税面比较广

凡在我国境内转让房地产并取得收入的单位和个人，不论其经济性质如何，也不分内外资企业或中外籍人员，均应依照税法规定缴纳土地增值税。

（三）采用扣除法和评估法计算增值额

现行土地增值税对纳税人开发建造的商品房，以转让收入减除法定扣除项目金额后的余额为计税依据；对旧房及建筑物的转让，以评估法确定增值额。

（四）实行超率累进税率

土地增值税的税率以转让房地产的增值率高低为依据，按照累进原则设计，实行分级计税。增值率越高，适用的税率越高；增值率越低，适用的税率越低，税收负担较为合理。

（五）实行按次征收

土地增值税在房地产转让环节，实行按次征收。

三、土地增值税的征税对象、纳税人和税率

（一）征税对象

土地增值税的征税对象是有偿转让国有土地使用权、地上建筑物及其附着物产权所取得的增值额。

土地增值税的征税范围包括：

（1）国有土地使用权。国有土地是指按国家法律规定属于国家所有的土地。

（2）地上建筑物及其附着物连同国有土地使用权一并转让。地上建筑物及其附着物是指建于土地上的一切建筑物、构筑物、地上地下的各种附属设施，以及附着于该土地上的不能移动或一旦移动就会遭损坏的各种植物、养殖物及其他物品。

这一征税范围包括以下三层含义：

第一，土地增值税只对转让国有土地使用权和地上建筑物及其附着物的行为征税。这里所强调的是，转让使用权的土地是否为国家所有。这是判断是否属于土地增值税征税范围的标准之一。

第二，土地增值税是对国有土地使用权、地上建筑物及其附着物的

转让行为征税。这里所强调的是，土地使用权、地上建筑物及其附着物的产权是否发生转让。这是判断是否属于土地增值税征税范围的标准之二。

第三，土地增值税是对转让房地产并取得收入的行为征税。这里所强调的是，是否从土地使用权、地上建筑物及其附着物的转让行为中取得收入。这是判断是否属于土地增值税征税范围的标准之三。

无论是单独转让国有土地使用权，还是房屋产权与国有土地使用权一并转让，只要取得收入，均属于土地增值税的征税范围，应对其征收土地增值税。

（二）纳税人

土地增值税的纳税人是指转让国有土地使用权、地上建筑物及其附着物并取得收入的单位和个人，具体包括国家机关、社会团体、部队、企事业单位、个体工商户、个人，以及外商投资企业、外国企业、外国驻华机构、华侨、港澳台同胞和外籍个人等。

（三）税率

土地增值税的税率采用四级超率累进税率，见表9-3。

表9-3　　土地增值税四级超率累进税率表

级次	增值额占扣除项目金额的比率	税率（%）	速算扣除系数（%）
1	不超过50%的部分	30	0
2	50%～100%的部分	40	5
3	100%～200%的部分	50	15
4	超过200%的部分	60	35

四、土地增值税的减免税

土地增值税的减免税具体规定为：

（1）纳税人建造普通标准住宅出售，增值额未超过扣除项目金额20%的，免征土地增值税。增值额超过扣除项目金额20%的，应就其全部增值额按规定计税。

对于纳税人既建普通标准住宅又从事其他房地产开发的，应分别核算增值额。不分别核算增值额或不能准确核算增值额的，其建造的普通标准住宅不能适用这一免税规定。

自2007年8月1日起，企事业单位、社会团体以及其他组织转让旧房作为廉租住房、经济适用住房房源且增值额未超过扣除项目金额20%的，免征土地增值税。

（2）因国家建设需要依法征用、收回的房地产，免征土地增值税。

（3）自2008年11月1日起，对居民个人转让住房，一律免征土地增值税。

（4）个人互换自有居住房的，经当地税务机关核实，可免征土地增值税。

五、土地增值税应纳税额的计算

（一）计税依据

土地增值税的计税依据是纳税人转让房地产所得的增值额。转让房地产的增值额，是纳税人转让房地产的收入额减除税法规定的扣除项目金额后的余额。

1.收入额的确定

纳税人转让房地产所取得的收入，是指包括货币收入、实物收入和其他收入在内的全部价款及有关的经济利益，不允许从中减除任何成本费用。

对取得的实物收入，要按收入时的市场价格折算成货币收入；对取得的无形资产收入，要进行专门的评估，在确定其价值后折算成货币收入。

对取得的收入为外国货币的，应当以取得收入当天或当月1日国家公布的市场汇价折合成人民币。当月以分期收款方式取得的外币收入，也应按实际收款日或收款当月1日国家公布的市场汇价折合成人民币。

土地增值税纳税人转让房地产取得的收入为不含增值税收入。

2.扣除项目及其金额的确定

在确定房地产转让的增值额和计算缴纳土地增值税时，允许从房地产转让收入总额中扣除的项目及其金额，可分为以下几类：

（1）取得土地使用权所支付的金额。取得土地使用权所支付的金额是指纳税人为取得土地使用权支付的地价款和按国家统一规定缴纳的有关费用之和。

（2）房地产开发成本。房地产开发成本是指纳税人开发房地产项目实际发生的成本。这些成本允许按实际发生数扣除，主要包括土地征用及拆迁补偿费、前期工程费、建筑安装工程费、基础设施费、公共配套设施费、开发间接费用等。

①土地征用及拆迁补偿费，包括土地征用费、耕地占用税、劳动力安置费及有关地上、地下附着物拆迁补偿的净支出、安置动迁用房支出等。

②前期工程费，包括规划、设计、项目可行性研究和水文、地质、勘察、测绘、“三通一平”等支出。

③建筑安装工程费，是指以出包方式支付给承包单位的建筑安装工程费、以自营方式发生的建筑工程安装费。

④基础设施费，包括开发小区内的道路、供水、供电、供气、排污、通信、照明、环卫、绿化等工程发生的支出。

⑤公共配套设施费，包括不能有偿转让的开发小区内公共配套设施发生的支出。

⑥开发间接费用，是指直接组织、管理开发项目所发生的费用，包括工资、职工福利费、折旧费、修理费、办公费、水电费、劳动保护费、周转房摊销等。

（3）房地产开发费用。房地产开发费用是指与房地产开发项目有关的销售费用、管理费用、财务费用。根据企业会计准则的规定，与房地产开发有关的费用直接计入当年损益，不按房地产项目进行归集或分摊。

第一，能够按转让房地产项目计算分摊利息支出，并能提供金融机构贷款证明的：

$$\text{房地产开发费用}=\text{利息}+\left(\begin{matrix}\text{取得土地使用权}\\\text{所支付的金额}\end{matrix}+\text{房地产开发成本}\right)\times 5\%\text{以内}$$

第二，不能按转让房地产项目计算分摊利息支出，或不能提供金融机构贷款证明的：

$$\text{房地产开发费用}=(\text{取得土地使用权所支付的金额}+\text{房地产开发成本})\times 10\%\text{以内}$$

需要注意以下几点：一是计算扣除的具体比例，由省、自治区、直辖市人民政府规定。二是利息的上浮幅度按国家的有关规定执行，超过上浮幅度的部分不允许扣除；对于超过贷款期限的利息部分和加罚的利息不允许扣除。

（4）房地产转让税金及附加。

对于房地产开发企业而言，允许作为扣除项目的房地产转让税金及附加，是指在转让房地产时缴纳的城市维护建设税和教育费附加。

（5）财政部确定的其他扣除项目。对从事房地产开发的纳税人可按取得土地使用权所支付的金额与房地产开发成本之和加计20%扣除。此条优惠只适用于从事房地产开发的纳税人，除此之外的其他纳税人不适用。计算公式为：

其他扣除项目金额=（取得土地使用权所支付的金额+房地产开发成本）×20%

（6）旧房及建筑物的评估价格。旧房及建筑物的评估价格是指在转让已使用的房屋及建筑物时，由政府批准设立的房地产评估机构评定的重置成本价乘以成新度折扣率后的价格。评估价格须经当地税务机关确认。

转让旧房及建筑物的评估价格、取得土地使用权所支付的地价款和按国家规定统一缴纳的有关费用及在转让环节缴纳的税金，可以在计征土地增值税时扣除。对取得土地使用权时未支付地价款或不能提供已支付的地价款凭据的，在计征土地增值税时不允许扣除。

纳税人在转让旧房及建筑物时，因计算纳税需要对房地产进行评估，其支付的评估费用允许在计算土地增值税时予以扣除。但是，对纳税人因隐瞒、虚报房地产成交价等情形而按房地产评估价格计算征收土地增值税时发生的评估费用，则不允许在计算土地增值税时予以扣除。

（7）“营改增”后，纳税人转让旧房及建筑物，凡不能取得评估价格，但能提供购房发票的，扣除项目的金额按照下列方法计算：

①提供的购房凭据为“营改增”前取得的营业税发票的，按照发票所载金额（不扣减营业税）并从购买年度起至转让年度止每年加计5%计算。

②提供的购房凭据为“营改增”后取得的增值税普通发票的，按照发票所载价税合计金额从购买年度起至转让年度止每年加计5%计算。

③提供的购房发票为“营改增”后取得的增值税专用发票的，按照发票所载不含增值税金额加上不允许抵扣的增值税进项税额之和，并从购买年度起至转让年度止每年加计5%计算。

3.按评估价格确定

纳税人有下列情形之一的，按照房地产评估价格计算征收：

（1）隐瞒、虚报房地产成交价格的；

（2）提供扣除项目金额不实的；

（3）转让房地产的成交价格低于房地产评估价格，又无正当理由的。

隐瞒、虚报房地产成交价格的，应由评估机构参照同类房地产的市场交易价格进行评估。税务机关根据评估价格确定转让房地产的收入。

提供扣除项目金额不实的，应由评估机构按照房屋重置成本价乘以按成新度折扣率计算的房屋成本价和取得土地使用权时的基准地价进行评估。税务机关根据评估价格确定扣除项目金额。

（二）应纳税额的计算

土地增值税按照纳税人转让房地产所取得的增值额和规定的税率计算征收。其计算方法及计算程序如下：

1.计算方法

土地增值税以纳税人转让房地产所取得的增值额为计税依据，按照超率累进税率计算应纳税额，其应纳税额有以下两种计算方法：

（1）分步计算法，即按照每一级距的土地增值额乘以该级距相应的税率，分别计算各级次土地增值税税额，然后将其相加汇总，求得应纳税额。其计算公式为：

应纳税额=$\sum$（每一级距的土地增值额×适用税率）

这种分步计算法计算过程比较繁琐，因此，在实际工作中，一般采用速算扣除法，以简化计算过程。

（2）速算扣除法，即按照增值额乘以适用税率，减去扣除项目金额乘以速算扣除系数的简便方法计算应纳税额。具体计算公式如下：

①增值额未超过扣除项目金额50%的：

土地增值税税额=增值额×30%

②增值额超过扣除项目金额50%，未超过100%的：

土地增值税税额=增值额×40%-扣除项目金额×5%

③增值额超过扣除项目金额100%，未超过200%的：

土地增值税税额=增值额×50%-扣除项目金额×15%

④增值额超过扣除项目金额200%的：

土地增值税税额=增值额×60%-扣除项目金额×35%

上述公式中的5%、15%、35%均为速算扣除系数。

2.计算程序

（1）计算扣除项目金额。如系转让旧房及建筑物，应计算评估价格，再确定扣除项目金额。

评估价格=重置成本价×成新度折扣率

（2）计算增值额。

增值额=转让收入额-扣除项目金额

（3）计算增值额占扣除项目金额的比重，即增值率。

增值率=增值额÷扣除项目金额×100%

（4）依据增值率确定适用税率。

（5）依据适用税率计算应纳税额。

应纳税额=增值额×适用税率-扣除项目金额×速算扣除系数

【例9-3】位于市区的某工业企业利用厂区空地建造写字楼，某年5—12月发生如下相关业务：

（1）按照国家有关规定补交土地出让金4 000万元，缴纳相关费用160万元；

（2）写字楼开发成本3 000万元，其中装修费用500万元（取得的增值税发票备注栏未注明）；

（3）写字楼开发费用中的利息支出为300万元（不能提供金融机构证明）；

（4）写字楼竣工验收，将总建筑面积的1/2销售，签订销售合同，取得销售收入6 500万元（不含增值税）；将另外1/2的建筑面积出租。

（5）缴纳增值税325万元，城建税、教育费附加32.5万元。

（其他相关资料：该企业所在省规定，按《土地增值税暂行条例》规定的上限计算扣除房地产开发费用。）

要求：计算该企业应缴纳的土地增值税。

解：

（1）取得土地使用权所支付的金额=（4 000+160）×50%=2 080（万元）

（2）应扣除的开发成本的金额=3 000×50%=1 500（万元）

（3）应扣除的开发费用的金额=（2 080+1 500）×10%=358（万元）

（4）增值税325万元不能扣除，应扣除的城建税、教育费附加32.5万元；

（5）扣除项目合计=2 080+1 500+358+32.5=3 970.5（万元）

增值额=6 500－3 970.5=2 529.5（万元）

增值率=2 529.5÷3 970.5×100%=63.71%

应缴纳的土地增值税=2 529.5×40%－3 970.5×5%=813.28（万元）

【例9-4】某国有企业某年8月转让一栋旧的办公大楼。取得转让收入3 000万元，并缴纳增值税150万元，城建税、教育费附加15万元。转让前为取得土地使用权支付地价款60万元，有关费用10万元。该办公大楼建造时造价为400万元，经房地产评估部门评定，该楼重置成本价为1 500万元，成新度折扣率为六成新。

要求：计算该企业应缴纳的土地增值税。

解：

（1）转让收入=3 000万元

（2）扣除项目金额：

①房地产评估价格=1 500×60%=900（万元）

②取得土地使用权所支付的金额=60+10=70（万元）

③可扣除税金15万元，增值税不能扣除。

④扣除项目合计=900+70+15=985（万元）

（3）增值额=3 000−985=2015（万元）

（4）增值额与扣除项目金额的比率=2 015÷985×100%=204.57%

（5）应纳土地增值税=2 015×60%−985×35%=864.25（万元）

六、土地增值税的申报缴纳

土地增值税的具体申报与缴纳规定为：

（1）土地增值税的纳税人应自转让房地产合同签订之日起7日内，向房地产所在地的主管税务机关办理纳税申报，同时向税务机关提交房屋产权证、土地使用权证书、土地转让合同、房产买卖合同、房地产评估报告及其他与转让房地产有关的资料，并在税务机关核定的期限内缴纳土地增值税。

（2）纳税人因经常发生房地产转让而难以在每次转让后申报的，经税务机关审核同意后，可以定期进行纳税申报，具体期限由税务机关根据情况确定。

（3）纳税人通过非正常方式转让房地产土地增值税纳税义务发生时间如下：

①已签订房地产转让合同，原房产因种种原因迟迟未能过户，有关问题解决后再办理房产转移登记，土地增值税纳税义务发生时间以签订房地产转让合同时间为准。

②法院在进行民事判决、民事裁定、民事调解过程中，判决或裁定房地产所有权转移，土地增值税纳税义务发生时间以判决书、裁定书、民事调解书确定的权属转移时间为准。

③依法设立的仲裁机构裁决房地产权属转移，土地增值税纳税义务发生时间以仲裁书明确的权属转移时间为准。

（4）土地增值税纳税地点为被转让房地产所在地主管税务机关负责征收。

课后练习

一、思考题

1. 农村土地是否纳入城镇土地使用税的征税范围？为什么？

2. 企业占用草地从事农业生产（如牛奶场占用草地养殖奶牛），征收耕地占用税吗？

3. 下列情形中，哪些属于有偿转让房地产，需征收土地增值税？

房地产用于抵债	房地产继承
房地产用于交换	房地产赠予
房地产用于职工福利	房地产出租
房地产用于奖励	房地产抵押
房地产用于分配	土地出让

二、分析应用题

1. 某企业位于城市一级地段，其土地使用证记载占地面积为6 000平方米。某年4月，该企业在城郊征用耕地4 000平方米（属四级地段）；同年8月征用非耕地5 000平方米（属二级地段）（一级地段年税额4元/平方米；二级地段年税额3元/平方米；三级地段年税额2元/平方米；四级地段年税额1元/平方米）。请计算该企业当年应缴纳的城镇土地使用税。

2. 某年10月，A县某房地产开发公司经批准占用耕地8 000平方米，用于住宅小区建设，已知该县耕地占用税适用税额为20元/平方米。请计算该房地产开发公司应缴纳的耕地占用税。

3. 某年5月，某房地产开发公司建造一栋普通住宅楼并出售，取得销售收入4 000万元（不含增值税），增值税税率11%，城建税税率7%，教育费附加征收率3%。建此住宅楼支付地价款和相关过户手续费1 000万元，开发成本700万元，其利息支出60万元可以准确计算分摊并提供金融机构证明，所在省政府规定的其他开发费用扣除比例为5%。请计算该企业应纳的土地增值税。

第十章

房产税和契税

学习目标

房产税、契税是地方收入的主要税种，房产税、契税的征收关系单位、个人的利益。通过本章的学习，了解房产税、契税的计税原理，熟悉其征收制度的基本内容，掌握房产税、契税应纳税额计算和纳税申报。

第一节　房产税

一、房产税概述

房产税是以房屋为征税对象，以房屋的计税余值或租金收入为计税依据，向房屋产权所有人征收的一种财产税。

现行房产税的基本法律依据，是1986年9月15日国务院颁布的《中华人民共和国房产税暂行条例》（以下简称《房产税暂行条例》），并于同年10月1日起对国内的单位和个人征收房产税，但不包括涉外企业和外籍人员。2008年12月31日，国务院发布了第546号令，宣布自

2009年1月1日起废止《城市房地产税暂行条例》，外商投资企业、外国企业和组织以及外籍个人依照《房产税暂行条例》缴纳房产税。为进一步完善房产税制度，合理调节居民收入分配，正确引导住房消费，有效配置房地产资源，根据国务院第136次常务会议有关精神，财政部决定，自2011年1月28日起，上海和重庆率先开始对个人住房征收房产税进行试点。

二、房产税的特点

现行房产税是在原计划经济体制和财产所有结构的框架内恢复征收的。一方面继承了过去房产税的传统做法，同时又考虑了我国新旧体制转换过程中的某些特殊情况，因此，具有自身的特点。

（一）房产税属于财产税中的个别财产税

按征税对象的范围不同，财产税可以分为一般财产税与个别财产税。一般财产税也称“综合财产税”，是对纳税人拥有的各类财产实行综合课征的税收；个别财产税也称“单项财产税”，是对纳税人拥有的土地、房屋、资本和其他财产分别课征的税收。我国的房产税属于个别财产税，其征税对象只是房屋。

（二）征税范围限于城镇的经营性房屋

房产税在城市、县城、建制镇和工矿区范围内征收，不涉及农村。农村的房屋，大部分是农民居住用房，为了不增加农民负担，没有将农村的房屋纳入征税范围。另外，对某些拥有房屋但自身没有纳税能力的单位，如国家拨付行政经费、事业经费和国防经费的单位自用的房产，税法也通过免税的方式将这类房屋排除在征税范围之外。

（三）房屋的经营使用方式不同，计税依据不同

拥有房屋的单位和个人，既可以将房屋用于经营自用，又可以把房屋用于出租、出典。房产税根据纳税人经营形式不同，对前一类房屋按房产计税余值征收，对后一类房屋按租金收入计税，使征税办法符合纳税人的经营特点，便于平衡税收负担和征收管理。

三、房产税的征税范围、纳税人和税率

所谓房产，是以房屋形态表现的财产。房屋则是指有屋面和围护结构（有墙或两边有柱），能够遮风避雨，可供人们在其中生产、学习、工作、娱乐、居住或储藏物资的场所，不包括独立于房屋之外的建筑

物，如围墙、水塔、烟囱、室外游泳池等。

（一）征税范围

房产税的征税范围，为位于城市、县城、建制镇和工矿区的房屋。其中：

城市，是指经国务院批准设立的市，征税范围包括市区、郊区和市辖县县城。

县城，是指县人民政府所在地。

建制镇，是指经省、自治区、直辖市人民政府批准设立的建制镇，其征税范围为镇人民政府所在地。

工矿区，是指工商业比较发达，人口比较集中，符合国务院规定的建制镇标准，但尚未设镇建制的大中型工矿企业所在地。开征房产税的工矿区须经省、自治区、直辖市人民政府批准。

城市、县城、建制镇和工矿区的具体征税范围，由各省、自治区、直辖市人民政府确定。

坐落在农村的房屋暂不征收房产税。这是因为，农村的房屋除了农副业生产用房外，大部分是农民居住用房。对农村的房屋不纳入房产税的征税范围，有利于农业发展，繁荣农村经济。

（二）纳税人

房产税以在征税范围内的房屋产权所有人为纳税人。具体规定如下：

（1）产权属于国家所有的，以经营管理的单位为纳税人；产权属于集体和个人所有的，以集体单位和个人为纳税人。

（2）产权出典的，以承典人为纳税人。所谓产权出典，是指产权所有人将房屋、生产资料等的产权，在一定时期内典当给他人使用，而取得资金的一种融资业务。出典人，是指将自己的房屋在一定时期内出典给他人使用，并收取一定数额的押金的产权所有人；承典人，是指以押金形式并付出一定费用，在一定的期限内享有房屋的使用、收益权的人。由于在房屋出典期间，产权所有人已无权支配房屋使用的权利，产权出典人就没有缴纳房产税的义务，因此，税法规定由对房屋具有支配权的承典人为纳税人。

（3）产权所有人、承典人不在房产所在地的，以房产代管人或者使用人为纳税人。

（4）产权未确定或租典纠纷未解决的，以房产代管人或者使用人为纳税人。所谓租典纠纷，是指产权所有人在房屋出典和租赁关系上与承典人、租赁人发生的各种争议，主要是权利和义务的争议尚无结果。对于租典纠纷尚未解决的房产，税法规定以房产代管人或者使用人为纳税人。

（5）纳税单位和个人无租使用房产管理部门、免税单位及纳税单位的房产，应由使用人代缴纳房产税。

（三）适用税率

我国现行房产税采用的是比例税率。根据房产税计税依据的不同，税率也分为两种：

（1）按房产原值一次减除10%~30%损耗后的房产余值为计税依据的，年税率为1.2%。

（2）按房产租金收入为计税依据的，税率为12%。

自2001年1月1日起，对个人按市场价格出租的居民住房，用于居住的，房产税暂按4%的税率征收（财税〔2000〕125号）。自2008年3月1日起，对个人出租住房，不区分用途，按4%的税率征收房产税；对企事业单位、社会团体以及其他组织按市场价格向个人出租用于居住的住房，减按4%的税率征收房产税（财税〔2008〕24号）。

四、房产税应纳税额的计算

（一）计税依据

我国现行的房产税从价计征，计税办法分为按房产的计税余值计税和按租金收入计税两种。

1.对经营自用的房屋，以房产的计税余值为计税依据

所谓计税余值，是指依照税法规定按房产原值一次减除10%~30%的损耗价值后的余额。具体减除幅度，由省、自治区、直辖市人民政府确定。其中，房产原值确定如下：

（1）自2009年1月1日起，对依照房产原值计税的房产，不论是否记载在会计账簿固定资产科目中，均应按照房屋原价计算缴纳房产税。房屋原价应根据国家有关会计制度规定进行核算。对纳税人未按国家会计制度规定核算并记载的，应按规定予以调整或重新评估。

（2）房产原值应包括与房屋不可分割的照明、暖气、煤气，给水排水、电力、电信、电缆导线，以及电梯、过道、晒台等各种附属设备或一般不单独计算价值的配套设施。

（3）纳税人对原有房屋进行改建、扩建的，要相应增加房屋的原值。

（4）对于更换房屋附属设备和配套设施的，在将其计入房产原值时，可扣减原来相应设备和设施的价值；对附属设备和配套设施中易损坏、需要经常更换的零配件，更新后不再计入房产原值，原零配件的原值也不扣除。

（5）对按照房产原值计税的房产，无论会计上如何核算，房产原值均应包含地价，包括为取得土地使用权支付的价款、开发土地发生的成本费用等。容积率低于0.5的，按房产建筑面积的2倍计算土地面积并据此确定计入房产原值的地价。

2.对于出租的房屋，以租金收入为计税依据

房屋的租金收入，是房屋产权所有人出租房产使用权所得的报酬，包括货币收入、实物收入。当以劳务或其他形式为租金时，应根据当地同类房屋的租金水平，确定租金标准，依率计征。

房屋的租金收入不含增值税。免征增值税的，租金收入不扣减增值税。

如果纳税人对个人出租房屋的租金收入申报不实或申报数与同一地段同类房屋的租金收入相比明显不合理，税务部门可以按照《税收征收管理法》的有关规定，采取科学合理的方法核定其应纳税款。具体办法由各省级税务机关结合当地实际情况制定。

3.计税依据的其他规定

随着经济形势的发展，房产原值和租金收入具有多种形式。因此，房产税的计税依据应区别对待：

（1）对于以房产投资联营、投资者参与投资利润分红、共担风险的，按房产余值作为计税依据计征房产税；对于以房产投资、收取固定收入、不承担联营风险的，实际上是以联营名义取得房产租金，应对出租方按租金收入计征房产税。

（2）对于融资租赁的房屋，由于租赁费包括购进房屋的价款、手续

费、借款利息等，与一般房屋出租的“租金”内涵不同，且租赁期满后，当承租方偿还最后一笔租赁费时，房屋产权要转移到承租方，这实际上是一种变相的分期付款购买固定资产的形式，所以在计征房产税时应以房产余值计算征收。融资租赁的房产，由承租人自融资租赁合同约定开始日的次月起依照房产余值缴纳房产税；合同未约定开始日的，由承租人自合同签订的次月起依照房产余值缴纳房产税。

（3）对居民住宅区内业主共有的经营性房产，由实际经营（包括自营和出租）的代管人或使用人缴纳房产税。其中自营的，依照房产原值减除10%～30%后的余值计征，没有房产原值或不能将共有住房划分开的，由房产所在地税务机关参照同类房产核定房产原值；出租的，依照租金计征。

（二）应纳税额的计算

1.按房产余值计算

按房产余值计算房产税的计算公式为：

应纳税额=房产原值×（1−原值减除比例）×适用税率

对出租房产，租赁双方签订的租赁合同约定有免收租金期限的，免收租金期间由产权所有人按照房产原值缴纳房产税；产权出典的房产，由承典人依照房产余值缴纳房产税。

2.按租金收入计算

按租金收入计算房产税的计算公式为：

应纳税额=房产租金收入×适用税率

【例10−1】某企业某年度固定资产账面房产原值为5 000万元，其中：经营用房产原值为4 200万元，出租房产原值为800万元。房产租赁合同约定，租赁期限为3年，当年8月1日起计算租期，年租金为120万元。该企业所在地省级人民政府规定房产原值的减除比例为30%。计算该企业全年应纳房产税额。

解：

（1）从价计征的房产：

年应纳税额=4 200×（1−30%）×1.2%+800×（1−30%）×1.2%×8÷12=39.76（万元）

（2）从租计征的房产：

年应纳税额=120×12%×4÷12=4.8（万元）

（3）该企业全年应纳房产税=39.76+4.8=44.56（万元）

五、房产税的减免税

（一）减免税的基本规定

依据《房产税暂行条例》及有关规定，下列房产免征房产税：

1.国家机关、人民团体、军队自用的房产

“人民团体”是指经国务院授权的政府部门批准设立或登记备案并由国家拨付行政事业费的各种社会团体；“自用的房产”是指这些单位本身的办公用房和公务用房。

2.国家财政部门拨付事业经费的单位自用的房产

学校、医疗卫生单位、托儿所、幼儿园、敬老院、文化、体育、艺术这些实行全额或差额预算管理的事业单位所有的，本身业务范围内使用的房产，免征房产税。

为了鼓励事业单位经济自立，由国家财政部门拨付事业经费的单位，其经费来源实行自收自支后，从事业单位实行自收自支的年度起，免征房产税3年。

3.宗教寺庙、公园、名胜古迹自用的房产

宗教寺庙自用的房产，是指举行宗教仪式等的房屋和宗教人员使用的生活用房屋；公园、名胜古迹自用的房产，是指供公共参观游览的房屋及其管理单位的办公用房屋。但宗教寺庙、公园、名胜古迹中附设的营业单位，如影剧院、饮食部、茶社、照相馆等所使用的房产及出租的房产，不属于免税范围，应照章纳税。

4.个人所拥有的非营业用的房产

对个人所有的非营业用房产给予免税，主要是为了照顾我国城镇居民目前住房的实际状况，鼓励个人建房、购房，改善居住条件，配合城市住房制度的改革。但是，对个人所有的营业用房或出租等非自用的房产，应按照规定征收房产税。

（二）减免税的特殊规定

经财政部和国家税务总局批准，下列房产可免征房产税：

（1）企业办的各类学校、医院、托儿所、幼儿园自用的房产，可以比照由国家财政部门拨付事业经费的单位自用的房产，免征房产税。

（2）老年服务机构自用的房产免税。老年服务机构包括老年社会福利院、敬老院（养老院）、老年服务中心、老年公寓（含老年护理院、康复中心、托老所）等。

（3）损坏不堪使用的房屋和危房，经有关部门鉴定，在停止使用后，可免征房产税。

（4）凡是在基建工地为基建工地服务的各种工棚、材料棚、休息棚和办公室、食堂、茶炉房、汽车房等临时性房屋，不论是施工企业自行建造还是由基建单位出资建造交施工企业使用的，在施工期间，一律免征房产税。但是，如果在基建工程结束以后，施工企业将这种临时性房屋交还或者估价转让给基建单位的，应当从基建单位接收的次月起，依照法规征收房产税。

（5）自2004年7月1日起，房屋大修停用在半年以上的，经纳税人申请，税务机关审核，在大修期间可免征房产税。免征税额由纳税人在申报纳税时自行计算扣除，并在申报表附表或备注栏中作相应说明。

（6）自2001年1月1日起，对按政府规定价格出租的公有住房和廉租住房，包括企业和自收自支事业单位向职工出租的单位自有住房；房管部门向居民出租的公有住房；落实私房政策中带户发还产权并以政府规定租金标准向居民出租的私有住房等，暂免征收房产税。

（7）自2001年1月1日起，对邮政部门坐落在城市、县城、建制镇、工矿区范围以外，尚在县邮政局内核算的房产，在单位财务中能划分清楚的，不征收房产税。

（8）自2004年8月1日起，对军队空余房产租赁收入暂免征收营业税、房产税；此前已征税款不予退还，未征税款不再补征。暂免征收营业税、房产税的军队空余房产，在出租时必须悬挂“军队房地产租赁许可证”，以备查验。“营改增”后，暂免征收增值税。

（9）对行使国家行政管理职能的中国人民银行总行（含国家外汇管理局）所属分支机构自用的房产，免征房产税。

（10）对房地产开发企业建造的商品房，在出售前不征收房产税。但对出售前房地产开发企业已使用或出租、出借的商品房应按规定征收房产税。

（11）中国国家铁路集团有限公司所属铁路运输企业自用的房产，继续免征房产税。

（12）由财政部门拨付事业经费的文化单位转制为企业，自转制注册之日起对其自用房产免征房产税。

（三）困难性减免

根据《房产税暂行条例》的规定，纳税人纳税确有困难的，可由省、自治区、直辖市人民政府确定，定期减征或者免征房产税。

六、房产税的申报缴纳

（一）纳税义务发生时间

关于房产税纳税义务发生时间，有关规定为：

（1）将原有房产用于生产经营的，从生产经营之月起，计征房产税。

（2）自建的房屋用于生产经营的，自建成之日的次月起，计征房产税。

（3）委托施工企业建设的房屋，从办理验收手续之日的次月起，计征房产税。对于在办理验收手续前已使用或出租、出借的新建房屋，应从使用或出租、出借的当月起按规定计征房产税。

（4）购置新建商品房，自房屋交付使用之次月起计征房产税。

（5）购置存量房，自办理房屋权属转移、变更登记手续，房地产权属登记机关签发房屋权属证书之次月起计征房产税。

（6）出租、出借房产，自交付出租、出借房产之次月起计征房产税。

房地产开发企业自用、出租、出借本企业建造的商品房，自房屋使用或交付之次月起计征房产税。

（二）纳税期限

房产税实行按年计算、分期缴纳的征收方法。具体纳税期限由省、自治区、直辖市人民政府规定。

（三）纳税地点

房产税在房产所在地的税务机关缴纳。房产不在同一地方的纳税人，应按房产的坐落地点分别向房产所在地的税务机关缴纳。

（四）纳税申报

房产税的纳税申报，是房屋产权所有人或纳税人缴纳房产税必须履行的法定手续。纳税义务人应根据税法要求，将现有房屋的坐落地点、结构、面积、原值、出租收入等情况，在规定期限内如实向当地税务机关办理纳税申报并按规定纳税。如果纳税人住址发生变更、产权发生转移，以及出现新建、改建、扩建、拆除房屋等情况，从而引起房产原值发生变化或者租金收入变化的，都要按规定及时向税务机关办理变更登记，以便税务机关及时掌握纳税人的房产变动情况。

以人民币以外的货币为记账本位币的外资企业及外籍个人在缴纳房产税时，均应将其根据记账本位币计算的税款按照缴款上月最后一日的人民币汇率中间价折合成人民币。

第二节 契税

一、契税的概述

契税是指在中国境内土地、房屋权属转移时，向取得土地使用权、房屋所有权的单位和个人征收的一种税。

契税是一个古老的税种，起源于东晋的“估税”。当时的“估税”分为输估和散估两种，其中输估是对大宗买卖如房屋、土地、奴婢和牲畜等交易时征收；散估是对小宗买卖如货物等交易时征收。中华人民共和国成立以后颁布的第一个税收法规就是《契税暂行条例》。后来国家禁止土地买卖和转让，契税曾处于停征阶段。

现行契税的基本法律依据，是国务院于1997年7月7日颁布的《中华人民共和国契税暂行条例》，同年10月财政部制定《中华人民共和国契税暂行条例实施细则》，并于1997年10月1日起实施。2019年3月2日，国务院发布第709号令，发布了修订的《中华人民共和国契税暂行条例》。2020年8月11日，第十三届全国人大常委会第二十一次会议表决通过了《中华人民共和国契税法》，决定于2021年9月1日施行。

二、契税的特点

契税与其他税种相比，具有如下特点：

（1）契税属于财产转移税。

契税以发生转移的不动产，即土地和房屋为征税对象，具有财产转移课税性质。土地、房屋产权未发生转移的，不征收契税。

（2）契税由财产承受人缴纳。

一般税种都确定销售者为纳税人，即卖方纳税。契税则属于土地、房屋产权发生交易过程中的财产税，由承受人纳税，即买方纳税。对买方征税的主要目的，在于承认不动产转移生效，承受人纳税以后，便可拥有转移过来的不动产产权或使用权，法律保护纳税人的合法权益。

三、契税的征税范围、纳税人和税率

（一）征税范围

契税的征税对象是境内发生土地使用权和房屋所有权权属转移的土地和房屋。具体征税范围包括：

（1）国有土地使用权出让，是指土地使用者向国家交付土地使用权出让费用，国家将国有土地使用权在一定年限内让予土地使用者的行为。

（2）土地使用权转让，是指土地使用者以出售、赠予、交换或者其他方式将土地使用权转移给其他单位和个人的行为。

土地使用权出售，是指土地使用者以土地使用权作为交易条件，取得货币、实物、无形资产或者其他经济利益的行为。土地使用权赠予，是指土地使用者将土地使用权无偿转让给受赠者的行为。土地使用权交换，是指土地使用者之间相互交换土地使用权的行为。

土地使用权的转让，不包括农村集体土地承包经营权的转移。

（3）房屋买卖，是指房屋所有者将其房屋出售，由承受者交付货币、实物、无形资产或者其他经济利益的行为。

（4）房屋赠予，是指房屋所有者将其房屋无偿转让给受赠者的行为。

（5）房屋交换，是指房屋所有者之间相互交换房屋所有权的行为。

（6）视同土地使用权转让、房屋买卖或者房屋赠予行为。土地、房屋权属以下列方式转移的，视同土地使用权转让、房屋买卖或者房屋赠予征税：

①以土地、房屋权属作价投资、入股或作股权转让；

②以土地、房屋权属抵债或实物交换房屋；

③以获奖方式承受土地、房屋权属；

④以预购方式或者预付集资建房款方式承受土地、房屋权属；

⑤买房拆料或翻建新房。

（二）纳税人

契税的纳税人，是指在我国境内转移土地、房屋权属过程中，承受土地使用权或房屋所有权的单位和个人。

承受，是指以受让、购买、受赠、交换等方式取得土地、房屋权属的行为。单位，是指企业单位、事业单位、国家机关、军事单位和社会团体以及其他组织。个人，是指个体经营者及其他个人，包括中国公民和外籍人员。

（三）税率

契税实行3%～5%的幅度比例税率。由于我国经济发展不平衡，各地经济差别较大，因此，各省、自治区、直辖市人民政府在上述幅度内确定本地区的具体适用税率，并报财政部和国家税务总局备案。全国各省（自治区、直辖市）契税税率表见表10-1。

表10-1　　**全国各省（自治区、直辖市）契税税率表**

地区	应税项目	契税税率
北京、天津、山西、内蒙古、上海、江苏、浙江、福建、山东、广东、广西、海南、重庆、云南、贵州、陕西、青海、宁夏、新疆	所有	3%
甘肃	所有	3.5%
河北、安徽、江西、河南、湖北、湖南、四川	所有	4%
黑龙江、吉林	商业用房	5%
	其他项目	4%
辽宁	商业用房	4%
	其他项目	3%
西藏	所有	—

四、契税应纳税额的计算

（一）计税依据

契税的计税依据为不动产的价格。由于土地、房屋权属转移方式不同，定价方法不同，因而具体计税依据视不同情况而定。

1.出售和买卖

土地使用权出售、房屋买卖，计税依据为成交价格。成交价格，是指土地、房屋权属转移合同确定的价格，包括承受者应交付的货币、实物、无形资产或者其他经济利益。

房屋买卖的契税计税价格，为房屋买卖合同的总价款，买卖装修的房屋，装修费用应包括在内。

2. 赠予

土地使用权赠予、房屋赠予，计税依据由征收机关参照土地使用权出售、房屋买卖的市场价格核定。

3. 交换

土地使用权交换、房屋交换，计税依据为所交换的土地使用权、房屋的价格的差额。交换价格相等的，免征契税；交换价格不等的，由多交付货币、实物、无形资产或者其他经济利益的一方按价格的差额缴纳契税。

对成交价格明显低于市场价格并且无正当理由的，或者所交换土地使用权、房屋的价格差额明显不合理并且无正当理由的，计税依据由征收机关参照市场价格核定。

4. 出让

出让国有土地使用权的，计税依据为承受人为取得该土地使用权而支付的全部经济利益。

（1）以协议方式出让的，其契税计税价格为成交价格。成交价格包括土地出让金、土地补偿费、安置补助费、地上附着物和青苗补偿费、拆迁补偿费、市政建设配套费等承受者应支付的货币、实物、无形资产及其他经济利益。没有成交价格或者成交价格明显偏低的，征收机关可依次按下列两种方式确定：

①评估价格。由政府批准设立的房地产评估机构根据相同地段、同类房地产进行综合评定，并经当地税务机关确认的价格。

②土地基准地价。由县以上人民政府公示的土地基准地价。

（2）以竞价方式出让的，其契税计税价格一般应确定为竞价的成交价格，土地出让金、市政建设配套费以及各种补偿费用应包括在内。

（3）先以划拨方式取得土地使用权，后经批准改为出让方式取得该土地使用权的，应依法缴纳契税，其计税依据为应补缴的土地出让金和其他出让费用。

根据《契税暂行条例》及其实施细则的有关规定，对承受国有土地使用权所应支付的土地出让金，要计征契税。不得因减免土地出让金而减免契税。

（二）应纳税额的计算

应纳税额的计算公式为：

应纳税额=计税依据×税率

应纳税额以人民币计算。转移土地、房屋权属以外汇结算的，按照纳税义务发生日中国人民银行公布的人民币市场汇率中间价，折合成人民币计算。

【例 10-2】王某有两套住房，其中一套以350 000元的成交价格出售给了李某；另一套价值500 000元，与张某价值为420 000元的住房交换，张某向王某支付80 000元的差价。当地政府规定的契税税率为3%。请计算王某、李某、张某各自应缴纳的契税。

解：（1）王某不需缴纳契税。

（2）李某应纳契税=350 000×3%=10 500（元）

（3）张某应纳契税=80 000×3%=2 400（元）

五、契税的减免税

（一）减免税的基本规定

（1）国家机关、事业单位、社会团体、军事单位承受土地、房屋用于办公、教学、医疗、科研和军事设施的，免征契税。

（2）城镇职工按规定第一次购买公有住房，免征契税。

此外，财政部、国家税务总局规定，自2000年11月29日起，对各类公有制单位为解决职工住房而采取集资建房方式建成的普通住房，或由单位购买的普通商品住房，经当地县以上人民政府房改部门批准、按照国家房改政策出售给本单位职工的，如属职工首次购买住房，均可免征契税。

（3）因不可抗力灭失住房而重新购买住房的，酌情准予减征或者免征契税。

（4）土地、房屋被县以上人民政府征用、占用后，重新承受土地、房屋权属的，由省级人民政府确定是否减免。

（5）承受荒山、荒沟、荒丘、荒滩土地使用权，并用于农、林、牧、渔业生产的，免征契税。

（6）经外交部确认，依照我国有关法律规定以及我国缔结或参加的双边和多边条约或协定，应当予以免税的外国驻华使馆、领事馆、联合国驻华机构及其外交代表、领事官员和其他外交人员承受土地、房屋权属的，免征契税。

（7）已购公有住房经补缴土地出让金和其他出让费用成为完全产权住房的，免征土地权属转移的契税。

（8）对国有控股公司以部分资产投资组建新公司，且该国有控股公司占新公司股份85%以上的，对新公司承受该国有控股公司的土地、房屋权属免征契税。

（二）减免税的其他规定

（1）对拆迁居民因拆迁重新购置住房的，对购房成交价格中相当于拆迁补偿款的部分免征契税，成交价格超过拆迁补偿款的，对超过部分征收契税。

（2）对国家石油储备基地第一期项目建设过程中涉及的契税予以免征。

（3）对廉租住房经营管理单位购买住房作为廉租住房，经济适用住房经营管理单位回购经济适用住房继续作为经济适用住房房源的，免征契税。

（4）自2011年8月31日起，婚姻关系存续期间，房屋、土地权属原归夫妻一方所有，变更为夫妻双方共有的，免征契税。

（5）对已缴纳契税的购房单位和个人，在未办理房屋权属变更登记前退房的，退还已纳契税；在办理房屋权属变更登记后退房的，不予退还已纳契税。

（6）对公租房经营管理单位购买住房作为公租房的，免征契税。

六、契税的申报缴纳

（一）纳税义务发生时间

（1）契税的纳税义务发生时间，是纳税人签订土地、房屋权属转移合同的当天，或者纳税人取得其他具有土地、房屋权属转移合同性质凭证的当天。

（2）纳税人因改变土地、房屋用途应当补缴已经减征、免征契税的，其纳税义务发生时间为改变有关土地、房屋用途的当天。

（二）纳税期限

（1）纳税人应当自纳税义务发生之日起10日内，向土地、房屋所在地的契税征收机关办理纳税申报，并在契税征收机关核定的期限内缴纳税款。

（2）纳税人符合减征或者免征契税规定的，应当在签订土地、房屋权属转移合同后10日内，向土地、房屋所在地的契税征收机关办理减征或者免征契税手续。

自2004年10月1日起，计税金额在10 000万元（含10 000万元）以上的，由省级征收机关办理减免手续，办理完减免手续后30日内报国家税务总局备案。

（三）纳税地点

契税的纳税地点为土地、房屋所在地。契税由各级财政机关或税务机关负责征收管理，具体征收机关由省、自治区、直辖市人民政府确定。

纳税人办理纳税事宜后，契税征收机关应当向纳税人开具契税完税凭证。纳税人持契税完税凭证和其他规定的文件材料，依法向房地产管理部门办理有关土地、房屋权属变更登记手续。房地产管理部门应向契税征收机关提供有关资料，并协助契税征收机关依法征收契税。

课后练习

一、思考题

1.企业配置的消防设施是否应缴纳房产税？

2.房屋继承是否需要缴纳契税？

3.发生商品房退房情况的，能否退还缴纳的契税？

二、分析应用题

1.某企业拥有甲、乙两栋房产，甲栋自用，乙栋出租。甲、乙两栋房产在某年1月1日的原值分别为1 200万元和1 000万元，当年4月底乙栋房产租赁到期，转为自用，企业出租乙栋房产的月租金为10万元。当地省政府确定按房产原值减除20%的余值计税。企业当年应缴纳多少房产税？

2. 甲某是个人独资企业业主，某年1月将价值60万元的自有房产投入独资企业作为经营场所，3月以200万元的价格购入一处房产，6月将价值200万元的自有仓库与另一企业价值160万元的仓库互换，甲某收取差价40万元。甲某应缴纳多少契税？

第十一章

车辆购置税、车船税和船舶吨税

学习目标

车辆购置税是对购置车辆的单位和个人征收的一种税。车船税是以车船为征税对象，向车辆和船舶的所有人或者管理人征收的一种税。船舶吨税是海关代表国家交通管理部门在设关口岸对进出中国国境的外国船舶征收的用于航道设施建设的一种税。通过本章的学习，要求理解车辆购置税、车船税和船舶吨税的原理，熟悉车辆购置税、车船税和船舶吨税征收制度的基本内容，掌握这三个税种的纳税人、征税范围、税率等基本税制要素以及应纳税额的计算。

第一节　车辆购置税

一、车辆购置税概述

车辆购置税是对购置车辆的单位和个人征收的一种税。

为了筹措公路建设资金，加快公路建设，扭转交通运输紧张状况，满足社会经济发展和人民生活水平提高对公路交通日益增长的需要，国务院于1985年4月2日颁布《车辆购置附加费征收办法》，决定从1985年5月1日起，对所有购置车辆的单位和个人征收车辆购置附加费。2000年10月22日，国务院发布《中华人民共和国车辆购置税暂行条例》，从2001年1月1日起，取消车辆购置附加费，开征车辆购置税。车辆购置税的开征拉开了我国全面实施“费改税”的序幕，它作为我国整个“费改税”改革的突破口，对整个“费改税”改革有重要意义。2018年12月29日，第十三届全国人大常委会第七次会议通过并公布《中华人民共和国车辆购置税法》，自2019年7月1日起施行，标志着我国税收法定进程又向前迈进了一大步。

二、车辆购置税的特点

（一）征收环节单一

车辆购置税实行一次课征制，只在购置这个特定环节征收，在生产、经营过程中不征税。

（二）征税范围窄

作为行为目的税的车辆购置税，只对购置车辆这一行为作为征税对象，范围较窄。

（三）征税具有特定目的

车辆购置税具有专门用途，由中央财政根据国家交通建设投资计划，统筹安排。

（四）税负不具有转嫁性

车辆购置税的计税依据中不包括车辆购置税税额，税额独立于价格之外，纳税人就是负税人，税负不转嫁。

三、车辆购置税的征税范围、纳税人和税率

（一）车辆购置税的征税范围

车辆购置税的征税范围是在中国境内购置应税车辆的行为。

购置，是指以购买、进口、自产、受赠、获奖或者其他方式取得并自用应税车辆的行为。

应税车辆，包括汽车、有轨电车、汽车挂车、排气量超过150毫升的摩托车。

车辆购置税实行一次性征收。购置已征车辆购置税的车辆，不再征收车辆购置税。

（二）车辆购置税的纳税人

车辆购置税的纳税人是在中国境内购置应税车辆的单位和个人。

（三）车辆购置税的税率

车辆购置税的税率为10%。

四、车辆购置税的减免税

下列车辆免征车辆购置税：

（1）依照法律规定应当予以免税的外国驻华使馆、领事馆和国际组织驻华机构及其有关人员自用的车辆。

（2）中国人民解放军和中国人民武装警察部队列入装备订货计划的车辆。

（3）悬挂应急救援专用号牌的国家综合性消防救援车辆。

（4）设有固定装置的非运输专用作业车辆。

（5）城市公交企业购置的公共汽电车辆。

根据国民经济和社会发展的需要，国务院可以规定减征或者其他免征车辆购置税的情形，报全国人民代表大会常务委员会备案。

五、车辆购置税应纳税额的计算

（一）计税依据

车辆购置税的计税依据是应税车辆的计税价格。应税车辆的计税价格，按照下列规定确定：

（1）纳税人购买自用的应税车辆，其计税价格为纳税人实际支付给销售者的全部价款，不包括增值税税款。

（2）纳税人进口自用的应税车辆，其计税价格为关税完税价格加上关税和消费税。

（3）纳税人自产自用的应税车辆，其计税价格按照纳税人生产的同类应税车辆的销售价格确定，不包括增值税税款。

（4）纳税人以受赠、获奖或者其他方式取得自用的应税车辆，其计税价格按照购置应税车辆时相关凭证载明的价格确定，不包括增值税税款。

纳税人申报的应税车辆计税价格明显偏低，又无正当理由的，由税务机关依照《税收征收管理法》的规定核定其应纳税额。

纳税人以外汇结算应税车辆价款的，按照申报纳税之日的人民币汇率中间价折合成人民币计算缴纳税款。

（二）应纳税额的计算

车辆购置税的应纳税额按照应税车辆的计税价格乘以税率计算。计税公式为：

应纳税额=计税价格×适用税率

【例11–1】某企业3月份在国内购买马自达轿车一辆，排气量为1.6升（自用），取得的机动车销售统一发票金额为22.6万元（含增值税价）。同年4月份进口宝马轿车一辆，排气量2.8升（自用），关税完税价格100万元人民币，关税税率为20%，消费税税率为12%。计算该企业应纳的车辆购置税。

解：

马自达轿车应纳的车辆购置税=22.6÷（1+13%）×10%=2（万元）

进口宝马轿车应纳关税=100×20%=20（万元）

进口宝马轿车应纳消费税=（100+20）÷（1－12%）×12%=16.36（万元）

进口宝马轿车应纳增值税=（100+20+16.36）×13%=17.73（万元）

进口宝马轿车应纳的车辆购置税=（100＋20+16.36）×10%=13.64（万元）

六、车辆购置税的申报缴纳

（一）纳税期限

车辆购置税的纳税义务发生时间为纳税人购置应税车辆的当日。纳税人应当自纳税义务发生之日起60日内申报缴纳车辆购置税。

纳税人应当在向公安机关交通管理部门办理车辆注册登记前，缴纳车辆购置税。

公安机关交通管理部门办理车辆注册登记，应当根据税务机关提供的应税车辆完税或者免税电子信息对纳税人申请登记的车辆信息进行核对，核对无误后依法办理车辆注册登记。

免税、减税车辆因转让、改变用途等原因不再属于免税、减税范围的，纳税人应当在办理车辆转移登记或者变更登记前缴纳车辆购置税。计税价格以免税、减税车辆初次办理纳税申报时确定的计税价格为基准，每满一年扣减10%。

纳税人将已征车辆购置税的车辆退回车辆生产企业或者销售企业的，可以向主管税务机关申请退还车辆购置税。退税额以已缴税款为基准，自缴纳税款之日至申请退税之日，每满一年扣减10%。

（二）纳税地点

纳税人购置应税车辆，应当向车辆登记地的主管税务机关申报缴纳车辆购置税；购置不需要办理车辆登记的应税车辆的，应当向纳税人所在地的主管税务机关申报缴纳车辆购置税。

车辆购置税由税务机关负责征收。税务机关和公安、商务、海关、工业和信息化等部门应当建立应税车辆信息共享和工作配合机制，及时交换应税车辆和纳税信息资料。

第二节　车船税

一、车船税概述

车船税是以车船为征税对象，向车辆和船舶（以下简称车船）的所有人或者管理人征收的一种税。征收车船税，可以促使纳税人提高车船使用效率；可以通过税收手段开辟财源、集中财力，缓解发展交通运输事业资金短缺的矛盾；可以借此加强对车船的管理。

我国对车船课税历史悠久。早在公元前129年（汉武帝元光六年），我国就开征了“算商车”。中华人民共和国成立后，中央人民政府政务院于1951年9月13日颁布《车船使用牌照税暂行条例》，开始征收车船使用牌照税。1973年简化税制时，将对企业征收的原车船使用牌照税并入“工商税”，不再单独征收。对个人、外侨和外商投资企业（指“三资”企业）的车船，仍继续征收车船使用牌照税。1984年第二步利改税时，国务院决定恢复对车船征税，因原税名“车船使用牌照税”在实际工作中常被误认为是对牌照征税，因此，去掉“牌照”二字，改名为车船使用税，但此税当时暂缓开征。1986年9月15日，国务院发布《中华人民共和国车船使用税暂行条例》，从1986年10月1日起施行。2006年12月29日，国务院发布《中华人民共和国车船税暂行条例》，从2007年1月1日起施行。

2011年2月25日，第十一届全国人民代表大会常务委员会第十九次会议通过了《中华人民共和国车船税法》（以下简称《车船税法》），

2011年11月23日国务院第182次常务会议通过了《中华人民共和国车船税法实施条例》，自2012年1月1日起施行。车船税是我国由全国人大颁布法律施行的第三个税种。

二、车船税的特点

（一）具有财产税性质

为了逐步建立适合我国国情的财产税制度，为地方财政提供较稳定的税收，并考虑我国在机动车的购买环节和使用环节已经分别征收了车辆购置税和燃油消费税的情况，《车船税法》将过去在保有与使用环节征收的财产与行为税，改为在保有环节征收财产税，将纳税人由“拥有并且使用车船的单位和个人”改为“车辆、船舶的所有人或者管理人”。对“保有”环节的车船征税，使得车船税具有了明显的财产税性质。

（二）按排气量计征

我国的车船税以“排气量”作为小汽车的计税依据，体现了车船税的政策作用。以“排气量”作为计税依据，不仅有利于排除车船使用带来的外部性，起到促进节能减排的作用，而且由于小汽车排气量与其价值的正相关性，还能发挥一定的收入调节作用——依据排气量设计不同税额的方式在一定程度上发挥了“削高”的作用。

（三）强化税收征管

为了提高车船税的征管质量，《车船税法》进一步强化了保险代征税款的相关规定，将从事机动车交通事故责任强制保险业务的保险机构确定为机动车车船税的扣缴义务人；强化了公安交管部门的征管协助，规定车辆所有人或者管理人在申请办理车辆相关登记、定期检验手续时，应向公安机关交通管理部门提交依法纳税或者免税证明，经公安机关交通管理部门核查后予以办理相关手续。

三、车船税的征税范围、纳税人和税目税率

（一）车船税的征税范围

车船税的征税范围，是指在中华人民共和国境内属于《车船税法》所附《车船税税目税额表》规定的车辆、船舶（以下简称车船），具体包括：

（1）依法应当在车船登记管理部门登记的机动车辆和船舶；

（2）依法不需要在车船登记管理部门登记的在单位内部场所行驶或者作业的机动车辆和船舶。

车辆包括乘用车、商用车、半挂牵引车、三轮汽车、低速载货汽车、挂车、专用作业车、轮式专用机械车、摩托车等。

具体规定如下：

乘用车，是指在设计和技术特性上主要用于载运乘客及随身行李，核定载客人数包括驾驶员在内不超过9人的汽车。

商用车，是指除乘用车外，在设计和技术特性上用于载运乘客、货物的汽车，划分为客车和货车。

半挂牵引车，是指装备有特殊装置用于牵引半挂车的商用车。

三轮汽车，是指最高设计车速不超过每小时50千米，具有三个车轮的货车。

低速载货汽车，是指以柴油机为动力，最高设计车速不超过每小时70千米，具有四个车轮的货车。

挂车，是指就其设计和技术特性，需由汽车或者拖拉机牵引才能正常使用的一种无动力的道路车辆。

专用作业车，是指在其设计和技术特性上用于特殊工作的车辆。

轮式专用机械车，是指有特殊结构和专门功能，装有橡胶车轮可以自行行驶，最高设计车速大于每小时20千米的轮式工程机械车。

摩托车，是指无论采用何种驱动方式，最高设计车速大于每小时50千米，或者使用内燃机，其排气量大于50毫升的两轮或者三轮车辆。

船舶，是指各类机动、非机动船舶以及其他水上移动装置，但是船舶上装备的救生艇筏和长度小于5米的艇筏除外。其中，机动船舶是指用机器推进的船舶；拖船是指专门用于拖（推）动运输船舶的专业作业船舶；非机动驳船，是指在船舶登记管理部门登记为驳船的非机动船舶；游艇是指具备内置机械推进动力装置，长度在90米以下，主要用于游览观光、休闲娱乐、水上体育运动等活动，并应当具有船舶检验证书和适航证书的船舶。

前述所称车辆管理部门，是指公安、交通运输、农业、渔业、军队、武装警察部队等依法具有车船登记管理职能的部门；单位，是指依照中国法律、行政法规规定，在中国境内成立的行政机关、企业、事业单位、社会团体以及其他组织。

（二）车船税的纳税人

车船税的纳税人，是指在中华人民共和国境内属于《车船税法》所附《车船税税目税额表》规定的车辆和船舶的所有人或者管理人。

所称管理人，是指对车船具有管理权或者使用权，不具有所有权的单位和个人。

境内单位和个人租入外国籍船舶的，不征收车船税。境内单位和个人将船舶出租到境外的，应依法征收车船税。

从事机动车第三者责任强制保险业务的保险机构为机动车车船税的扣缴义务人，应当在收取保险费时依法代收车船税，并出具代收税款凭证。

（三）车船税的税目、税额

车船税实行从量征收，采用幅度定额税率，车船税的适用税额依照《车船税税目税额表》执行，见表11－1。《车船税税目税额表》中的车辆、船舶的税目适用范围由财政部、国家税务总局参照国家相关标准确定。

1.车辆具体适用税额

车辆的具体适用税额由省、自治区、直辖市人民政府依照《车船税税目税额表》规定的税额幅度和国务院的规定确定；船舶的具体适用税额由国务院在《车船税税目税额表》规定的税额幅度确定。

各省、自治区、直辖市人民政府根据《车船税法》所附《车船税税目税额表》确定车辆具体适用税额，应当遵循以下原则：

（1）乘用车按排气量从小到大递增税额；

（2）客车按照核定载客人数20人以下和20人（含）以上两档划分，递增税额。

各省、自治区、直辖市人民政府确定的车辆具体适用税额，应当报国务院备案。

2.机动船舶具体适用税额

（1）净吨位不超过200吨的，每吨3元；

（2）净吨位超过200吨但不超过2 000吨的，每吨4元；

（3）净吨位超过2 000吨但不超过10 000吨的，每吨5元；

（4）净吨位超过10 000吨的，每吨6元。

表11-1 **车船税税目税额表**

<table>
<tr><th colspan="2">税　目</th><th>计税单位</th><th>年基准税额</th><th>备　注</th></tr>
<tr><td rowspan="7">乘用车［按发动机汽缸容量（排气量）分档］</td><td>1.0升（含）以下的</td><td rowspan="7">每辆</td><td>60元至360元</td><td rowspan="7">核定载客人数9人（含）以下</td></tr>
<tr><td>1.0升以上至1.6升（含）的</td><td>300元至540元</td></tr>
<tr><td>1.6升以上至2.0升（含）的</td><td>360元至660元</td></tr>
<tr><td>2.0升以上至2.5升（含）的</td><td>660元至1 200元</td></tr>
<tr><td>2.5升以上至3.0升（含）的</td><td>1 200元至2 400元</td></tr>
<tr><td>3.0升以上至4.0升（含）的</td><td>2 400元至3 600元</td></tr>
<tr><td>4.0升以上的</td><td>3 600元至5 400元</td></tr>
<tr><td rowspan="2">商用车</td><td>客车</td><td>每辆</td><td>480元至1 440元</td><td>核定载客人数9人以上，包括电车</td></tr>
<tr><td>货车</td><td>整备质量每吨</td><td>16元至120元</td><td>包括半挂牵引车、三轮汽车和低速载货汽车等</td></tr>
<tr><td colspan="2">挂车</td><td>整备质量每吨</td><td>按照货车税额的50%计算</td><td>—</td></tr>
<tr><td rowspan="2">其他车辆</td><td>专用作业车</td><td rowspan="2">整备质量每吨</td><td>16元至120元</td><td rowspan="2">不包括拖拉机</td></tr>
<tr><td>轮式专用机械车</td><td>16元至120元</td></tr>
<tr><td colspan="2">摩托车</td><td>每辆</td><td>36元至180元</td><td>—</td></tr>
<tr><td rowspan="2">船舶</td><td>机动船舶</td><td>净吨位每吨</td><td>3元至6元</td><td>拖船、非机动驳船分别按照机动船舶税额的50%计算</td></tr>
<tr><td>游艇</td><td>艇身长度每米</td><td>600元至2 000元</td><td></td></tr>
</table>

拖船按照发动机功率每1千瓦折合净吨位0.67吨计算征收车船税。

3.游艇具体适用税额

（1）艇身长度不超过10米的，每米600元；

（2）艇身长度超过10米但不超过18米的，每米900元；

（3）艇身长度超过18米但不超过30米的，每米1 300元；

（4）艇身长度超过30米的，每米2 000元；

（5）辅助动力帆艇，每米600元。

四、车船税的减免税

《车船税法》对车船税的税收优惠作了明确规定。

1.基本免征规定

下列车船免征车船税：

（1）捕捞、养殖渔船，指在渔业船舶登记管理部门登记为捕捞船或者养殖船的船舶。

（2）军队、武装警察部队专用的车船，指按照规定在军队、武装警察部队车船登记管理部门登记，并领取军队、武警牌照的车船。

（3）警用车船，指公安机关、国家安全机关、监狱管理机关和人民法院、人民检察院领取警用牌照的车辆，以及执行警务的专用船舶。

（4）依照法律规定应当予以免税的外国驻华使领馆、国际组织驻华代表机构及其有关人员的车船。

2.新能源车船免征车船税

为促进节约能源，鼓励使用新能源，对列入《享受车船税减免优惠的节约能源，使用新能源汽车车型目录》中的节约能源、使用新能源的车船可以减征或者免征车船税。

（1）对列入目录中的节约能源车船，减半征收车船税。

（2）对列入目录中的使用新能源车船，免征车船税。

3.纳税困难情形

对受严重自然灾害影响，纳税困难以及有其他特殊原因确需减税、免税的，可以减征或者免征车船税。具体办法由国务院规定，并报全国人民代表大会常务委员会备案。

4.各地的照顾性规定

各省、自治区、直辖市人民政府根据当地实际情况，可以对公共交通车船，农村居民拥有并主要在农村地区使用的摩托车、三轮汽车和低速载货汽车定期减征或者免征车船税。

5.临时入境车船

临时入境的外国车船和香港特别行政区、澳门特别行政区、台湾地区的车船，不征收车船税。

6.机动船舶

按照规定缴纳船舶吨税的机动船舶，自《车船税法》实施之日起5年内免征车船税。

7.单位内部车船

依法不需要在车船登记管理部门登记的机场、港口、铁路站场内部行驶或者作业的车船，自车船税法实施之日起5年内免征车船税。

五、车船税应纳税额的计算

（一）计税依据

对各类车船计税依据的具体规定是：

（1）乘用车、客车、摩托车，按辆计征。

（2）载货汽车、其他车辆，按整备质量吨位计征。

（3）机动船舶，按净吨位计征。

（4）游艇，按艇身长度米数计征。

（5）客货两用车依照货车的计税单位和年基准税额计征。

《车船税法》及其实施条例所涉及的排气量、整备质量、核定载客人数、净吨位、千瓦、艇身长度，以车船登记管理部门核发的车船登记证书或者行驶证所载数据为准。

依法不需要办理登记的车船和依法应当登记而未办理登记或者不能提供车船登记证书、行驶证的车船，以车船出厂合格证明或者进口凭证标注的技术参数、数据为准；不能提供车船出厂合格证明或者进口凭证的，由主管税务机关参照国家相关标准核定，没有国家相关标准的参照同类车船核定。

（二）应纳税额的计算

车船税应纳税额的计算公式是：

1.乘用车、客车、摩托车

应纳税额=车辆数×适用单位税额

2.货车、专用作业车、轮式专用机械车

应纳税额=整备质量吨数×适用单位税额

3.挂车

应纳税额=整备质量吨数×适用单位税额×50%

4. 机动船舶

应纳税额=净吨位×适用单位税额

5.拖船、非机动驳船

应纳税额=净吨位×适用单位税额×50%

6.游艇

应纳税额=艇身长度米数×适用单位税额

【例 11-2】20×6年，广西某运输企业拥有货车10辆（每辆整备质量5吨）；40座客车2辆。拥有机动船20艘，其中净吨位为500吨的10艘，1 000吨的5艘，2 000吨的3艘，10 000吨的2艘；拥有非机动驳船5艘，其中净吨位为50吨的3艘，100吨的2艘；拥有游艇1艘，艇身长度20米。广西规定货车年基准税额为整备质量每吨60元，客车年基准税额为每辆660元。计算该企业2016年全年应缴纳的车船税税额。

解：

该企业20×6年全年应纳的车船税税额计算如下：

（1）货车应纳税额=5×10×60=3 000（元）

（2）客车应纳税额=2×660=1 320（元）

（3）机动船应纳税额=500×4×10 + 1 000×4×5 + 2 000×4×3 + 10 000×5×2
=164 000（元）

（4）非机动驳船应纳税额=（50×3+100×2）×3×50%=525（元）

（5）游艇应纳税额=20×1 300=26 000（元）

该企业全年应纳车船税税额=3 000 + 1 320+164 000 + 525 + 26 000=194 845（元）

六、车船税的申报缴纳

（一）纳税义务发生时间

车船税纳税义务发生时间为取得车船所有权或者管理权的当月，应当以购买车船的发票或者其他证明文件所载日期的当月为准。具体规定为：

车船税纳税义务发生时间，为车船管理部门核发的车船登记证书或者行驶证书所记载日期的当月。纳税人未按照规定到车船管理部门办理应税车船登记手续的，以车船购置发票所载开具时间的当月作为车船税的纳税义务发生时间。对未办理车船登记手续且无法提供车船购置发票的，由主管税务机关核定纳税义务发生时间。

（二）纳税期限

车船税按年申报，分月计算，一次性缴纳。纳税年度为公历1月1日至12月31日。具体申报纳税期限由省、自治区、直辖市人民政府规定。纳税期限的特殊规定如下：

（1）购置的新车船，购置当年的应纳税额自纳税义务发生的当月起按月计算。

应纳税额=（年应纳税额÷12）×应纳税月份数

（2）在一个纳税年度内，已完税的车船被盗抢、报废、灭失的，纳税人可以凭有关管理机关出具的证明和完税凭证，向纳税所在地的主管税务机关申请退还自被盗抢、报废、灭失月份起至该纳税年度终了期间的税款。

（3）已办理退税的被盗抢车船失而复得的，纳税人应当从公安机关出具相关证明的当月起计算缴纳车船税。

（4）在一个纳税年度内，纳税人在非车辆登记地由保险机构代收代缴机动车车船税，且能够提供合法有效完税证明的，纳税人不再向车辆登记地的税务机关缴纳车船税。

（5）已缴纳车船税的车船在同一纳税年度内办理转让过户的，不另纳税，也不退税。

（三）纳税地点

车船税的纳税地点为车船的登记地或者车船税扣缴义务人所在地。依法不需要办理登记的车船，车船税的纳税地点为车船的所有人或者管理人所在地。

（四）税款的征收

车船税由税务机关负责征收。公安、交通运输、农业、渔业等车船登记管理部门、船舶检验机构和车船税扣缴义务人的行业主管部门应当在提供车船有关信息等方面，协助税务机关加强车船税的征收管理。

具体的管理办法如下：

（1）从事机动车第三者责任强制保险业务的保险机构为机动车车船税的扣缴义务人，应当在收取保险费时依法代收车船税，并出具代收税款凭证。

（2）保险机构在代收车船税时，应当在机动车交通事故责任强制保险的保险单以及保费发票上注明已收税款的信息和减免税信息，作为代收税款凭证。

（3）纳税人在应当购买交通事故责任强制保险截止日期以后购买的，或以前年度没有缴纳车船税的，保险机构在代收代缴税款的同时，还应代收代缴欠缴税款的滞纳金。

（4）已完税或者依法减免税的车船，纳税人应当向扣缴义务人提供登记地的主管税务机关出具的完税凭证或者减免税证明。

（5）不能提供完税凭证或者减免税证明，且拒绝扣缴义务人代收代缴车船税的纳税人，扣缴义务人不得出具保单、保险标志和保费发票等，同时报告主管税务机关处理。

（6）扣缴义务人应当及时解缴代收代缴的税款和滞纳金，并向主管税务机关申报。扣缴义务人向税务机关解缴税款和滞纳金时，应当同时报送税款明细和滞纳金扣缴报告。扣缴义务人解缴税款和滞纳金的具体期限，由各省、自治区、直辖市税务机关依照法律、行政法规的规定确定。

第三节　船舶吨税

一、船舶吨税概述

船舶吨税，是海关代表国家交通管理部门在设关口岸对进出中国国境的外国船舶征收的用于航道设施建设的一种税，简称吨税。

我国船舶吨税起源于唐朝的“船脚”。清朝康熙年间准许当时的闽海关开征沿海帆船“梁头税”，也就是现代船舶吨税的雏形。中华人民共和国成立后，1951年1月1日，财政部、海关总署联合颁发了《海关代征吨税办法》，将船舶吨税划入财政部、税务总局主管的车船使用牌照税范围。对中国籍船舶，不论是国际航行还是国内航行，一律征收车辆使用牌照税；对外籍及外商租用的中国籍船舶，仍由海关征收船舶吨税。1952年9月29日，海关总署发布施行了《船舶吨税暂行办法》。一直到1986年9月期间，船舶吨税始终由海关负责征收和管理。从1986年10月开始，船舶吨税划归交通运输部管理，但仍由海关代征。凡征收了吨税的船舶，不再缴纳车船使用牌照税。经国务院批准，我国分别于1987年、1991年和1994年，对船舶吨税的税率做了调整。2011年11月23日，国务院第182次常务会议通过了《中华人民共和国船舶吨税暂行条例》，自2012年1月1日起施行。

2017年12月27日，第十二届全国人民代表大会常务委员会第三十一次会议通过了《中华人民共和国船舶吨税法》，自2018年7月1日起施行。《中华人民共和国船舶吨税暂行条例》同时废止。

二、船舶吨税的特点

与其他税种相比，我国船舶吨税具有以下特点：

（1）具有收益税的性质。

一国船舶使用了另一国家的航道和助航设施，理应向该国缴纳一定的税费。船舶吨税就是进入我国领域的外籍船舶，因享受了我国的航道和导航设施而支付的费用。因此，船舶吨税具有收益税的性质。

（2）从量定额征收。

船舶一般按吨位计算大小，因而船舶吨税按出入国境船舶的吨位作为计税单位，确定单位税额，实行从量定额征收。应税船舶进出港均需按规定缴纳船舶吨税。

（3）专款专用。

我国的船舶吨税由海关代交通管理部门征收，所征税款直接用于海上干线公用航标的维护和建设，专款专用。

三、船舶吨税的征税范围、纳税人和税率

（一）征税范围

自中华人民共和国境外港口进入境内港口的船舶（以下称应税船舶），应当依法缴纳船舶吨税。

（二）纳税人

船舶吨税的纳税人是应税船舶的负责人。

（三）适用税率

船舶吨税设置优惠税率和普通税率。中华人民共和国国籍的应税船舶，船籍国（地区）与中华人民共和国签订含有相互给予船舶税费最惠国待遇条款或者协定的应税船舶，适用优惠税率；其他应税船舶，适用普通税率。具体税目税率见表11-2。

表11-2　**船舶吨税税目税率表**

<table>
<tr><th rowspan="3">税　目
（按船舶净吨位划分）</th><th colspan="6">税　率（元/净吨）</th><th rowspan="3">备　注</th></tr>
<tr><th colspan="3">普通税率
（按执照期限划分）</th><th colspan="3">优惠税率
（按执照期限划分）</th></tr>
<tr><th>1年</th><th>90日</th><th>30日</th><th>1年</th><th>90日</th><th>30日</th></tr>
<tr><td>不超过2 000净吨</td><td>12.6</td><td>4.2</td><td>2.1</td><td>9.0</td><td>3.0</td><td>1.5</td><td rowspan="4">1. 拖船按照发动机功率每千瓦折合净吨位0.67吨
2. 无法提供净吨位证明文件的游艇，按照发动机功率每千瓦折合净吨位0.05吨
3. 拖船和非机动驳船分别按相同净吨位船舶税率的50%计征税款</td></tr>
<tr><td>超过2 000净吨，但不超过10 000净吨</td><td>24.0</td><td>8.0</td><td>4.0</td><td>17.4</td><td>5.8</td><td>2.9</td></tr>
<tr><td>超过10 000净吨，但不超过50 000净吨</td><td>27.6</td><td>9.2</td><td>4.6</td><td>19.8</td><td>6.6</td><td>3.3</td></tr>
<tr><td>超过50 000净吨</td><td>31.8</td><td>10.6</td><td>5.3</td><td>22.8</td><td>7.6</td><td>3.8</td></tr>
</table>

四、船舶吨税的减免税

下列船舶免征船舶吨税：

（1）应纳税额在人民币50元以下的船舶。

（2）自境外以购买、受赠、继承等方式取得船舶所有权的初次进口到港的空载船舶。

（3）船舶吨税执照期满后24小时内不上下客货的船舶。

（4）非机动船舶（不包括非机动驳船）。

（5）捕捞、养殖渔船。

（6）避难、防疫隔离、修理、终止运营或者拆解，并不上下客货的船舶。

（7）军队、武装警察部队专用或者征用的船舶。

（8）警用船舶。

（9）依照法律规定应当予以免税的外国驻华使领馆、国际组织驻华代表机构及其有关人员的船舶。

（10）国务院规定的其他船舶。

五、船舶吨税应纳税额的计算

船舶吨税按照船舶净吨位和吨税执照期限征收。应纳税额按照船舶净吨位乘以适用税率计算。净吨位，是指由船籍国（地区）政府授权签发的船舶吨位证明书上标明的净吨位。计算公式为：

应纳税额=应税船舶净吨位×定额税率

船舶吨税分30天、90天和1年三类期限缴纳。缴纳期限由应税船舶负责人或其代理人自行选择。应税船舶负责人在每次申报纳税时，可以按照《船舶吨税税目税率表》选择申领一种期限的船舶吨税执照。

【例11-3】有一艘加拿大国籍的净吨位为9 000吨的货轮“枫叶”号，停靠在我国铁山港装卸货物。货轮负责人已向我国海关领取了船舶吨税执照，在铁山港口停留期限为30天，加拿大已与我国签订有相互给予船舶税费最惠国待遇条款。请计算应对“枫叶”号征收的船舶吨税。

解：

第一步：确定适用税率。

净吨位9 000吨的轮船30天期的优惠税率为2.9元／净吨位。

第二步：计算应纳税额。

应纳船舶吨税=9 000×2.9=26 100（元）

六、船舶吨税的征收管理

（一）纳税义务发生时间

船舶吨税纳税义务发生时间为应税船舶进入港口的当日。

应税船舶在船舶吨税执照期满后尚未离开港口的，应当申领新的吨税执照，自上一次执照期满的次日起续缴船舶吨税。

（二）申报缴纳

应税船舶在进入港口办理入境手续时，应当向海关申报纳税领取船舶吨税执照，或者交验船舶吨税执照。应税船舶在离开港口办理出境手续时，应当交验船舶吨税执照。

应税船舶负责人申领吨税执照时，应当向海关提供下列文件：

（1）船舶国籍证书或者海事部门签发的船舶国籍证书收存证明；

（2）船舶吨位证明。

船舶吨税由海关负责征收。海关征收船舶吨税应当制发缴款凭证。应税船舶负责人缴纳船舶吨税或者提供担保后，海关按照其申领的执照期限填发船舶吨税执照。应税船舶负责人应当自海关填发船舶吨税缴款凭证之日起15日内向指定银行缴清税款；未按期缴清税款的，自滞纳税款之日起，按日加收滞纳税款万分之五的滞纳金。

（三）纳税担保

应税船舶到达港口前，经海关核准先行申报并办结出入境手续的，应税船舶负责人应当向海关提供与其依法履行船舶吨税缴纳义务相适应的担保；应税船舶到达港口后，依照有关规定向海关申报纳税。下列财产、权利可以用于担保：

（1）人民币、可自由兑换货币。

（2）汇票、本票、支票、债券、存单。

（3）银行、非银行金融机构的保函。

（4）海关依法认可的其他财产、权利。

（四）船舶吨税执照的延期和效力

（1）在吨税执照期限内，应税船舶发生下列情形之一的，海关按照实际发生的天数批注延长船舶吨税执照期限：

①避难、防疫隔离、修理、改造，并不上下客货；

②军队、武装警察部队征用。

（2）应税船舶因不可抗力在未设立海关地点停泊的，船舶负责人应当立即向附近海关报告，并在不可抗力原因消除后，依照法律规定向海关申报纳税。

（3）应税船舶在吨税执照期限内，因修理、改造导致净吨位变化的，吨税执照继续有效。应税船舶办理出入境手续时，应当提供船舶经过修理、改造的证明文件。

（4）应税船舶在船舶吨税执照期限内，因税目税率调整或者船籍改变而导致适用税率变化的，船舶吨税执照继续有效。因船籍改变而导致适用税率变化的，应税船舶在办理出入境手续时，应当提供船籍改变的证明文件；船舶吨税执照在期满前毁损或者遗失的，应当向原发照海关书面申请核发吨税执照副本，不再补税。

（五）船舶吨税的退补

海关发现少征或者漏征税款的，自应税船舶应当缴纳税款之日起1年内，补征税款。但因应税船舶违反规定造成少征或者漏征税款的，海关可以自应当缴纳税款之日起3年内追征税款，并自应当缴纳税款之日起按日加征少征或者漏征税款0.5‰的滞纳金。

海关发现多征税款的，应当立即通知应税船舶办理退还手续，并加算银行同期活期存款利息。应税船舶发现多缴税款的，可以自缴纳税款之日起1年内以书面形式要求海关退还多缴的税款，并加算银行同期活期存款利息；海关应当自受理退税申请之日起30日内查实，并通知应税船舶办理退还手续。应税船舶应当自收到有关通知之日起3个月内，办理有关退还手续。

（六）违法责任

应税船舶有下列行为之一的，由海关责令限期改正，并处2 000元以上3万元以下罚款；不缴或者少缴应纳税款的，处不缴或者少缴税款50%以上5倍以下的罚款，但罚款不得低于2 000元：

（1）未按照规定申报纳税、领取吨税执照的；

（2）未按照规定交验吨税执照及其他证明文件的。

船舶吨税税款、滞纳金、罚款以人民币计算。

课后练习

一、思考题

1. 车辆购置税可以退还吗？

2. 我国的车船税对乘用车按排气量征税，是基于怎样的考虑？

3. 我国的船舶吨税由海关负责征收有什么好处？

二、分析应用题

1. 宏达公司20×7年5月发生如下经济业务：

（1）向某汽车厂购买一辆自用的载货汽车及配套的备用件，取得的普通发票载明的价款分别为车款245 700元，备用件价款3 627元，货款已付，汽车已办理登记注册并交付使用。

（2）接受一批捐赠小汽车，共10辆，相关凭证载明的价格为80 000元，小汽车的成本为70 000元，成本利润率为10%。车辆购置税的税率为10%。

请计算宏达公司应纳的车辆购置税税额。

2. 某远洋货运公司20×6年拥有运输船5艘，每艘净吨位850吨；拥有小型船20艘，每艘净吨位0.6吨。其所在省车船税船舶净吨位200吨以下的，每吨3元；201吨至2 000吨的，每吨4元。请计算该远洋货运公司当年应缴纳多少车船税？

3. 有一艘越南籍净吨位为3 000吨的货轮“海越”号，20×6年11月停靠在我国防城港港口装卸货物。货轮负责人已向我国海关领取了吨税执照，在防城港港口停留期限为90天，越南已与我国签订有相互给予船舶税费优惠待遇条款，请计算应对“海越”号征收的船舶吨税。

第十二章

印花税、城市维护建设税、教育费附加、环境保护税和烟叶税

学习目标

本章介绍印花税、城市维护建设税、环境保护税和烟叶税。从企业办税角度讲，印花税、城市维护建设税和环境保护税均是非常重要的税务事项，企业从成立到经营活动的产生，大量合同随之签订，必然产生印花税的纳税义务；企业的生产经营是持续的，缴纳增值税也是持续的，由于城市维护建设税主要是随增值税一并征收，所以城市维护建设税也是企业经常用到的税种；企业在生产经营过程中，有时会产生废水、废气、废渣等污染物，环境保护税承担起了抑制排污的重任。通过本章的学习，要求理解印花税、城市维护建设税和环境保护税等税费的原理，熟悉其征收制度的基本内容，掌握各税种应纳税额计算的基本方法和操作规范。

第一节　印花税

一、印花税概述

（一）印花税的产生与发展

印花税是对经济活动和经济交往中书立、领受、使用的应税经济凭证所征收的一种税，是一种具有行为税性质的凭证税。

印花税是一个古老的税种，始创于荷兰。1624年，荷兰政府在广泛征询民间建议的基础上，确定实施了一种以商事产权凭证为征收对象的印花税，由于缴税时是在凭证上用刻花滚筒推出“印花”戳记，以示完税，因此被命名为“印花税”。1854年，奥地利政府印制发售了形似邮票的印花税票，由纳税人自行购买贴在应纳税凭证上，并规定完成纳税义务是以在票上盖戳注销为标准，世界上由此诞生了印花税票。目前，世界上已有一百多个国家和地区开征了印花税。

印花税是中国效仿西洋税制的第一个税种。从清光绪十五年（1889年）始，大清帝国拟开征印花税二十余年，虽先后印制了日本版和美国版印花税票，也拟定了“印花税则”十五条，但终未能正式实施。中华民国成立后，北洋政府把推行印花税作为重要的聚财之举，于1912年10月21日公布了《印花税法》，并于次年正式实施。

中华人民共和国建立初期，1950年1月30日，中央人民政府政务院通令公布了《全国税政实施要则》，统一了全国税政，确立了印花税为全国统一开征的税种之一。1950年12月，政务院公布了《中华人民共和国印花税暂行条例》，1951年1月4日，财政部公布了《中华人民共和国印花税暂行条例施行细则》，从此，全国统一了印花税法规。1958年简化税制时，印花税并入工商统一税征收。1988年8月6日，国务院以11号令发布了《中华人民共和国印花税暂行条例》，规定重新在全国统一开征印花税，同年10月1日，正式恢复征收印花税。2021年1月4日，国务院常务会议通过了《中华人民共和国印花税法《草案》》，并提请全国人大常委会审议。

开征印花税，有利于完善税制体系，扩大地方财政收入；有利于促进社会主义市场经济新秩序的建立；有利于提高各类凭证的合法地位，增强纳税人自觉依法纳税的意识。

（二）印花税的特点

1.征税范围广泛

印花税的征税对象为在我国境内书立、领受应税凭证的行为。其征税范围广，主要表现在两个方面：一是涉及的应税行为广泛，包括书立和领受应税凭证的行为，这些行为在经济生活中是经常发生的；二是涉及的应税凭证范围广泛，包括各类经济合同、营业账簿、权利许可证照等，这些凭证在经济生活中被广泛地使用。

2.税率低、税负轻

印花税税负较轻，主要表现在其税率或税额明显低于其他税种，最低比例税率仅有万分之零点五，最高也只有千分之一。

3.自行贴花纳税

印花税实行“三自”缴纳方法，即自行计算、自行贴花、自行注销的纳税方法。

二、印花税的纳税人、税目和税率

（一）纳税人

印花税的纳税义务人，是在我国境内书立、使用、领受印花税法所列举的凭证并应依法履行纳税人义务的单位和个人。

所称单位和个人，是指国内各类企业、事业、机关、团体、部队以及中外合资企业、合作企业、外资企业、外国公司及其在华机构等单位和个人。

按照书立、使用、领受应税凭证的不同，印花税的纳税人可以分别确定为立合同人、立据人、立账簿人、领受人、使用人和各类电子应税凭证签订人。

1.立合同人

立合同人指合同的当事人。所谓当事人，是指对凭证有直接权利义务关系的单位和个人，但不包括合同的担保人、证人、鉴定人。各类合同的纳税人是立合同人。各类合同包括购销、加工承揽、建设工程承包、财产租赁、货物运输、仓储保管、借款、财产保险、技术合同或者具有合同性质的凭证。当事人的代理人有代理纳税的义务，与纳税人负有同等的税收法律义务和责任。

2.立据人

产权转移书据的纳税人是立据人，是指土地、房屋权属转移过程中买卖双方的当事人。

3.立账簿人

营业账簿的纳税人是立账簿人。所谓立账簿人，是指设立并使用营业账簿的单位和个人。

4.领受人

权利、许可证照的纳税人是领受人。所谓领受人，是指领取或接受并持有权利、许可证照的单位和个人。

5.使用人

在国外书立、领受，但在国内使用的应税凭证，其纳税人是使用人。

6.各类电子应税凭证签订人

这是指以电子形式签订各类应税凭证的当事人。

对同一应税凭证，凡由两方或两方以上当事人共同书立的，其当事人各方都是印花税的纳税人，应各就其所持凭证的计税金额履行纳税义务。

（二）税目和税率

印花税共有13个税目，税率有两种形式，即比例税率和定额税率，具体见表12-1。

表12-1　**印花税税目、税率表**

税目	范围	税率	纳税人	说明
1.购销合同	包括供应、预购、采购、购销结合及协作、调剂、补偿、易货等合同	按购销金额0.3‰贴花	立合同人	
2.加工承揽合同	包括加工、定做、修缮、修理、印刷、广告、测绘、测试等合同	按加工或承揽收入0.5‰贴花	立合同人	
3.建设工程勘察设计合同	包括勘察、设计合同	按收取费用0.5‰贴花	立合同人	

续表

税目	范围	税率	纳税人	说明
4.建筑安装工程承包合同	包括建筑、安装工程承包合同	按承包金额0.3‰贴花	立合同人	
5.财产租赁合同	包括租赁房屋、船舶、飞机、机动车辆、机械、器具、设备等合同	按租赁金额1‰贴花；税额不足1元的，按1元贴花	立合同人	
6.货物运输合同	包括民用航空运输、铁路运输、海上运输、内河运输、公路运输和联运合同	按运输费用0.5‰贴花	立合同人	单据作为合同使用的，按合同贴花
7.仓储保管合同	包括仓储、保管合同	按仓储保管费用1‰贴花	立合同人	仓单或栈单作为合同使用的，按合同贴花
8.借款合同	银行及其他金融组织和借款人（不包括银行同业拆借）所签订的借款合同	按借款金额0.05‰贴花	立合同人	单据作为合同使用的，按合同贴花
9.财产保险合同	包括财产、责任、保证、信用等保险合同	按保险费收入1‰贴花	立合同人	单据作为合同使用的，按合同贴花
10.技术合同	包括技术开发、转让、咨询、服务等合同	按所记载金额0.3‰贴花	立合同人	

续表

税目	范围	税率	纳税人	说明
11.产权转移书据	包括财产所有权和版权、商标专用权、专利权、专有技术使用权等转移书据、土地使用权出让合同、土地使用权转让合同、商品房销售合同和股权转让书据	按所载金额0.5‰贴花；股权转让书据，按书立时实际成交金额1‰贴花	立据人	
12.营业账簿	生产、经营账册，包括资金账簿和其他账簿	记载资金的账簿，按实收资本和资本公积的合计金额0.5‰贴花；其他账簿按件贴花5元	立账簿人	自2018年5月1日起，对资金账簿减半征税，其他账簿免税
13.权利、许可证照	包括房屋产权证、工商营业执照、商标注册证、专利证、土地使用证	按件贴花5元	领受人	

三、印花税应纳税额的计算

（一）计税依据的一般规定

印花税的计税依据为各种应税凭证上所记载的计税金额，具体规定为：

（1）购销合同的计税依据为合同记载的购销金额。

（2）加工承揽合同的计税依据是加工或承揽收入的金额。

（3）建设工程勘察设计合同的计税依据为收取的费用。

（4）建筑安装工程承包合同的计税依据为承包金额。

（5）财产租赁合同的计税依据为租赁金额。税额不足1元的，按1元贴花。

(6) 货物运输合同的计税依据为取得的运输费金额，即运输费收入，不包括所运货物的金额、装卸费和保险费等。

(7) 仓储保管合同的计税依据为收取的仓储保管费用。

(8) 借款合同的计税依据为借款金额。

(9) 财产保险合同的计税依据为支付（收取）的保险费，不包括所保财产的金额。

(10) 技术合同的计税依据为合同所载的价款、报酬或使用费。为了鼓励技术研究开发，对技术开发合同，只就合同所载的报酬金额计税，研究开发经费不作为计税依据。单对合同约定按研究开发经费一定比例作为报酬的，应按一定比例的报酬金额贴花。

(11) 产权转移书据的计税依据为所载金额。

(12) 营业账簿税目中记载资金的账簿的计税依据为“实收资本”与“资本公积”两项的合计金额。其他账簿的计税依据为应税凭证件数。

(13) 权利、许可证照的计税依据为应税凭证件数。

（二）计税依据的特殊规定

(1) 应税凭证以“金额”“收入”“费用”作为计税依据的，应当全额计税，不得作任何扣除。

(2) 同一凭证，载有两个或两个以上经济事项而适用不同税目税率，如分别记载金额，应分别计算应纳税额，相加后按合计税额贴花；如未分别记载金额，按税率高的计税贴花。

(3) 按金额比例贴花的应税凭证，未标明金额的，应按照凭证所载数量及国家牌价计算金额；没有国家牌价的，按市场价格计算金额，然后按规定税率计算应纳税额。

(4) 应税凭证所载金额为外国货币的，应按照凭证书立当日国家外汇管理局公布的外汇牌价折合成人民币，然后计算应纳税额。

(5) 应纳税额不足1角的，免纳印花税；1角以上的，其税额尾数不满5分的不计，满5分的按1角计算。

(6) 有些合同，在签订时无法确定计税金额，如技术转让合同中的转让收入，是按销售收入的一定比例收取或是按实现利润分成；财产租赁合同，只是规定了月（天）租金标准而无租赁期限。对这类合同，可在签订时先按定额5元贴花，以后结算时再按实际金额计税，补贴印花。

（7）应税合同在签订时纳税义务即已产生，应计算应纳税额并贴花。所以，不论合同是否兑现或是否按期兑现，均应贴花。

（8）对有经营收入的事业单位，凡属由国家财政拨付事业经费、实行差额预算管理的单位，其记载经营业务的账簿，按其他账簿定额贴花，不记载经营业务的账簿不贴花；凡属经费来源实行自收自支的单位，其营业账簿应对记载资金的账簿和其他账簿分别计算应纳税额。

跨地区经营的分支机构使用的营业账簿，应由各分支机构于其所在地计税贴花。对上级单位核拨资金的分支机构，其记载资金的账簿按核拨的账面资金额计税贴花，其他账簿按定额贴花；对上级单位不核拨资金的分支机构，只就其他账簿按件定额贴花。为避免对同一资金重复计税贴花，上级单位记载资金的账簿，应按扣除拨给下属机构资金数额后的其余部分计税贴花。

（9）商品购销活动中，采用以货换货方式进行商品交易签订的合同，应按合同所载的购销合计金额计税贴花；合同未列明金额的，应按合同所载购销数量依照国家牌价或者市场价格计算应纳税额。

（10）施工单位将自己承包的建设项目，分包或者转包给其他施工单位所签订的分包合同或者转包合同，应按新的分包合同或转包合同所载金额计算应纳税额。

（11）从2008年9月19日起，证券交易印花税政策进行调整，由双边征收改为单边征收，即只对卖出方（或继承、赠予A股、B股股权的出让方）征收证券（股票）交易印花税，对买入方（受让方）不再征税。

（12）对国内各种形式的货运联运，凡在起运地统一结算全程运费的，应以全程运费作为计税依据，由起运地运费结算双方缴纳印花税；凡分程结算运费的，应以分程的运费作为计税依据，分别由办理运费结算的各方缴纳印花税。

对国际货运，凡由我国运输企业运输的，不论在我国境内、境外起运或中转分程运输，我国运输企业所持有的一份运费结算凭证，均按本程运费计算应纳税额；托运方所持的一份运费结算凭证，按全程运费计算应纳税额。由外国运输企业运输进出口货物的，外国运输企业所持的一份运费结算凭证免纳印花税；托运方所持的一份运费结算凭证应缴纳印花税。国际货运运费结算凭证在国外办理的，应在凭证转回我国境内时按规定缴纳印花税。

（三）应纳税额的计算

印花税的应纳税额，根据应纳税凭证的性质，分别按比例税率或者定额税率计算，其计算公式为：

应纳税额=应税凭证计税金额（或应税凭证件数）×适用税率

【例12-1】某企业某年2月成立，当年有关资料如下：领受房屋产权证、工商营业执照、土地使用证各一件；与银行签订一年期借款合同，借款金额300万元，年利率5%；与甲公司签订以货换货合同，本企业的货物价值350万元，甲公司的货物价值450万元；与乙公司签订受托加工合同，乙公司提供价值80万元的原材料，本企业提供价值15万元的辅助材料并收加工费20万元；与货运公司签订运输合同，载明运输费用8万元（其中含装卸费0.5万元）；与铁路部门签订运输合同，载明运输费及保管费共计20万元。试计算该企业当年应缴纳的印花税税额。

解：

（1）领受权利、许可证照应纳印花税=3×4=12（元）

（2）借款合同应纳印花税=3 000 000×0.05‰=150（元）

（3）以货换货合同应纳印花税=（3 500 000+4 500 000）×0.3‰=2 400（元）

（4）加工合同应纳印花税=（150 000+200 000）×0.5‰=175（元）

（5）货运合同应纳印花税=（80 000−5000）×0.5‰=37.5（元）

（6）铁路运输合同应纳印花税=200 000×1‰=200（元）

该企业当年应纳印花税税额合计=12+150+2 400+175+37.5+200=2 984.5（元）

四、印花税的减免税

按照现行税法的规定，印花税的减免税优惠主要包括：

（1）对已缴纳印花税的凭证的副本或者抄本免税。但以副本或者抄本作为正本使用的，应另行贴花。

（2）对无息、贴息贷款合同免税。

（3）对房地产管理部门与个人签订的用于生活居住的房屋租赁合同

免税。

（4）对农牧业保险合同免税。

（5）对与高校学生签订的高校学生公寓租赁合同免税。

（6）对公租房经营管理单位建造管理公租房涉及的印花税予以免征。

对公租房经营管理单位购买住房作为公租房，免征印花税；对公租房租赁双方签订租赁协议涉及的印花税予以免征。

在其他住房项目中配套建设公租房，依据政府提供的相关材料，可按公租房建筑面积占总建筑面积的比例免征建造、管理公租房涉及的印花税。

（7）为贯彻落实《国务院关于加快棚户区改造工作意见》，对改造安置住房经营管理单位、开发商与改造安置住房相关的印花税以及购买安置住房的个人涉及的印花税自2013年7月4日起予以免征。

五、印花税的申报缴纳

（一）税款缴纳方法

印花税票为有价证券，票面金额以人民币为单位，分为1角、2角、5角、1元、2元、5元、10元、50元和100元9种。

印花税的纳税办法，按照应纳税额大小、贴花次数多少及征收管理的需要，分别采用自行贴花、汇贴或汇缴、委托代征三种纳税办法。

1.自行贴花

这种办法一般适用于应税凭证较少或者贴花次数较少的纳税人。

自行贴花，是指纳税人在书立、领受或者使用应税凭证时，应当根据应税凭证的性质和适用税率，自行计算应纳税额，自行购买印花税票，自行一次贴足印花税票并加以注销或画销的一种方法，也就是通常所说的“三自”纳税办法。

对已贴花的凭证，修改后所载金额增加的，其增加部分应当补贴印花税票。凡多贴印花税票者，不得申请退税或者抵用。

2.汇贴或汇缴

这种办法一般适用于应纳税额较大或者贴花次数频繁的纳税人。

（1）汇贴。一份凭证应纳税额超过500元的，应向当地税务机关申请填写缴款书或者完税证，将其中一联粘贴在凭证上或者由税务机关在凭证上加注完税标记代替贴花。

（2）汇缴。同一种类应税凭证，需要频繁贴花的，纳税人可以根据实际情况自行决定是否采用按期汇总缴纳印花税的方式，汇总缴纳的期限为1个月。缴纳方式一经选定，1年内不得改变。

采用按期汇总缴纳方式的纳税人应事先告知主管税务机关。主管税务机关接到纳税人要求按期汇总缴纳印花税的告知后，应及时登记，制定相应的管理办法，防止出现管理漏洞。对采用按期汇总缴纳方式缴纳印花税的纳税人，应加强日常监督、检查。

实行印花税按期汇总缴纳的单位，对征税凭证和免税凭证汇总时，凡分别汇总的，按本期征税凭证的汇总金额计算缴纳印花税；凡确属不能分别汇总的，应按本期全部凭证的实际汇总金额计算缴纳印花税。

经税务机关核准，持有代售许可证的代售户，代售印花税票取得的税款须专户存储，并按照规定的期限，向当地税务机关结报，或者填开专用缴款书直接向银行缴纳，不得逾期不缴或者挪作他用。代售户领存的印花税票及所售印花税票的税款，如有损失，应负责赔偿。

3.委托代征

这一办法主要是通过税务机关的委托，经由发放或者办理应纳税凭证的单位代为征收印花税税款。税务机关应与代征单位签订代征委托书。如按照印花税法规定，市场监督管理机关核发各类营业执照和商标注册证的同时，负责代售印花税票，征收印花税税款，并监督领受单位和个人贴花。税务机关委托市场监督管理机关代售印花税票，按代售金额5%的比例支付代售手续费。

（二）纳税义务发生时间

纳税人在书立、领受或者使用应税凭证时，纳税义务即已产生，应当按规定计算粘贴印花税票。具体为，在合同签订时、账簿启用时和证照领受时贴花。如果合同是在国外签订，并且不便在国外贴花的，应在将合同带入境时办理贴花纳税手续。

（三）纳税地点

按印花税法规定，纳税人应在合同签订时、书据立据时、账簿启用时和证照领用时贴花。因此，印花税一般实行就地纳税，应税行为发生时的地点即为印花税的纳税地点。

对于全国性商品物资订货会（包括展销会、交易会等）上所签订合同应纳的印花税，由纳税人回其所在地及时办理贴花完税手续；对地方主办、不涉及省际关系的订货会、展销会上所签合同的印花税，其纳税地点由省、自治区、直辖市人民政府自行确定。

（四）违章处罚

印花税纳税人有下列行为之一的，由税务机关根据情节轻重予以处罚：

（1）在应纳税凭证上未贴或者少贴印花税票的或者已粘贴在应税凭证上的印花税票未注销或者未划销的，由税务机关追缴其不缴或者少缴的税款、滞纳金，并处不缴或者少缴的税款50%以上5倍以下的罚款。

（2）已贴用的印花税票揭下重用造成未缴或少缴印花税的，由税务机关追缴其不缴或者少缴的税款、滞纳金，并处不缴或者少缴的税款50%以上5倍以下的罚款；构成犯罪的，依法追究刑事责任。

（3）伪造印花税票的，由税务机关责令改正，处以2 000元以上10 000元以下的罚款；情节严重的，处以10 000元以上50 000元以下的罚款；构成犯罪的，依法追究刑事责任。

（4）按期汇总缴纳印花税的纳税人，超过税务机关核定的纳税期限，未缴或少缴印花税款的，由税务机关追缴其不缴或者少缴的税款、滞纳金，并处不缴或者少缴的税款50%以上5倍以下的罚款；情节严重的，同时撤销其汇缴许可证；构成犯罪的，依法追究刑事责任。

（5）纳税人违反以下规定的，由税务机关责令限期改正，可处以2 000元以下的罚款；情节严重的，处以2 000元以上10 000元以下的罚款。

①凡汇总缴纳印花税的凭证，应加注税务机关指定的汇缴戳记、编号并装订成册后，将已贴印花或者缴款书的一联粘贴附册后，盖章注销，保存备查。

②纳税人对纳税凭证应妥善保存。凭证的保存期限，凡国家已有明确规定的，按规定办理；没有明确规定的其余凭证均应在履行完毕后保存1年。

（6）代售户对取得的税款逾期不缴或者挪作他用，或者违反合同将所领印花税票转托他人代售或者转至其他地区销售，或者未按规定详细提供领、售印花税票情况的，税务机关可视其情节轻重，给予警告或者取消其代售资格的处罚。

第二节 城市维护建设税

一、城市维护建设税概述

（一）城市维护建设税的概念

城市维护建设税是对缴纳增值税、消费税的单位和个人征收的一个税种。

中华人民共和国成立以来，我国城市建设和维护取得了一定成效，但用于城建方面的资金一直不足。1978年以前，我国城市维护建设的资金来源由当时的工商税附加、城市公用事业附加和国家下拨城市维护费组成。1979年国家开始在部分大中城市试行从上年工商利润中提取5%用于城市维护和建设的办法，但未能从根本上解决问题。1981年国务院在批转财政部关于改革工商税制的设想中提出："根据城市建设的需要，开征城市维护建设税，作为县以上城市和工矿区市政建设的专项资金。"1985年2月8日，国务院发布了《中华人民共和国城市维护建设税暂行条例》，并于1985年1月1日起实施。

2020年8月11日，第十三届全国人民代表大会常务委员会第二十一次会议通过了《中华人民共和国城市维护建设税法》，自2021年9月1日起施行。《中华人民共和国城市维护建设税暂行条例》同时废止。

（二）城市维护建设税的特点

为了加强城市的维护建设，扩大和稳定城市维护建设资金的来源，同时也为了限制对企业的乱摊派，调动地方政府进行城市维护建设的积极性，我国开征了城市维护建设税。我国的城市维护建设税有以下特点：

1.属于一种附加税

城市维护建设税是以纳税人实际缴纳的增值税、消费税税额为计税依据，随之同时征收，其本身没有特定的课税对象，其征管方法也比照增值税、消费税的有关规定办理。

2.税款专款专用

国家的税收收入一般都直接纳入国家预算，根据中央和地方政府的需要，统一安排使用到国家建设和事业发展的各个方面，税法并不规定各个税种收入的具体用途。但城市维护建设税的税款实行专款专用，要求保证用于城市公用事业和公共设施的维护和建设。

3.实行地区差别比例税率

按照受益与负担一致的原则，城市维护建设税实行地区差别税率，城市的纳税人，税率比较高，其他地区的纳税人，税率比较低。

二、城市维护建设税的纳税人、税率

（一）纳税人

城市维护建设税的纳税义务人，是指负有缴纳增值税、消费税义务的单位和个人，包括国有企业、集体企业、私营企业、股份制企业、其他企业和行政单位、事业单位、军事单位、社会团体、其他单位，以及个体工商户及其他个人。

上述单位和个人只要缴纳了增值税、消费税中的一种，就必须同时缴纳城市维护建设税。

对进口货物或者境外单位和个人向境内销售劳务、服务、无形资产缴纳的增值税、消费税税额，不征收城市维护建设税。

城市维护建设税的代扣代缴、代收代缴，一律比照增值税、消费税的有关规定办理。增值税、消费税的代扣代缴、代收代缴义务人同时也是城市维护建设税的代扣代缴、代收代缴义务人。

（二）税率

城市维护建设税在税率设计上，根据不同地区城市维护建设资金的不同需要，根据谁受益、谁负担，受益不同负担不同的原则，实行地区差别比例税率，按纳税人所在地的行政区划来设定适用税率，具体为：

（1）纳税人所在地在城市市区的，税率为7%。

（2）纳税人所在地在县城、建制镇的，税率为5%。

（3）纳税人所在地不在城市市区、县城、建制镇的，税率为1%。

所称纳税人所在地，是指纳税人住所地或者与纳税人生产经营活动相关的其他地点，具体地点由省、自治区、直辖市确定。

纳税人的适用税率，一般按纳税人所在地的适用税率执行。但对下列两种情况，可按缴纳增值税、消费税所在地的适用税率就地缴纳城建税：

（1）由受托方代收代缴、代扣代缴增值税、消费税的单位和个人，其代收、代扣的城建税执行受托方所在地适用税率；

（2）流动经营等无固定经营场所和纳税地点的单位和个人，在经营地缴纳增值税、消费税的，其城建税的缴纳执行经营地适用税率。

三、城市维护建设税应纳税额的计算

（一）计税依据

城市维护建设税以纳税人依法实际缴纳的增值税、消费税税额为计税依据。

城市维护建设税的计税依据应当按照规定扣除期末留抵退税退还的增值税税额。

城市维护建设税计税依据的具体确定办法，由国务院依据《城市维护建设税法》和有关税收法律、行政法规规定，报全国人民代表大会常务委员会备案。

纳税人违反增值税、消费税有关规定而加收的滞纳金和罚款，不作为城建税的计税依据，但纳税人在被查补增值税、消费税和被处以罚款时，应同时查补城建税、征收滞纳金和罚款。

（二）应纳税额的计算

城市维护建设税的应纳税额按以下公式计算：

应纳税额=实际缴纳的增值税、消费税×适用税率

【例 12-2】某股份制企业（位于城市市区）6月缴纳增值税50万元、消费税30万元。请计算该企业应纳的城市维护建设税。

解：

应纳城市维护建设税=（50+30）×7%=5.6（万元）

四、城市维护建设税的减免税

由于城市维护建设税以纳税人实际缴纳的增值税、消费税为计税依据，并与增值税、消费税同时征收，当增值税、消费税存在减免时，城市维护建设税也相应减免。所以，城市维护建设税原则上不单独减免。但是，根据国民经济和社会发展的需要，国务院对重大公共基础设施建设、特殊产业和群体以及重大突发事件应对等情形可以规定减征或者免征城市维护建设税，报全国人民代表大会常务委员会备案。

五、城市维护建设税的申报缴纳

城市维护建设税的纳税义务发生时间、纳税期限、纳税环节以及其他征收管理的有关事项，比照增值税、消费税的有关规定办理。但是，对于城市维护建设税的纳税地点，具体规定如下：

（1）纳税人直接缴纳增值税、消费税的，在增值税、消费税缴纳地缴纳城市维护建设税。

（2）代征、代扣增值税、消费税的单位和个人，其城市维护建设税的纳税地点在代征、代扣地。

（3）对流动经营等无固定纳税地点的单位和个人，应随同增值税、消费税在经营地按适用税率缴纳城市维护建设税。

第三节　教育费附加

一、教育费附加概述

教育费附加是对缴纳增值税、消费税的单位和个人，就其实际缴纳的两税税额为计算依据征收的一种附加费。

教育费附加是为了筹措教育经费、加快教育事业发展而征收的一项专用基金。1985年，中共中央做出了《关于教育体制改革的决定》，指出国家增拨教育经费的同时，开辟多种渠道筹措经费。为此，国务院于1986年4月28日颁布了《征收教育费附加的暂行规定》，并于同年7月1日起在全国范围征收教育费附加。

二、教育费附加的征收范围及计征依据

教育费附加对缴纳增值税、消费税的单位和个人征收，以其依法实际缴纳的增值税、消费税为计征依据，与增值税、消费税同时缴纳。

三、教育费附加的征收比例

随着经济社会的发展，教育投入在不断增加。与此相适应，教育费附加征收比例也经历了多次调整。1986年开征时为1%，1990年增至2%，1994年至今，教育费附加比例为3%。

四、教育费附加的计算

教育费附加的计算公式为：

应纳教育费附加=实际缴纳的增值税、消费税×3%

五、教育费附加的减免规定

教育费附加的具体减免规定为：

（1）海关对进口产品代征增值税、消费税，不征收教育费附加。

（2）对于因减免增值税、消费税而发生退税的，可同时退还教育费附加。但是，对出口产品退还增值税、消费税的，不退还已缴纳的教育费附加。

（3）财政部、国家税务总局规定的其他减免。

第四节　环境保护税

一、环境保护税的概述

环境保护税是对直接向环境排放污染物的生产经营者征收的一种税。

我国从1979年就确立了排污费制度。通过收费这一经济手段促使企业加强环境治理、减少污染物排放、补充环境治理经费，对防治污染，保护环境起到了重要作用。但是，排污费制度存在法律层级比较低、执法刚性不足、行政干预较多、强制性和规范性较为缺乏等问题。

为了更好保护和改善环境，减少污染物排放，推进生态文明建设，2016年12月25日，《中华人民共和国环境保护税法》（以下简称《环境保护税法》）在第十二届全国人大常委会第二十五次会议上获得通过，并于2018年1月1日起施行。根据《环境保护税法》，国务院制定颁布了《中华人民共和国环境保护税法实施条例》，与其同时施行。

二、纳税义务人及征税范围

（一）纳税人义务人

环境保护税的纳税人是指在我国境内直接向环境排放应税污染物的企业事业单位和其他生产经营者。

依法设立的城乡污水集中处理、生活垃圾集中处理场所超过国家和地方规定的排放标准向环境排放应税污染物的，应当缴纳环境保护税。企业事业单位和其他生产经营者贮存或者处置固体废物不符合国家和地方环境保护标准的，应当缴纳环境保护税。达到省级人民政府确定的规模标准并且有污染物排放口的畜禽养殖场，应当依法缴纳环境保护税；对畜禽养殖场废弃物进行综合利用和无害化处理的，不属于直接向环境排污染物，不缴纳环境保护税。

（二）征税范围

环境保护税的征税范围为应税污染物，包括大气污染物、水污染物、固体废物和噪声。

1.大气污染物

大气污染物，指由于人类活动或自然过程排入大气的并对人和环境产生有害影响的物质，包括二氧化硫、氮氧化物、一氧化碳、氯气、氯化氢、氟化物、氰化氢、硫酸雾、铬酸雾、汞及其化合物、一般性粉尘、石棉尘、玻璃棉尘、炭黑尘、铅及其化合物、铍其化合物、镍及其化合物、锡及其化合物、烟尘、苯、甲苯、苯并芘、甲醛、乙醛、丙烯醛、甲醇、酚类、沥青烟、苯胺类、氯苯类、硝基苯、丙烯腈、氯乙烯、光气、硫化氢、氨、三甲胺、甲硫醇、甲硫醚、二甲二硫、苯乙烯、二硫化碳等。

2.水污染物

水污染物是指造成水体水质、水中生物群落以及水体底泥质量恶化的各种有害物质（或能量），包括总汞、总镉、总铬、六价铬、总砷、总铅、总镍、苯并（a）芘、总铍、总银、悬浮物（SS）、生化需氧量（BODs）、化学需氧量（CODcr）、总有机碳（TOC）、石油类、动植物油、挥发酚、总氰化物、硫化物、氨氮、氟化物、甲醛、苯胺类、硝基苯类、阴离子表面活性剂（1AS）、总铜、总锌、总锰、彩色显影剂（GD-2）、总磷、单质磷（以P计）、有机磷农药（以P计）、乐果、甲基对硫磷、马拉硫磷、对硫磷、五氯酚及五氯酚钠（以五氯酚计）、三氯甲烷、可吸附有机卤化物（A0X）（以Cl计）、四氯化碳、三氯乙烯、四氯乙烯、苯、甲苯、乙苯，邻-二甲苯、对-二甲苯、间-二甲苯、氯苯、邻二氯苯、对二氯苯，对硝基氯苯、2，4-硝基氯苯、苯酚、间-甲酚、2，4-二氯酚、2，4，6-三氧酚、邻苯二甲酸二丁酯、邻苯二甲酸二辛酯、丙烯腈、总硒等。

3.固体废物

固体废物包括煤矸石、尾矿、危险废物、冶炼渣、粉煤灰、炉渣、其他固体废物（含半固态、液态废物）。

4.噪声

噪声是指发声体做无规则振动时发出的声音，当噪声对人及周围环境造成不良影响时，就形成噪声污染。目前只对工业噪声征收环境保护税。

有下列情形之一的，不属于直接向环境排放污染物，不缴纳相应污染物的环境保护税：

（1）企业事业单位和其他生产经营者向依法设立的污水集中处理、生活垃圾集中处理场排放应税污染物的；

（2）企业事业单位和其他生产经营者在符合国家和地方环境保护标准的设施、场所贮存或者处置固体废物的。

三、税率

环境保护税实行定额税率。其中，对固体废物和噪声实行全国统一的定额税率，对大气污染物和水污染物实行幅度税额。具体税率详见表12-2。

应税大气污染物和水污染物的具体适用税额的确定和调整，由省、自治区、直辖市人民政府统筹考虑本地区环境承载能力、污染物排放现状和经济社会生态发展目标要求，在《环境保护税税目税额表》规定的税额幅度内提出，报同级人民代表大会常务委员会决定，并报全国人民代表大会常务委员会和国务院备案。

四、计税依据与应纳税额计算

（一）计税依据

应税污染物的计税依据，按照下列方法确定：

（1）应税大气污染物，按照污染物排放量折合的污染当量数确定。

（2）应税水污染物，按照污染物排放量折合的污染当量数确定。

（3）应税固体废物，按照固体废物的排放量确定。

（4）应税噪声，按照超过国家规定标准的分贝数确定。

应税大气污染物、水污染物的污染当量数，以该污染物的排放量除以该污染物的污染当量值计算。计算公式为：

污染当量数=大气污染物、水污染物排放量/污染当量值

每种应税大气污染物、水污染物的具体污染当量值，见表12-3。

表12-2 **环境保护税税目税额表**

<table>
<tr><th colspan="2">税目</th><th>计税单位</th><th>税额</th><th>备注</th></tr>
<tr><td colspan="2">大气污染物</td><td>每污染当量</td><td>1.2~12元</td><td></td></tr>
<tr><td colspan="2">水污染物</td><td>每污染当量</td><td>1.4~14元</td><td></td></tr>
<tr><td rowspan="4">固体废物</td><td>煤矸石</td><td>每吨</td><td>5元</td><td></td></tr>
<tr><td>尾矿</td><td>每吨</td><td>15元</td><td></td></tr>
<tr><td>危险废物</td><td>每吨</td><td>1 000元</td><td></td></tr>
<tr><td>冶炼渣、粉煤灰、炉渣、其他固体废物（含半固态、液态废物）</td><td>每吨</td><td>25元</td><td></td></tr>
<tr><td rowspan="6">噪声</td><td rowspan="6">工业噪声</td><td>超标1~3分贝</td><td>每月350</td><td rowspan="6">1.一个单位边界上有多处噪声超标，根据最高一处超标声级计算应纳税额；当沿边界长度超过100米有两处以上噪声超标，按照两个单位计算应纳税额。
2.一个单位有不同地点作业场所的，应当分别计算应纳税额，合并计征。
3.昼、夜均超标的环境噪声，昼、夜分别计算应纳税额，累计计征。
4.声源1个月内超标不足15天的，减半计算应纳税额。
5.夜间频繁突发和夜间偶然突发厂界超标噪声，按等效声级和峰值噪声两种指标中超标分贝值高的一项计算应纳税额</td></tr>
<tr><td>超标4~6分贝</td><td>每月700元</td></tr>
<tr><td>超标7~9分贝</td><td>每月1 400元</td></tr>
<tr><td>超标10~12分贝</td><td>每月2 800元</td></tr>
<tr><td>超标13~15分贝</td><td>每月5 600元</td></tr>
<tr><td>超标16分贝以上</td><td>每月11 200元</td></tr>
</table>

表12-3 应税污染物和当量值表

一、第一类水污染物污染当量值

污染物	污染当量值（千克）
1.总汞	0.0005
2.总镉	0.005
3.总铬	0.04
4.六价铬	0.02
5.总砷	0.02
6.总铅	0.025
7.总镍	0.025
8.苯并（a）芘	0.0000003
9.总铍	0.01
10.总银	0.02

二、第二类水污染物污染当量值

污染物	污染当量值（千克）	备注
11.悬浮物（SS）	4	同一排放口中的化学需氧量、生化需氧量和总有机碳只征收一项
12.生化需氧量（BODs）	0.5	
13.化学需氧量（CODcr）	1	
14.总有机碳（TOC）	0.49	
15.石油类	0.1	
16.动植物油	0.16	
17.挥发酚	0.08	
18.总氰化物	0.05	
19.硫化物	0.125	
20.氨氮	0.8	
21.氟化物	0.5	
22.甲醛	0.125	
23.苯胺类	0.2	
24.硝基苯类	0.2	
25.阴离子表面活性剂（LAS）	0.2	
26.总铜	0.1	

续表

污染物	污染当量值（千克）	备注
27.总锌	0.2	
28.总锰	0.2	
29.彩色显影剂（CD-2）	0.2	
30.总磷	0.25	
31.单质磷（以P计）	0.05	
32.有机磷农药（以P计）	0.05	
33.乐果	0.05	
34.甲基对硫磷	0.05	
35马拉硫磷	0.05	
36.对硫磷	0.05	
37.五氯酚及五氯酚钠（以五氯酚计）	0.25	
38.三氯甲烷	0.04	
39.可吸附有机卤化物（AOX）（以Cl计）	0.25	
40.四氯化碳	0.04	
41.三氯乙烯	0.04	
42.四氯乙烯	0.02	
43.苯	0.02	
44.甲苯	0.02	
45.乙苯	0.02	
46.邻-二甲苯	0.02	
47.对-二甲苯	0.02	
48.间-二甲苯	0.02	
49.氯苯	0.02	
50.邻二氯苯	0.02	
51.对二氯苯	0.02	
52.对硝基氯苯	0.02	
53.2，4-二硝基氯苯	0.02	
54.苯酚	0.02	
55.间-甲酚	0.02	

续表

污染物	污染当量值（千克）	备注
56.2，4–二氯酚	0.02	
57.2，4，6–三氯酚	0.02	
58.邻苯二甲酸二丁酯	0.02	
59.邻苯二甲酸二辛酯	0.02	
60.丙烯腈	0.125	
61.总硒	0.02	

三、PH值、色度、大肠菌群数、余氯量水污染污染物当量值

污染物		污染当量值	备注
1.PH值	（1）0–1，13–14	0.06吨污水	PH值5–6指大于等于5，小于6；PH值9–10值大于等于9，小于10；其余类推
	（2）1–2，12–13	0.125吨污水	
	（3）2–3，22–12	0.25吨污水	
	（4）3–4，10–11	0.5吨污水	
	（5）4–5，9–10	1吨污水	
	（6）5–6	5吨污水	
2.色度		5吨水·倍	
3.大肠菌群数		3.3吨水	大肠菌群数和余氯量只征收一项
4.余氯量（用氯消毒的医院废水）		3.3吨水	

四、禽畜养殖业、小型企业、第三产业水污染物污染当量值

类型		污染当量值	备注
禽畜养殖业	1.牛	0.1头	仅对存栏规模大于50头牛、500头猪、5 000羽鸡鸭等的禽畜养殖场征收
	2.猪	1头	
	3.鸡鸭等家禽	30羽	
4.小型企业		1.8吨污水	
5.饮食娱乐服务业		0.5吨污水	
6.医院	消毒	0.14床	医院病床数大于20张的按照本表计算污染当量值
		2.8吨污水	
	不消毒	0.07床	
		1.4吨污水	

五、大气污染物污染当量值

污染物	污染当量值
1.二氧化硫	0.95
2.氮氧化物	0.95
3.一氧化碳	16.7
4.氯气	0.34
5.氯化氢	10.75
6.氟化物	0.87
7.氰化氢	0.005
8.硫酸雾	0.6
9.铬酸雾	0.0007
10.汞及其化合物	0.0001
11.一般性粉尘	4
12.石棉尘	0.53
13.玻璃棉尘	2.13
14.炭黑尘	0.59
15.铅及其化合物	0.02
16.镉及其化合物	0.03
17.铍及其化合物	0.0004
18.镍及其化合物	0.13
19.锡及其化合物	0.27
20.烟尘	2.18
21.苯	0.05
22.甲苯	0.18
23.二甲苯	0.27
24.苯并（a）芘	0.000002
25.甲醛	0.09
26.乙醛	0.45
27.丙烯醛	0.06
28.甲醇	0.67
29.酚类	0.35
30.沥青烟	0.19

续表

污染物	污染当量值
31.苯胺类	0.21
32.氯苯类	0.72
33.硝基苯	0.17
34.丙烯腈	0.22
35.氯乙烯	0.55
36.光气	0.04
37.硫化氢	0.29
38.氨	9.09
39.三甲胺	0.32
40.甲硫醇	0.04
41.甲硫醚	0.28
42.二甲二硫	0.28
43.苯乙烯	25
44.二硫化碳	20

污染当量，是指根据污染物或者污染排放活动对环境的有害程度以及处理的技术经济性，衡量不同污染物对环境污染的综合性指标或者计量单位。同一介质相同污染当量的不同污染物，其污染程度基本相当。

每一排放口或者没有排放口的应税大气污染物，按照污染当量数从大到小排序，对前三项污染物征收环境保护税。每一排放口的应税水污染物，按照《应税污染物和当量值表》，区分第一类水污染物和其他类水污染物，按照污染当量数从大到小排序，对第一类水污染物按照前五项征收环境保护税，对其他类水污染物按照前三项征收环境保护税。

色度的污染当量数，以污水排放量乘以色度超标倍数再除以适用的污染当量值计算。畜禽养殖业水污染物的污染当量数，以该畜禽养殖场的月均存栏量除以适用的污染当量值计算。畜禽养殖场的月均存栏量按照月初存栏量和月末存栏量的平均数计算。

纳税人委托监测机构对应税大气污染物和水污染物排放量进行监测时，其当月同一个排放口排放的同一种污染物有多个监测数据的，按照平均值计算应税污染物的排放量；应税水污染物按照监测数据以流量为权的加权平均值计算应税污染物的排放量。在环境保护主管部门规定的监测时限内当月无监测数据的，可以跨月沿用最近一次的监测数据计算应税污染物排放量。纳入排污许可管理行业的纳税人，其污染物排放量的监测计算方法按照排污许可管理要求执行。

因排放污染物种类多等原因不具备监测条件的，纳税人应当按照《关于发布计算污染物排放量的排污系数和物料衡算方法的公告》（环境保护部公告2017第81号）的规定计算应税污染物排放量。其中，相关行业适用的排污系数方法中产排污系数为区间值的，纳税人结合实际情况确定具体适用的产排污系数值；纳入排污许可管理行业的纳税人按照排污许可证的规定确定。生态环境部尚未规定适用排污系数、物料衡算方法的，暂由纳税人参照缴纳排污费时依据的排污系数、物料衡算方法及抽样测算方法计算应税污染物的排放量。

纳税人有下列情形之一的，以其当期应税大气污染物、水污染物的产生量作为污染物的排放量：

（1）未依法安装使用污染物自动监测设备或者未将污染物自动监测设备与环境保护主管部门的监控设备联网；

（2）损毁或者擅自移动、改变污染物自动监测设备；

（3）篡改、伪造污染物监测数据；

（4）通过暗管、渗井、渗坑、灌注或者稀释排放以及不正常运行防治污染设施等方式违法排放应税污染物；

（5）进行虚假纳税申报。

应税固体废物的排放量为当期应税固体废物的产生量减去当期应税固体废物贮存量、处置量、综合利用量的余额。

纳税人有下列情形之一的，以其当期应税固体废物的产生量作为固体废物的排放量：

（1）非法倾倒应税固体废物；

（2）进行虚假纳税申报。

一个单位的同一监测点当月有多个噪声监测数据超标的，以最高一次超标声级计算应纳税额。另根据《财政部、税务总局、生态环境部〈关于环境保护税有关问题的通知〉（财税〔2018〕23号）补充规定，声源一个月内累计昼间超标不足15昼或者累计夜间超标不足15夜的，分别减半计算应纳税额。

省、自治区、直辖市人民政府根据本地区污染物减排的特殊需要，可以增加同一排放口征收环境保护税的应税污染物项目数，报同级人民代表大会常务委员会决定，并报全国人民代表大会常务委员会和国务院备案。

应税大气污染物、水污染物、固体废物的排放量和噪声的分贝数，按照下列方法和顺序计算：

（1）纳税人安装使用符合国家规定和监测规范的污染物自动监测设备的，按照污染物自动监测数据计算；

（2）纳税人未安装使用污染物自动监测设备的，按照监测机构出具的符合国家有关规定和监测规范的监测数据计算；

（3）因排放污染物种类多等原因不具备监测条件的，按照国务院环境保护主管部门规定的排污系数、物料衡算方法计算；

（4）不能按照以上方法计算的，按照省、自治区、直辖市人民政府环境保护主管部门规定的抽样测算的方法核定计算。

另外，对于纳税人从两个以上排放口排放应税污染物的，对每一排放口排放的应税污染物分别计算征收环境保护税；纳税人持有排污许可证的，其污染物排放口按照排污许可证载明的污染物排放口确定。

对于纳税人未安装使用污染物自动监测设备的，自行对污染物进行监测所获取的监测数据，符合国家有关规定和监测规范的，视同监测机构出具的监测数据。

（二）应纳税额的计算

环境保护税应纳税额按照下列方法计算：

（1）应税大气污染物：

应纳税额=污染当量数×适用税额

（2）应税水污染物：

应纳税额=污染当量数×适用税额

（3）应税固体废物：

应纳税额=排放量×适用税额

（4）应税噪声：

应纳税额=超标分贝数对应的适用税额

【例 12-3】某企业6月向大气直接排放二氧化硫160吨、氮氧化物228吨、烟尘45吨、一氧化碳20吨，该企业所在地区大气污染物的税额标准为1.2元/污染当量，该企业只有一个排放口。已知二氧化硫、氮氧化物的污染当量值为0.95，烟尘污染当量值为2.18，一氧化碳污染当量值为16.7。请计算该企业6月大气污染物应缴纳的环境保护税（结果保留两位小数）。

解：

第一步，计算各污染物的污染当量数。

二氧化硫：160×1000÷0.95=168421.05

氮氧化物：228×1000÷0.95=240000

烟尘：45×1000÷2.18=20642.2

一氧化碳：20×1000÷16.7=1197.60

第二步，按污染物的污染当量数排序。

氮氧化物（240000）>二氧化硫（168421.05）>烟尘（20642.20）>一氧化碳（1197.60）

第三步，选取前三项污染物计算应纳税额。

氮氧化物：240000×1.2=288000（元）

二氧化硫：168421.05×1.2=202105.26（元）

烟尘：20642.20×1.2=24770.64（元）

该企业6月应纳环境保护税税额=288000+202105.26+24770.64=514875.90（元）

【例 12-4】某企业8月向水体直接排放第一类水污染物总汞、总镉、总铬、总砷、总铅、总银各20千克。排放第二类水污染物悬浮物（SS）、总有机碳（TOC）、挥发酚、氨氮各20千克。已知水污染物污染当量值分别为总汞0.0005、总镉0.005、总铬0.04、总砷0.02、总铅0.025、总银0.02、悬浮物（SS）4、总有机碳（TOC）0.49、挥发酚0.08、氨氮0.8。该企业所在地区水污染物税额标准统一为1.4元/污染当量，请计算企业8月水污染物应缴纳的环境保护税（结果保留两位小数）。

解：

第一步，计算第一类水污染物的污染当量数。

总汞：20÷0.0005=40 000

总镉：20÷0.005=4 000

总铬：20÷0.04=500

总砷：20÷0.02=1 000

总铅：20÷0.025=800

总银：20÷0.02=1 000

第二步，对第一类水污染物污染当量数排序。

总汞（40000）>总镉（4000）>总砷（1000）=总银（1000）>总铅（800）>总铬（500）

第三步，选取前五项污染物计算第一类水污染物应纳税额。

总汞：40 000×1.4=56 000（元）

总镉：4 000×1.4=5 600（元）

总砷：1 000×1.4=1 400（元）

总银：1 000×1.4=1 400（元）

总铅：800×1.4=1 120（元）

第四步，计算第二类水污染物的污染当量数。

悬浮物（SS）：20÷4=5

总有机碳（TOC）：20÷0.49=40.82

挥发酚：20÷0.08=250

氨氮：20÷0.8=25

第五步，对第二类水污染物污染当量数排序。

挥发酚（250）>总有机碳（40.82）>氨氮（25）>悬浮物（5）>悬浮物（5）

第六步，选取前三项污染物计算第二类水污染物应纳税额。

挥发酚：250×1.4=350（元）

总有机碳：40.82×1.47=57.15（元）

氨氮：25×1.4=35（元）

该企业8月应纳环保税税额=56 000+5 600+1 400+1 400+1 120+350+57.15+35

=65 962.15（元）

五、税收优惠

（一）免税项目

（1）农业生产（不包括规模化养殖）排放应税污染物的；

（2）机动车、铁路机车、非道路移动机械、船舶和航空器等流动污染源排放应税污染物的；

（3）依法设立的城乡污水集中处理，生活垃圾集中处理场所排放相应应税污染物，不超过国家和地方规定的排放标准的；

（4）纳税人综合利用的固体废物、符合国家和地方环境保护标准的；

（5）国务院批准免税的其他情形。

（二）减税项目

（1）纳税人排放应税大气污染物或者水污染物的浓度值低于国家和地方规定的污染物排放标准30%的，减按75%征收环境保护税。

（2）纳税人排放应税大气污染物或者水污染物的浓度值低于国家和地方规定的污染物排放标准50%的，减按50%征收环境保护税。

应税大气污染物或者水污染物的浓度值，是指纳税人安装使用的污染物自动监测设备当月自动监测的应税大气污染物浓度值的小时平均值再平均所得数值或者应税水污染物浓度值的日平均值再平均所得数值，或者监测机构当月监测的应税大气污染物、水污染物浓度值的平均值。

依照《环境保护税法》减征环境保护税的，应当对每一排放口排放的不同应税污染物分别计算。同时，其应税大气污染物浓度值的小时平均值或者应税水污染物浓度值的日平均值，以及监测机构当月每次监测的应税大气污染物、水污染物的浓度值，均不得超过国家和地方规定的污染物排放标准。

六、征收管理

（一）纳税义务发生时间

环境保护税纳税义务发生时间为纳税人排放应税污染物的当日。

（二）纳税地点

纳税人应当向应税污染物排放地的税务机关申报缴纳环境保护税，应税污染物排放地是指：

（1）应税大气污染物、水污染物排放口所在地；

（2）应税固体废物产生地；

（3）应税噪声产生地。

纳税人跨区域排放应税污染物，税务机关对税收征收管辖有争议的，由争议各方按照有利于征收管理的原则协商解决；不能协商一致的，报请共同的上级税务机关决定。

（三）纳税期限

环境保护税按月计算，按季申报缴纳。不能按固定期限计算缴纳的，可以按次申报缴纳。纳税人申报缴纳时，应当向税务机关报送所排放应税污染物的种类、数量，大气污染物、水污染物的浓度值，以及税务机关根据实际需要要求纳税人报送的其他纳税资料。

纳税人按季申报缴纳的，应当自季度终了之日起15日内，向税务机关办理纳税申报并缴纳税款。纳税人按次申报缴纳的，应当自纳税义务发生之日起15日内，向税务机关办理纳税申报并缴纳税款。

第五节　烟叶税

一、烟叶税概述

烟叶税是以纳税人收购烟叶的收购金额为计税依据征收的一种税。

中华人民共和国成立后，我国烟叶税征收制度在不同的历史时期，经历了多次变化：

1950年1月，中央人民政府政务院颁发《货物税暂行条例》，对土烟叶和薰烟叶均征收货物税，其中薰烟叶税率为30%、土烟叶税率为20%。1953年1月，根据第四次全国税务工作会议精神，对货物税进行改革。其中：薰烟叶改征商品流通税，土烟叶仍保留在修订后的货物税中征收。1958年9月，国务院公布《工商统一税条例（草案）》后，对薰烟叶、土烟叶均征收工商统一税，薰烟叶征50%，土烟叶征40%。1971年11月，财政部颁布《工商税条例（草案）》，薰烟叶和土烟叶的税率同为40%。1984年，实行第二步“利改税”后，财政部颁布《产品税（草案）》，内设烟叶税目，税率分为晒烟叶税率和烤烟叶税率，均为38%。后来烟叶产品税调整为31%。

1994年1月30日，国务院发布《关于对农业特产征收农业税的规定》，作为重要农产品之一的烟叶，列在农业特产税中征收，烟叶产品中的晾晒烟叶和烤烟叶税率均为31%。从1999年起，烟叶农业特产税税率由31%降到20%，并按调整后的烟叶收购价格计征。

党的十六届三中全会确立了深化农村税费改革的各项政策目标后，国家加快了减免农业税和农业特产税的步伐。全国人大常委会继2005年12月29日废止《农业税条例》后，2006年2月17日，又废止了《国务院关于对农业特产收入征收农业税的规定》。但为了保持政策的连续性，充分兼顾地方利益和有利于烟叶产区可持续发展，国务院于2006年4月28日颁布实施《中华人民共和国烟叶税暂行条例》，开征烟叶税取代原烟叶特产农业税，烟叶税税率仍然为20%。原烟叶特产农业税是在烟草收购环节由烟草公司缴纳的，改征烟叶税以后，纳税人、征税环节、计税依据等都保持了原烟叶特产农业税的规定不变。因此，开征烟叶税，不会增加企业和农民的负担。

2017年12月27日，《中华人民共和国烟叶税法》颁布，自2018年7月1日起施行。《中华人民共和国烟叶税暂行条例》同时废止。

烟叶税的诞生是税制改革的结果，也是国家对烟草实行“寓禁于征”政策的继续，更标志着由消费税、增值税及烟叶税形成的烟草税收调控体系已经形成。

二、烟叶税的纳税人、征税范围和税率

（一）纳税人

在中华人民共和国境内收购烟叶的单位为烟叶税的纳税人。

（二）征税范围

烟叶税的征税范围是指晾晒烟叶、烤烟叶。

（三）税率

烟叶税的税率为20%。烟叶税税率的调整，由国务院决定。

三、烟叶税应纳税额的计算

烟叶税的应纳税额按照纳税人收购烟叶实际支付的价款总额和规定的税率计算。应纳税额的计算公式为：

应纳税额=烟叶收购金额×税率

收购金额包括纳税人支付给烟叶销售者的烟叶收购价款和价外补贴。按照简化手续、方便征收的原则，对价外补贴统一暂按烟叶收购价款的10%计入收购金额征税。

收购金额=收购价款×（1+10%）

四、烟叶税的申报缴纳

（一）纳税义务发生时间及纳税期限

烟叶税的纳税义务发生时间为纳税人收购烟叶的当天。收购烟叶的当天，是指纳税人向烟叶销售者收购、付讫收购烟叶款项或者开具收购

烟叶凭据的当天。

烟叶税按月计征，纳税人应当于纳税义务发生月终了之日起15日内申报并缴纳税款。

（二）纳税地点

纳税人收购烟叶，应当向烟叶收购地的主管税务机关申报纳税。

课后练习

一、思考题

1.印花税的征税范围如何确定？

2.印花税的缴纳方法有什么特点？

3.城市维护建设税的纳税人和税率如何确定？

4.烟叶税的主要内容是什么？

5.教育费附加怎样征收？

6.环境保护税的意义是什么？

7.环境保护税的纳税人和征税范围怎么规定？

8.环境保护税的计税依据如何确定？

二、分析应用题

1.某公司8月开业，领受工商营业执照、房产证、专利权证书，商标注册证书及土地使用权证书各一份；公司实收资本600万元，资本公积200万元，除资金账簿外，启用了10本营业账簿；与银行签订一份借款合同，借款总额500万元，借款期限3年，年利息30万元；开业后，与一家公司签订了一份易货合同，合同约定，以价值420万元的产品换取380万元的原材料。

要求：计算该公司8月应纳的印花税。

2.某市区一企业6月缴纳进口关税65万元，进口环节增值税15万元，进口环节消费税26万元；本月实际缴纳国内增值税36万元，消费税85万元。在税务检查过程中，税务机关发现，该企业上月隐瞒产品销售收入50万元，本月被查补增值税6.5万元、消费税15万元。

要求：计算该企业6月份应纳的城市维护建设税和教育费附加。

主要参考文献

[1] 全国税务师职业资格考试教材编写组. 税法Ⅰ［M］. 北京：中国税务出版社，2020.

[2] 全国税务师职业资格考试教材编写组. 税法Ⅱ［M］. 北京：中国税务出版社，2020.

[3] 中国注册会计师协会. 税法［M］. 北京：中国财政经济出版社，2020.

[4] 马国强. 中国税收［M］. 大连：东北财经大学出版社，2019.

[5] 梁伟祥. 李敏. 中国税制［M］. 北京：高等教育出版社，2015.

[6] 王乔，姚林香. 中国税制［M］. 北京：高等教育出版社，2015.

[7] 刘佐. 中国税制［M］. 8版.北京：中国税务出版社，2014.

[8] 李国淮，韦宁卫. 中国税收［M］. 4版.北京：高等教育出版社，2014.